智能科学技术著作丛书

网络约束迭代学习控制理论

卜旭辉　侯忠生　著

科学出版社
北京

内 容 简 介

本书主要介绍网络参量约束下系统存在数据丢失、数据量化压缩等不确定因素时迭代学习控制的收敛性分析理论和控制器设计方法。本书内容主要包括三部分:第一部分介绍迭代学习控制的基本原理与研究现状,讨论迭代学习控制在网络控制环境下所面临的新问题。第二部分介绍随机数据丢失、数据量化条件下迭代学习控制的收敛性分析理论,并研究切换系统的迭代学习跟踪控制问题。第三部分介绍网络参量约束下迭代学习控制的设计方法,包括二维网络系统基础理论及二维框架下迭代学习控制器的设计方法、基于超向量的鲁棒迭代学习控制设计方法和自适应迭代学习控制设计方法。

本书可供从事迭代学习控制和网络控制的科研人员、研究生参考,也可供自动化行业相关工程技术人员研究参考。

图书在版编目(CIP)数据

网络约束迭代学习控制理论/卜旭辉,侯忠生著.—北京:科学出版社,2019.9

(智能科学技术著作丛书)

ISBN 978-7-03-060985-4

Ⅰ.①网… Ⅱ.①卜…②侯… Ⅲ.①学习系统-理论 Ⅳ.①TP273

中国版本图书馆 CIP 数据核字(2019)第 065493 号

责任编辑:张艳芬 / 责任校对:樊雅琼

责任印制:吴兆东 / 封面设计:蓝 正

科 学 出 版 社 出版

北京东黄城根北街 16 号

邮政编码:100717

http://www.sciencep.com

北京凌奇印刷有限责任公司 印刷

科学出版社发行 各地新华书店经销

*

2019 年 9 月第 一 版 开本:720×1000 1/16

2019 年 9 月第一次印刷 印张:12 3/4

字数:242 000

POD定价: 88.00元

(如有印装质量问题,我社负责调换)

《智能科学技术著作丛书》编委会

《智能科学技术著作丛书》序

智能是信息的精彩结晶，智能科学技术是信息科学技术的辉煌篇章，智能化是信息化发展的新动向、新阶段。

智能科学技术（intelligence science & technology，IST）是关于广义智能的理论方法和应用技术的综合性科学技术领域，其研究对象包括：

- 自然智能（natural intelligence，NI），包括人的智能（human intelligence，HI）及其他生物智能（biological intelligence，BI）。
- 人工智能（artificial intelligence，AI），包括机器智能（machine intelligence，MI）与智能机器（intelligent machine，IM）。
- 集成智能（integrated intelligence，II），即人的智能与机器智能人机互补的集成智能。
- 协同智能（cooperative intelligence，CI），指个体智能相互协调共生的群体协同智能。
- 分布智能（distributed intelligence，DI），如广域信息网、分散大系统的分布式智能。

人工智能学科自1956年诞生的，五十余年来，在起伏、曲折的科学征途上不断前进、发展，从狭义人工智能走向广义人工智能，从个体人工智能到群体人工智能，从集中式人工智能到分布式人工智能，在理论方法研究和应用技术开发方面都取得了重大进展。如果说当年人工智能学科的诞生是生物科学技术与信息科学技术、系统科学技术的一次成功的结合，那么可以认为，现在智能科学技术领域的兴起是在信息化、网络化时代又一次新的多学科交融。

1981年，中国人工智能学会（Chinese Association for Artificial Intelligence，CAAI）正式成立，25年来，从艰苦创业到成长壮大，从学习跟踪到自主研发，团结我国广大学者，在人工智能的研究开发及应用方面取得了显著的进展，促进了智能科学技术的发展。在华夏文化与东方哲学影响下，我国智能科学技术的研究、开发及应用，在学术思想与科学方法上，具有综合性、整体性、协调性的特色，在理论方法研究与应用技术开发方面，取得了具有创新性、开拓性的成果。智能化已成为当前新技术、新产品的发展方向和显著标志。

为了适时总结、交流、宣传我国学者在智能科学技术领域的研究开发及应用成果，中国人工智能学会与科学出版社合作编辑出版《智能科学技术著作丛书》。需要强调的是，这套丛书将优先出版那些有助于将科学技术转化为生产力以及对社会和国民经济建设有重大作用和应用前景的著作。

我们相信，有广大智能科学技术工作者的积极参与和大力支持，以及编委们的共同努力，《智能科学技术著作丛书》将为繁荣我国智能科学技术事业、增强自主创新能力、建设创新型国家做出应有的贡献。

祝《智能科学技术著作丛书》出版，特赋贺诗一首：

智能科技领域广
人机集成智能强
群体智能协同好
智能创新更辉煌

涂序彦

中国人工智能学会荣誉理事长
2005 年 12 月 18 日

前　　言

学习是人类社会赖以生存的基本能力，就自身行为来讲，人们在处理实际场合中的重复操作任务时，往往依据被控对象可重复的动态行为与期望行为之间的差距来调整决策，不断地重复，使得对象行为与期望行为的配合达到要求。利用这一思想，日本学者 Arimoto 等在 1984 年针对机器人系统的控制问题提出了迭代学习控制这一新颖的控制方法。对于执行重复控制任务的动态系统，该方法可以利用前一次或前几次操作时测得的误差信息和控制输入信息修正当前循环的控制输入，使该重复任务在该次操作过程中执行得更好。经过三十多年的发展，迭代学习控制取得了丰富的理论成果，并在很多实际系统中得到了应用。

然而，已有的迭代学习控制理论主要针对点对点结构的控制系统给出，所有的系统数据均假设可以完全测量且不需要进行传输。实际系统中，随着现场设备的增加，系统的硬件布置也变得越来越复杂，传统点对点控制方式的整体维护困难、可扩展性差、成本高等一系列问题日益突出。另外，计算机技术、网络通信技术和控制科学的日益发展与交叉渗透推动着网络控制系统的产生和发展。与点对点控制结构相比，网络控制系统具有共享信息资源、减少系统布线、易于扩展和维护、增加系统的灵活性和可靠性等优点。然而，由于通信故障和带宽限制，网络的引入势必诱发数据丢失、网络诱导时延及数据量化等信息不完全现象。因此，研究网络参量约束下的迭代学习控制理论更具有实际意义。

本书主要介绍系统存在数据丢失、数据量化等不确定网络参量约束诱导因素情况下的迭代学习收敛性分析理论和控制器设计方法。全书共 13 章：第 1 章介绍迭代学习控制的基本原理与研究现状，讨论迭代学习控制在网络控制环境下所面临的新问题；第 2～5 章和第 11 章介绍随机数据丢失、数据量化条件下迭代学习控制的收敛性分析理论，并研究切换系统的迭代学习跟踪控制问题；第 6～10 章、第 12 章、第 13 章介绍网络参量约束下迭代学习控制的设计方法，包括二维网络系统基础理论及二维框架下迭代学习控制器的设计方法、基于超向量的鲁棒迭代学习控制设计方法和自适应迭代学习控制设计方法。

特别感谢国家自然科学基金重点项目（61433002，61833001）、面上项目（61573129）、青年科学基金项目（61203065），河南联合基金项目（U1804147），以及河南省高等学校科技创新人才计划项目（16HASTIT046）的支持。另外，在整理本书的过程中，梁嘉琪、刘建、王森、王清峰、朱盼盼和闫帅明等研究生做了很多文献翻译、排版和校对工作，在此向他们表示衷心感谢。最后，两位作者感谢各自家人的默默付出和奉献。

本书是作者多年从事迭代学习控制理论研究工作的总结和凝练，限于作者水平和学识，书中难免存在不足之处，恳请广大读者批评指正。

目　　录

第1章　绪　　论

迭代学习控制(iterative learning control,ILC)在过去的三十多年中取得了丰富的理论结果,并在很多实际系统中得到了应用,目前已成为智能控制的一个重要分支。本章简要总结ILC的一些常见算法和设计分析手段,回顾2013年以来ILC取得的研究成果,并介绍网络参量约束下控制系统存在的主要问题,为后续章节工作的开展奠定基础。

1.1　迭代学习控制概述

学习是人类的基本技能,人们通过学习获得一定的知识和经验,在日常生活中利用这些知识和经验使得个人行为越来越好。相似地,在研究高速运转的工业机械手臂控制问题时,1978年日本学者Uchiyama提出了这样一种思想:不断重复一个相同轨迹的控制尝试,并以此修正控制率,可能会达到较好的控制效果。1984年,日本学者Arimoto等根据这种思想,针对机器人系统的控制问题提出了ILC这一新颖的控制方法[1]。其基本策略就是:对于一个在有限时间区间上执行轨迹跟踪任务的机器人,利用前一次或前几次操作时测得的误差信息和控制输入信息修正当前循环的控制输入,使该重复任务在该次操作过程中执行得更好。如此不断重复,直到在整个时间区间内,系统的输出完全跟踪上期望轨迹。

ILC可以看成智能控制的范畴,很多文献都给出了ILC的定义,虽然这些定义的侧重点不完全相同,但共同强调的就是重复,即要求系统满足三个重复特征:①控制任务在有限时间区间内重复执行;②系统每次运行的初始状态是相同的;③系统每次运行中系统动态是不变的。在此条件下,ILC可以利用历史信息构造新的控制输入,实现有限时间区间内的完全跟踪控制。虽然传统控制理论已经提供了很多方法来实现系统的稳定及性能的优化,但是由于实际系统受未建模动态、参数不确定性等因素的影响,很少有控制方法能够实现系统的高精度跟踪控制。此外,传统控制方法的稳定性理论建立在时间域内,系统的稳定性仅在时间趋于无穷大时才能保证,而响应过程的暂态性鲜有讨论。ILC可以很好地弥补传统控制理论的这些不足,它可以保证有限时间区间内对期望轨迹的完全跟踪,即系统的输出在时间域内任意时刻自始至终都和期望任务保持完全一致,无论是暂态还是稳态。

ILC 系统的基本框图如图 1.1 所示，其中 t 表示时间变量，下标 k 表示第 k 次迭代，$u_k(t)$ 为系统控制输入变量，$y_k(t)$ 为系统输出变量，$y_d(t)$ 为系统的期望输出轨迹。系统的控制任务是：找到合适的输入 $u_k(t)$ 使得系统在该控制信号的作用下，输出 $y_k(t)$ 尽可能精确地逼近 $y_d(t)$。这里首先讨论传统反馈控制作用的情况，如果取 $u_k(t)=f(e_k(t))$，其中 $e_k(t)=y_d(t)-y_k(t)$ 为跟踪误差，那么无论系统重复执行了多少次，每次的响应都是相同的，反馈控制未能从重复过程中学习到任何信息用于改善响应性能。若将每次重复过程产生的信息存储起来，并在下次构造控制输入时选取 $u_{k+1}(t)=f(u_k(t),e_k(t))$，则算法可利用前一次的控制输入和跟踪误差更新控制输入，具备了从过去经验中总结不足并进行弥补修正的学习能力。这和人类的学习过程是相似的，人们总是通过反复练习和修正某一行为与动作，最终掌握正确的做法，如投篮、侧方停车的反复练习等。经过多年的发展与完善，ILC 目前已经成为智能控制领域的一个重要分支。文献[2]～[9]详细综述了 ILC 近年来取得的研究成果，并指明了存在的问题和未来的发展方向。

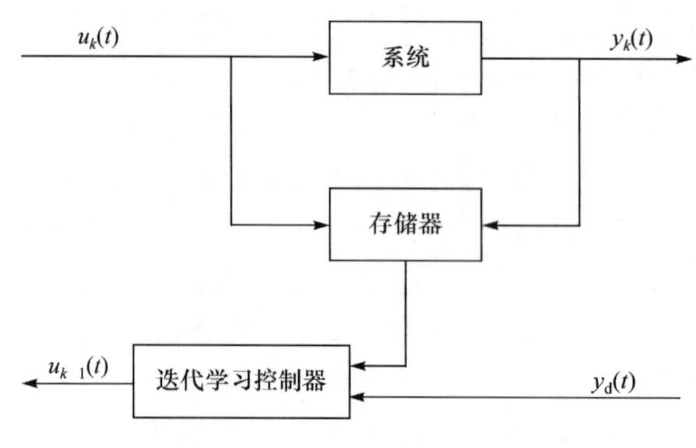

图 1.1　ILC 系统的基本框图

1.2　迭代学习控制算法

前述介绍中已经给出了 ILC 算法的基本结构，即 $u_{k+1}(t)=f(u_k(t),e_k(t))$，选取不同的 $f(\cdot)$ 将产生不同结构的 ILC 算法。令人惊奇的是，即使选择最简单的形式 $u_{k+1}(t)=u_k(t)+qe_k(t)$（其中 q 为待选取的参数增益），只要受控对象满足 ILC 算法的基本假设条件，即便是存在建模不确定性的非线性动态系统，ILC 算法仍然可以较好地实现有限时间区间内的完全跟踪。ILC 算法自提出至今，为解决不同的问题人们提出了多种不同的算法。本节将重点介绍几种常见的 ILC 算法。

1.2.1 Arimoto-Like ILC 算法

1. 连续时间系统

考虑如下线性连续时间系统：

$$\begin{cases} \dot{x}_k(t)=Ax_k(t)+Bu_k(t) \\ y_k(t)=Cx_k(t) \end{cases} \tag{1.1}$$

式中，$x(t)\in \mathrm{R}^n$、$u(t)\in \mathrm{R}^p$ 和 $y(t)\in \mathrm{R}^q$ 分别表示系统状态变量、系统控制输入变量和系统输出变量；A、B、C 为具有合适维数的矩阵；$t\in[0,T]$为时间变量，T 为迭代过程的终止时刻；$k=0,1,2,\cdots$为不同的迭代次数。

系统的控制目标为：给定一个可达的期望轨迹 $y_{\mathrm{d}}(t)$（$t\in[0,T]$），寻找合适的控制输入 $u_k(t)$使系统输出 $y_k(t)$尽可能地逼近 $y_{\mathrm{d}}(t)$。这里，系统需要满足如下基本假设条件：

(1) 系统每次运行的初始条件与期望初始条件相同，即 $x_k(0)=x_{\mathrm{d}}(0)$。

(2) 系统每次运行的期望轨迹 $y_{\mathrm{d}}(t)$是不变的。

(3) 系统每次运行中的动态特征是不变的。

当系统(1.1)满足上述假设条件时，若系统相对度为 1，则可构造如下 D 型 ILC 算法[10,11]：

$$u_{k+1}(t)=u_k(t)+\Gamma\dot{e}_k(t) \tag{1.2}$$

式中，Γ 为学习增益矩阵。若选择 Γ 满足条件

$$\| I-CB\Gamma \| <1 \tag{1.3}$$

式中，$\|\cdot\|$ 为某种意义下的范数，则当迭代次数趋于无穷大时，系统的输出一致收敛于期望轨迹，即$\lim\limits_{k\to\infty}y_k(t)\to y_{\mathrm{d}}(t)$对于所有 $t\in[0,T]$均成立。

注 1.1 从式(1.2)中可以看出，D(differential)型 ILC 算法的收敛性条件不依赖系统矩阵 A，因此该算法是一种较少利用系统模型信息的控制方法，并对由系统矩阵 A 引起的未建模动态具有很好的鲁棒性。值得说明的是，在 D 型 ILC 算法的收敛性分析过程中经常采用基于 λ 范数的压缩映射方法，而 λ 范数意义下的单调收敛并不能保证 l_2 或 l_∞ 范数意义下的单调收敛，从迭代域上看，收敛过程可能会存在较大的暂态误差。因此，关于单调收敛 ILC 算法的研究也引起了较大关注[12,13]。

由式(1.2)出发，还可以构造其他类型的 Arimoto-Like ILC 算法，如比例-积分-微分(proportion-intergral-differential，PID)型算法：

$$u_{k+1}(t) = u_k(t) + \Phi e_k(t) + \Gamma\dot{e}_k(t) + \Psi\int e_k(t)\mathrm{d}t \tag{1.4}$$

式中，Φ、Γ 和 Ψ 为学习增益矩阵。进而，还可以构造高阶 PID 型算法：

$$u_{k+1}(t)=\sum_{i=1}^{n}(I-\Lambda)P_i u_{k+1-i}(t)+\Lambda u_0+\sum_{i=1}^{n}(\Phi_i e_{k+1-i}+\Gamma_i \dot{e}_{k+1-i}+\Psi_i\int e_{k+1-i}\mathrm{d}t)$$

式中，n 为正整数，代表高阶 ILC 算法的阶数；参数矩阵 P_i 满足 $\sum_{i=1}^{n}P_i=I$。

2. 离散时间系统

考虑如下线性离散时间系统：

$$\begin{cases}x_k(t+1)=Ax_k(t)+Bu_k(t)\\y_k(t)=Cx_k(t)\end{cases}\tag{1.5}$$

式中，$t=0,1,2,\cdots,N$ 为离散时间，其他符号与连续系统(1.1)具有相同的意义。构造如下 P 型 ILC 算法[14]：

$$u_{k+1}(t)=u_k(t)+Ke_k(t+1)\tag{1.6}$$

式中，K 为学习增益矩阵。对于给定期望轨迹 $y_{\mathrm{d}}(t)$，若选择 K 满足条件

$$\|I-CBK\|<1\tag{1.7}$$

则当迭代次数趋近于无穷大时，系统的输出一致收敛于期望轨迹，即 $\lim\limits_{k\to\infty}y_k(t)\to y_{\mathrm{d}}(t)$ 对于所有 $t\in[0,N]$ 均成立。

注 1.2 P(proportion)型 ILC 算法在更新 $u_{k+1}(t)$ 的信息时用到了 $e_k(t+1)$，这在时间域上是非因果的，但对于 ILC 系统是可行的，因为在第 $k+1$ 次运行过程中第 k 次所有时刻的系统信息都已经被存储。收敛性条件中同样没有包含系统矩阵 A 的信息，注 1.1 中针对连续系统的说明同样适用于离散系统。算法(1.6)中的更新项如果选为 $K(e_k(t+1)-e_k(t))$，那么该算法称为 D 型 ILC 算法[14]。

关于线性离散系统的 ILC，还有一种基于超向量的分析方法[15-20]。该方法通过 Lifing 的方式将所有时间点的系统变量描述为一个超向量，即定义

$$U_k=[u_k^{\mathrm{T}}(0)\quad u_k^{\mathrm{T}}(1)\quad \cdots\quad u_k^{\mathrm{T}}(N-1)]^{\mathrm{T}}$$

$$Y_k=[y_k^{\mathrm{T}}(1)\quad y_k^{\mathrm{T}}(2)\quad \cdots\quad y_k^{\mathrm{T}}(N)]^{\mathrm{T}}$$

当系统满足重复初始条件时，即对于所有 k 满足 $x_k(0)=x_0$，x_0 为一个固定常数，则系统(1.5)可表示为

$$Y_k=GU_k\tag{1.8}$$

式中

$$G=\begin{bmatrix}CB&&&&\\CAB&CB&&&\\CA^2B&CAB&CB&&\\\vdots&\vdots&\ddots&\ddots&\\CA^{N-1}B&CA^{N-2}B&\cdots&CAB&CB\end{bmatrix}$$

同样，定义

$$Y_{\mathrm{d}}=[y_{\mathrm{d}}^{\mathrm{T}}(1)\quad y_{\mathrm{d}}^{\mathrm{T}}(2)\quad\cdots\quad y_{\mathrm{d}}^{\mathrm{T}}(N)]^{\mathrm{T}}$$

$$E_k=[e_k^{\mathrm{T}}(1)\quad e_k^{\mathrm{T}}(2)\quad\cdots\quad e_k^{\mathrm{T}}(N)]^{\mathrm{T}}$$

则根据算法(1.6)可写出

$$U_{k+1}=U_k+\overline{K}E_k \tag{1.9}$$

式中,$\overline{K}=\mathrm{diag}[K\quad K\quad\cdots\quad K]$。进而,根据系统(1.8)和算法(1.9)可得

$$\begin{aligned}E_{k+1}&=Y_{\mathrm{d}}-Y_{k+1}\\&=Y_{\mathrm{d}}-GU_k-G\overline{K}E_k\\&=(I-G\overline{K})E_k\end{aligned} \tag{1.10}$$

根据系统跟踪误差在迭代域上的递推关系式(1.10),可以给出算法渐近收敛和单调收敛的条件,具体内容参见文献[15]和[17]。这里需要说明的是,由于 Lifting 方法得到的系统输入 G 与系统的运行时间周期有关,因此当运行周期很大时其计算将会非常耗时,而且系统的数据存储单元负担也会非常繁重。针对该问题,目前已经有一些研究结果讨论降低超向量 ILC 算法的计算复杂度[18-22]。

1.2.2　最优 ILC 算法

ILC 算法(1.6)在系统(1.5)中满足某些条件时,可以保证跟踪误差的收敛性。实际系统中,由于运行成本的限制,控制算法的设计不仅要满足稳定性或收敛性,还要满足一定的其他性能指标要求。因此,文献[23]将最优控制引入 ILC 系统中,提出了相应的模最优 ILC 算法。其主要设计思路为:针对采用超向量描述的 ILC 系统(1.8)和算法(1.9),首先提出如下二次型性能指标函数:

$$J_k=E_k^{\mathrm{T}}QE_k+(U_k-U_{k-1})^{\mathrm{T}}R(U_k-U_{k-1}) \tag{1.11}$$

式中,Q、R 为对称正定矩阵。该性能指标加入了控制输入量变化的惩罚项,使得系统的控制输入变化尽可能小,以此降低执行器动作太快对硬件的损伤。当系统没有其他约束条件时,文献[24]给出了一种非因果的 ILC 算法:

$$U_k=U_{k-1}+R^{-1}G^{\mathrm{T}}QE_k \tag{1.12}$$

上述算法中,在构造第 k 次迭代过程的控制输入 U_k 时用到了当前迭代过程的跟踪误差 E_k,而此时跟踪误差 E_k 的信息还没有产生,因此算法在迭代域上是非因果的。为解决该问题,文献[25]根据有限时间上二次最优跟踪问题的求解思想,将上述非因果控制算法(1.12)改写为如下因果形式:

$$U_k=U_{k-1}+(G^{\mathrm{T}}QG+R)^{-1}G^{\mathrm{T}}QE_{k-1} \tag{1.13}$$

注 1.3　上述 ILC 算法是在二次型性能指标下得到的设计结果,基于此框架,实际控制系统的各种不确定性问题(如非线性饱和约束、系统扰动、量测噪声及未建模动态等)可以很方便地转化为最优控制的约束条件,从而被综合到控制率的设计中,相应的研究结果请参见文献[26]和[27]。需要说明的是,最优 ILC 算法设

计中应用了系统矩阵 A、B、C 的全部信息，属于模型依赖的 ILC 算法。系统矩阵 A 的利用，也使得沿迭代域严格单调收敛的最优 ILC 算法设计可以实现[28-30]。

1.2.3 自适应 ILC 算法

经典 Arimoto-Like ILC 算法的收敛性建立在压缩映射的数学基础之上，而压缩映射的构造仅反映了系统输入输出之间的关系，很少利用系统的状态信息，因此经典 ILC 算法的设计只能局限于满足全局 Lipschitz 条件的系统。传统控制理论，如自适应控制、滑模变结构控制等，可以利用系统的状态函数或状态信息轻松应对局部 Lipschitz 系统。当 ILC 算法与传统自适应控制方法相结合后，不仅突破了经典 ILC 理论的这一本质约束，还将基于 Lyapunov 泛函的稳定性分析方法引入 ILC 系统中，开辟了 ILC 理论的又一研究方向。本小节将介绍连续时间系统和离散时间系统的自适应 ILC 算法。

1. 连续时间系统

考虑如下的非线性参数重复系统：

$$\dot{x}_k(t)=\theta(t)f(x_k(t))+u_k(t),\quad x_k(0)=x_0 \tag{1.14}$$

式中，$\theta(t)$ 为一个未知的时变参数；x_0 为一个固定的常数；$f(x_k(t))$ 为已知的非线性函数；$t\in[0,T]$ 为系统重复运行的时间区间。假设系统的期望跟踪轨迹为 $x_{\mathrm{d}}(t)$，定义跟踪误差为 $e_k(t)=x_{\mathrm{d}}(t)-x_k(t)$，设计如下沿迭代域更新的参数估计算法：

$$\hat{\theta}_k(t)=\hat{\theta}_{k-1}(t)-\gamma f(x_k(t))e_k(t),\quad \hat{\theta}_{-1}(t)=0 \tag{1.15}$$

式中，$\hat{\theta}_k(t)$ 为未知参数 $\theta(t)$ 的估计值；$\gamma>0$ 为参数估计算法的增益。相应的控制率设计为

$$u_k(t)=\kappa e_k(t)+\dot{x}_{\mathrm{d}}(t)-\hat{\theta}_k(t)f(e_k(t)) \tag{1.16}$$

式中，κ 为反馈增益。由于 $\theta(t)$ 为时变参数，传统 Lyapunov 函数无法应用于系统的稳定性分析，因此文献[31]和[32]提出了一种基于复合能量函数（composite energy function，CEF）的分析方法，构造 CEF 如下：

$$E_k(t)=\frac{1}{2}e_k^2(t)+\frac{1}{2\gamma}\int_0^t\hat{\theta}_k^2(\tau)\mathrm{d}\tau \tag{1.17}$$

将自适应 ILC 算法(1.15)、式(1.16)及系统动态(1.14)代入式(1.17)，可得

$$E_k(t)<c-\lim_{k\to\infty}\sum_{j=1}^{k-1}e_j^2(t) \tag{1.18}$$

式中，c 为有界参数。由于 $E_k(t)$ 具有正定性，因此当 $k\to\infty$ 时 $e_k(t)$ 收敛于零。

2. 离散时间系统

考虑如下具有未知时变参数的离散时间系统：

$$x_k(t+1)=\theta(t)f(x_k(t))+u_k(t),\quad x_k(0)=x_0 \tag{1.19}$$

式中，$t\in[0,N]$为离散时刻，这里的控制任务仍然为找到合适的控制输入 $u_k(t)$使得 $x_k(t)$跟踪期望轨迹 $x_{\mathrm{d}}(t)$。针对上述系统，文献[33]和[34]给出了一种离散时间的自适应 ILC 设计方法，具体如下：

$$\tilde{\theta}_k(t)=\tilde{\theta}_{k-1}(t)-P_{k-1}(t)f(x_{k-1}(t))e_{k-1}(t+1) \tag{1.20}$$

$$P_k(t)=P_{k-1}(t)-\frac{P_{k-1}^2(t)f^2(x_{k-1}(t))}{1+P_{k-1}^2(t)f^2(x_{k-1}(t))} \tag{1.21}$$

$$u_k(t)=x_{\mathrm{d}}(t)-\tilde{\theta}_k(t)f(x_k(t)) \tag{1.22}$$

其中，式(1.22)为自适应控制率，式(1.20)和式(1.21)为参数估计算法，类似于传统自适应控制的最小二乘估计，但这里的算法沿迭代域运行更新。

自适应控制中的渐近收敛分为三个阶段进行证明[35]：首先分析参数估计误差的收敛性，然后给出扩展误差的收敛性，最后利用关键技术引理从扩展跟踪误差的收敛性推导出系统跟踪误差的收敛性。与传统自适应控制算法相比，上述自适应 ILC 算法沿时间域和迭代域两个方向运行，属于典型的二维动态系统，因此其收敛性分析比传统自适应控制更为复杂。虽然所建立的收敛性分析是沿迭代域给出的，但也必须考虑时间域系统动力学特性的影响。文献[34]将关键技术引理推广到迭代域内，从而给出了上述自适应 ILC 算法的收敛性分析。

注 1.4 上述两种自适应 ILC 算法建立了传统自适应控制与 ILC 之间的关联，突破了经典控制理论关于全局 Lipschitz 系统的瓶颈。在此框架下，自适应 ILC 可以扩展到自适应系统已有的很多研究对象中，如带有多时变参数的非线性系统、含有未知输入增益的非线性系统、含有未知方向输入增益的非线性系统、含有非线性输入增益的非线性系统及多输入多输出(multiple-input multiple-output，MIMO)非线性系统等，相应的研究结果请参见文献[36]～[40]。

1.2.4 数据驱动 ILC 算法

经典 Arimoto-Like ILC 算法可以不利用系统的状态矩阵 A 信息，给出算法的收敛性条件，属于一种几乎无模型的控制方法。最优 ILC 算法及自适应 ILC 算法，均需要系统的状态信息，属于模型依赖的 ILC 算法。很多实际的非线性系统建立模型非常困难，有时甚至是不可能的。近年来，如何在模型信息完全未知的情况下，实现非线性系统的 ILC 设计引起了人们很大的关注。文献[41]和[42]将无模型自适应控制的动态线性化方法[43-45]引入 ILC 系统中，提出了迭代域的动态线性化技术，并依此设计了相应的数据驱动 ILC 方法。

考虑如下单输入单输出(single-input single-output,SISO)未知非线性离散时间系统：

$$y_k(t+1)=f(y_k(t),u_k(t)) \tag{1.23}$$

式中,$t\in[0,N]$为离散时刻;$f(\cdot)$为未知非线性函数。系统(1.23)满足如下假设条件：

假设 1.1 非线性函数 $f(\cdot)$关于控制输入 $u_k(t)$的偏导数是连续的。

假设 1.2 系统(1.23)沿迭代轴满足全局 Lipschitz 条件,即 $\forall t\in[0,N]$和 $\forall k=1,2,\cdots$,若 $\|u_k(t)\|\neq 0$,则式(1.24)成立：

$$\|\Delta y_k(t+1)\|\leqslant b\|\Delta u_k(t)\| \tag{1.24}$$

式中,$\Delta y_k(t+1)=y_k(t+1)-y_{k-1}(t+1)$;$\Delta u_k(t)=u_k(t)-u_{k-1}(t)$;$b>0$ 为常数。

这里给出定理 1.1[41,42]。

定理 1.1 对于满足假设 1.1 和假设 1.2 的非线性系统(1.23),若 $\|u_k(t)\|\neq 0$,则存在一个称为拟伪偏导数(mimetic pseudo partial derivative,MPPD)的量 $\theta_k(t)$,使得

$$\Delta y_k(t+1)=\theta_k(t)\Delta u_k(t) \tag{1.25}$$

并且$|\theta_k(t)|\leqslant b$。

给定期望轨迹 $y_d(t)(t\in[0,N])$,这里的控制任务仍然是寻找合适的控制输入 $u_k(t)$使得输出 $y_k(t)$跟踪期望轨迹,但由于系统动态函数 $f(\cdot)$完全未知,因此前述的 ILC 设计方法在这里无法使用。定理 1.1 可将非线性系统(1.23)描述成如下线性时变系统：

$$y_k(t+1)=y_k(t)+\theta_k(t)\Delta u_k(t) \tag{1.26}$$

进而可以给出如下数据驱动 ILC 算法：

$$\hat{\theta}_k(t)=\hat{\theta}_{k-1}(t)+\frac{\eta\Delta u_{k-1}(t)}{\mu+|\Delta u_{k-1}(t)|^2}(\Delta y_{k-1}(t+1)-\hat{\theta}_{k-1}(t)\Delta u_{k-1}(t)) \tag{1.27}$$

$$u_k(t)=u_{k-1}(t)+\frac{\rho\hat{\theta}_k(t)}{\lambda+|\hat{\theta}_k(t)|^2}e_{k-1}(t+1) \tag{1.28}$$

式中,μ、λ 为正的权重因子;$0<\eta<1$ 为步长因子;$\rho>0$ 为控制器参数。同时,为了使$|\Delta u_k(t)|\neq 0$ 总能满足,并且使 MPPD 的估计算法(1.27)具有较强跟踪时变参数的能力,该算法还设计了如下重置机制：

$$\hat{\theta}_k(t)=\hat{\theta}_0(t),\quad \hat{\theta}_k(t)\leqslant\varepsilon \text{ 或 } |\Delta u_{k-1}(t)|\leqslant\varepsilon \tag{1.29}$$

式中,ε 为一个小的正常数。

注 1.5 上述数据驱动 ILC 算法由参数估计算法(1.27)、控制输入更新算法(1.28)及重置算法(1.29)组成。可以看出,算法的设计仅利用了系统自身产生的输入输出数据,没有包含任何系统模型,其收敛性分析中也没用到任何系统的模型信息[41,42],因此该方法被称为数据驱动 ILC 方法。定理 1.1 要求对于所有的 k 和

t 均满足 $\|u_k(t)\| \neq 0$，实际上，如果在某些时间点出现 $\|u_k(t)\| = 0$ 的情况，那么可以沿迭代方向前移 $\sigma_k \in \mathbf{Z}^+$ 个迭代过程直到 $u_k(t) \neq u_{k-\sigma_k}(t)$ 成立再进行线性化，具体内容请参见文献[46]的定理 3.2。

注 1.6　数据驱动 ILC 方法的设计基础是动态线性化技术，即定理 1.1。该方法将未知非线性系统转化成一个线性时变系统，所有非线性函数 $f(\cdot)$ 所包含的动态信息均被压缩至一个迭代时变的参数 $\theta_k(t)$ 进行描述。$\theta_k(t)$ 的动态特性可能十分复杂且难以进行数学描述，但其数值行为可能比较简单且容易估计。因此，利用 $\theta_k(t)$ 的估计值设计的数据驱动 ILC 方法结构简单且计算量较小。此外，文献[47]和[48]还利用迭代域动态线性化技术给出了几种终端数据驱动 ILC 的设计方法。

注 1.7　除上述四种 ILC 算法之外，根据不同的系统对象或者不同的算法构造，ILC 算法还有其他多种类型，具体列举如下。文献[49]针对分数阶系统提出了分数阶 ILC 算法，其控制输入的更新利用了跟踪误差的分数阶导数信息。文献[50]和[51]针对执行重复控制任务的多智能体系统，提出了分布式 ILC 协议的设计方法，实现了多智能体系统有限时间区间内的协调控制任务。文献[52]～[55]针对模型已知的线性系统，提出基于二维系统理论的 ILC 设计方法，该方法可以利用系统状态信息构造 ILC 算法，其控制器增益的设计可转换为线性矩阵不等式(liner matrix inequality，LMI)的可行解求取问题。在此框架下，传统控制系统的未建模动态鲁棒性、H_∞ 扰动抑制、保成本控制等问题均可以很方便地进行讨论。在算法自身构造方面，文献[56]提出一种利用基函数逼近的 ILC 算法。文献[57]～[59]提出一系列利用模糊规则或神经网络逼近的 ILC 算法。读者可参考文献[4]了解更多内容。

1.3　迭代学习控制的研究现状

ILC 自 1984 年提出以来得到了快速发展，国际控制领域的知名会议 IEEE CDC、ACC、IFAC 等已经举办过多场关于 ILC 的专题研讨会，而控制领域的两大顶级期刊 *IEEE Transactions on Automatic Control*，*Automatica* 每年都有多篇关于 ILC 的论文发表。目前，ILC 已经取得了丰富的理论结果，并在很多实际系统中得到了应用。2005 年至今，已有多篇关于 ILC 的综述性论文发表，这些论文的作者都是活跃在国际控制领域一线的知名学者，为方便读者了解 ILC 的研究现状，本节首先简要回顾这些综述性论文。

文献[3]和[4]较为全面地总结了 2006 年以前 ILC 的研究结果，从理论和应用两个方面对已有参考文献和研究结果进行了分类；文献[8]从算法构造的角度综述了 2009 年之前 ILC 的研究结果，将 ILC 分为直接型和间接型两种类型，并将

ILC 同重复控制、run-to-run 控制进行了详细对比；文献[5] 对 2011 年以前非线性系统的 ILC 研究结果进行了全面综述，包括从基于压缩映射的全局 Lipschitz 非线性动态到基于 CEF 的局部 Lipschitz 非线性动态；文献[7]对 ILC 中的初始条件问题及单调收敛问题进行了综述；文献[6]对随机 ILC 的研究结果进行了综述，包括随机噪声、随机数据丢失等问题。文献[9]对间歇过程基于模型和数据驱动的最优 ILC 方法进行了综述，主要总结了基于动态线性化技术的数据驱动 ILC 方法。文献[49]综述了分数阶 ILC 的主要研究结果。文献[60]综述了信息不完全情况下 ILC 系统的研究现状。

上述综述性论文除文献[9]、[60]外，均是针对 2013 年之前的研究结果进行统计总结。而 2013 年至今，ILC 的研究又取得了长足的进展。作者于 2018 年 7 月 1 日在 *Web of Science* 的核心合集里进行了一次文献检索，以“Iterative Learning Control”为论文标题，以 2013～2018 为检索年限，得到的检索结果为 427 篇。在 IEEE Explorer 数据库中选择同样的论文标题和时间区间，检索到的论文数量为 498 篇。这些研究结果进一步丰富了 ILC 的理论体系，并拓宽了实际的应用范畴。令人欣喜的是，这些论文作者里中国学者占据半壁以上江山，是国际 ILC 领域的主流研究力量。本节主要对 2013～2018 年的代表性研究成果进行简要分类总结，以便读者了解 2013～2018 年的 ILC 研究状况。

(1) 非严格重复系统的 ILC。这类研究主要包括系统对象动态特性的非严格重复[61,62]、期望轨迹的非严格重复[63,64]、随机变化的迭代区间[65]等。

(2) 模最优 ILC 及预测 ILC。这类问题研究在系统模型信息完全已知的情况下，通过定义二次型性能指标，利用最优化原理得到相应的模最优 ILC 算法[66-69]。对于某些具体问题，如多目标优化、饱和约束等，由于求解过程中用到了非因果的系统信息，因此研究者又提出相应的预测 ILC 设计方法[70-72]。

(3) 多智能体系统的分布式 ILC。多智能体系统是目前控制领域的研究热点，文献[50]、[51]、[73]～[76]针对多智能体系统的编队、趋同、跟踪控制等任务，设计了一系列分布式的 ILC 算法。与传统多智能体系统控制算法相比，迭代学习可以实现有限时间区间内的高精度编队或趋同、跟踪控制。

(4) 自适应 ILC。由于自适应 ILC 可以结合自适应控制和 ILC 的优点，并可以利用 Lyapunov 函数或 CEF 的方法分析收敛性，因此其近年来一直是 ILC 领域研究的热点。文献[77]～[80]研究了未知控制方向系统、参数迭代不重复系统及基于神经网络、非伪控制等方法的自适应 ILC 设计问题。

(5) 二维系统框架下的 ILC 设计。二维系统是信息沿两个方向运行的系统，其动态特性可以很好地刻画 ILC 系统的运行特征。基于二维系统的 ILC 设计可以利用系统的状态信息，构造具有单调收敛性、迭代域鲁棒性、H_∞ 扰动抑制的 ILC 算法，文献[81]～[85]给出了一些研究结果。

(6) 终端ILC及点对点ILC算法。其主要研究ILC系统仅有一个输出时刻或多个输出时刻输出数据可获取时的跟踪控制，文献[86]～[89]给出一系列终端或点对点ILC的设计方法。

(7) 不完全信息系统的ILC算法。ILC的实际系统中，由于网络传输的限制经常造成数据丢失、传输延迟及数据量化等现象，进而引发信息不完全问题。文献[90]～[94]给出一系列信息不完全情况下ILC系统的分析和设计方法。

(8) 分布参数系统或多维系统的ILC。ILC系统为沿迭代域和时间域运行的二维动态系统。当算法应用于分布参数系统或其他多维系统时，相应的系统动态为三维或更高维，文献[95]～[98]给出一些研究结果。

(9) 分数阶系统的ILC。文献[49]、[99]和[100]给出了一系列分数阶ILC算法的研究结果。

(10) 受限系统的ILC。文献[101]～[105]给出了系统受到输出约束、状态约束及输入约束情况下的一系列ILC设计方法。

(11) ILC的应用。文献[106]和[107]将ILC应用于列车控制，文献[108]～[110]将ILC应用于康复机器人或其他机器人系统，文献[111]将ILC应用于永磁电机控制，文献[112]将ILC应用于机器鱼的控制，文献[113]将ILC应用于晶圆载物台的运动控制，文献[114]和[115]将ILC应用于锅炉汽轮机系统的控制，文献[116]将ILC应用于高速激光扫描显微镜中等。

以上仅列举了所述研究方向的部分代表性成果，读者可根据相应的关键词查阅更多文献。

1.4 网络控制系统的基本问题

随着计算机技术、网络通信技术和控制科学的日益发展与交叉渗透，控制系统的结构正变得越来越复杂，空间分布也越来越广。传统点对点的控制方式随着现场设备的增加，系统的硬件布置也变得越来越复杂，系统整体维护困难、可扩展性差、成本高等一系列问题日益突出。网络控制系统(networked control system，NCS)正是在这一背景下产生的[117-120]，它可以通过网络传输实现控制器、执行器与传感器之间的信息交换与共享。与点对点控制结构相比，NCS具有共享信息资源、减少系统布线、易于扩展和维护、增加系统的灵活性和可靠性等优点。目前，NCS已成为控制领域的研究热点，并在工业控制中得到越来越多的应用，如流程工业控制中的现场总线系统、汽车控制中的控制器局域网络(controller area network，CAN)总线系统、智能楼宇自动化中的总线系统等。NCS通过网络共享给控制系统带来各种便利的同时，也给控制系统的分析和设计带来新的问题，主要体现在如下方面：①网络环境下，多用户共享通信线路且流量变化不规则，这必然会产生网络诱导时延,同时采用不同的网络协议会使时延具有不同的性质;②由于网络的硬件限制,网络阻塞和连接中断现象不可避免地存在,进而导致网络数据包时序错乱和数据丢失现象的发生;③某些恶劣或特殊环境下,网络可用带宽非常有限,控制系统在进行数据传输前必须进行相应的量化和压缩处理,导致控制系统中可用的数据大多为经量化和压缩处理后的不完全数据。上述这些问题使得传统控制理论在 NCS 中无法直接应用,需要针对 NCS 的基本问题,提出相应的分析和设计理论。为开展网络约束下 ILC 理论的研究,本节将对 NCS 的基本研究问题进行总结。

1.4.1 数据丢失

数据丢失是 NCS 的一个重要问题,其产生原因是通信网络的阻塞或中断诱发的通信约束。虽然大多数网络都具有重新传输的机制,但也只能在一个有限的时间内传输,当超出这个时间后,数据就会丢失。而且考虑控制网络中实时性要求,当传输信息时延过长而下一时刻的信息已经到达时,系统则会自动丢弃长时延信息,采用最新信息。目前对数据丢失的描述主要有两种方式:一种是确定性的丢包过程[121,122],即将丢包过程建模为以时间平均定义的渐近率发生,或是相继丢包的最大界[123-126];另一种是随机丢包过程,主要有 Bernoulli 过程、有限状态 Markov 链及 Poisson 过程[127-131]。

1.4.2 网络诱导时延

由于网络环境下多用户共享通信线路且流量变化不规则,当 NCS 的传感器、控制器和执行器通过网络交换数据时必然产生网络诱导时延。根据网络诱导时延的性质不同,在 NCS 建模时,可以将其分为以下三种形式。

(1) 常数时延:当被控过程中的时间刻度远大于网络诱导时,将时延建模成常数是一种方便而有效的方法,此时用时延的均值和极大值进行系统分析[132]。

(2) 随机时延:时延序列中的时延变量之间两两独立,但为了分析和设计的方便,一般认为网络诱导时延序列中的时延变量之间服从某一确定的概率分布[133,134]。

(3) Markov 分布随机时延:在 NCS 中,将网络诱导时延建模成一个其概率分布由 Markov 链调节的随机序列[135],如将网络负载的低负载、中负载和高负载三种情况看成 Markov 链的三个状态。

1.4.3 数据量化

在 NCS 中,由于网络带宽的限制,信号在传输之前经常采取量化处理。量化是一种非线性映射,它将连续取值的系统信号压缩为有限水平的数据集。量化后的数据与系统原信号相比信息量较少，而且与系统的真实信号呈现非一一对应的本质非线性关系。文献[136]指出，信号量化后产生的误差可以视为系统的扇形界不确定性，因此鲁棒控制的分析和设计方法可以应用于研究 NCS 中数据量化的影响。此外，已有文献中量化器的类型主要包括两类：静态量化器和动态量化器[137]。静态量化器是一个无记忆的非线性函数，即假定量化信息仅依赖于当前时刻的信息，通常这种量化信息只是简单的编码和解码。动态量化器是一种有记忆的量化器，结构比静态量化器复杂但更有效。

1.4.4 其他问题

除数据丢失、网络诱导时延和数据量化之外，NCS 中还有一些其他问题引起了较大关注，具体如下。

(1) 节点驱动方式：包括时间驱动方式和事件驱动方式。时间驱动方式采取按采样时刻定时驱动的工作方式，而事件驱动方式则根据触发事件条件来激活节点。

(2) 时序错乱：网络环境下数据传输的通信设备或路径不唯一，造成了时序错乱，一般分为单包数据错乱和多包数据错乱两种情况。

(3) 网络调度：NCS 中，控制环的性能不仅依赖控制算法，而且依赖对共享网络资源的调度。这里的调度发生在网络层，主要解决被控对象传输数据的快慢和被传输数据所具有的优先权问题。

(4) 网络安全：任何网络设备，尤其是无线设备，都容易遭受拦截和攻击，因此网络安全问题受到越来越多的关注。

这些问题在本书后续章节中没有涉及，因此不再赘述，读者可参阅文献[117]～[120]、[137]和[138]了解更多内容。

1.5 本书概况

本书主要研究网络参量约束下的 ILC 理论，主要讨论系统数据在数据丢失、数据量化等情况下的 ILC 系统收敛性分析理论和设计方法。研究内容涉及线性 ILC 系统和非线性 ILC 系统在数据丢失情况下的收敛性分析、Lifting 框架下数据丢失系统的 H_∞ ILC 算法设计、二维系统存在数据丢失时的基础理论及二维框架下 ILC 算法的设计、线性切换和非线性切换系统的 ILC 收敛性分析、存在数据量化的 ILC 系统分析、二维系统框架下的量化 ILC 设计及二值量化系统的自适应 ILC 设计。具体章节内容安排如下：

第 1 章为绪论，主要介绍 ILC 的基本原理及算法构造，简要总结 2013～2018 年 ILC 取得的研究进展，同时对 NCS 的基本问题进行描述，为后续章节的工作开展奠定基础。

第 2 章研究线性离散系统存在数据丢失时的 ILC 问题,基于超向量描述方法给出一阶和高阶 ILC 算法的收敛性条件,并分析数据丢失对 ILC 系统的影响。

第 3 章将第 2 章的研究问题拓展到非线性系统中,利用压缩映射方法给出收敛性条件,并进一步讨论 MIMO 非线性系统的相关问题。

第 4 章讨论切换系统的 ILC 问题,针对线性切换系统设计 ILC 算法并给出收敛性分析,讨论切换动态对 ILC 系统跟踪性能的影响。

第 5 章将第 4 章的研究问题拓展到非线性切换系统,并考虑系统包含状态时滞的情况,采用压缩映射方法给出系统的收敛性条件和收敛性理论分析。

第 6 章研究线性离散系统存在数据丢失时的 ILC 设计问题,定义了迭代域的 H_∞ 性能指标,基于超向量描述给出一种 H_∞ ILC 的设计方法,该方法可以通过求解 LMI 设计 ILC 算法的增益矩阵。

第 7 章研究数据丢失情况下 ILC 的设计问题,建立 ILC 系统的二维随机动态模型,给出二维系统均方稳定的一个充分条件,该条件可实现 ILC 算法的设计。

第 8 章基于第 7 章的研究框架,讨论线性时滞系统存在数据丢失时的 ILC 设计问题。建立 ILC 系统的二维时滞动态模型,给出一个时滞依赖的均方稳定条件,并通过该条件实现迭代学习控制增益的设计。

第 9 章研究二维非线性系统存在数据丢失情况下的 H_∞ 反馈控制问题,给出一个系统满足均方稳定和 H_∞ 性能的线性矩阵不等式条件,该条件可实现二维非线性系统的 H_∞ 状态反馈控制器设计。

第 10 章研究一类二维线性离散系统的 H_∞ 滤波问题,设计二维系统的滤波器算法并建立滤波误差系统的二维动态方程。根据第 7 章、第 8 章中定义的均方稳定和随机 H_∞ 性能指标,给出一个滤波系统均方稳定的充分条件,并实现 H_∞ 滤波器参数矩阵的设计。

第 11 章研究存在数据量化的迭代学习控制系统收敛性问题,基于压缩映射方法分别给出线性系统、非线性系统的 ILC 收敛性条件,分析数据量化对 ILC 系统跟踪性能的影响。

第 12 章研究量化 ILC 的设计问题,建立系统的二维动态模型,通过扇形界方法将量化误差的影响转化为系统的不确定性,利用二维系统稳定性理论给出一种量化 ILC 的设计方法。

第 13 章研究二值量化系统的自适应迭代学习跟踪控制问题,其中系统的输出信息为量化的极端情况,即仅有两个数值可以使用。针对单参量系统构造迭代域上的参数估计算法,并设计自适应 ILC 算法。

参 考 文 献

[1] Arimoto S, Kawamura S, Miyazaki F. Bettering operation of robots by learning. Journal of

Robotic Systems,1984,1(2):123-140.

[2] 许建新,侯忠生.学习控制的现状与展望.自动化学报,2005,31(6):943-955.

[3] Bristow D A, Tharayil M, Alleyne A G. A survey of iterative learning control: A learning-based method for high-performance tracking control. IEEE Control Systems Magazine, 2006, 26(3):96-114.

[4] Ahn H S, Chen Y Q, Moore K L. Iterative learning control: Brief survey and categorization. IEEE Transactions on Systems, Man, and Cybernetics-Part C: Applications and Reviews, 2007,37(6):1099-1121.

[5] Xu J X. A survey on iterative learning control for nonlinear systems. International Journal of Control,2011,84(7):1275-1294.

[6] Shen D, Wang Y Q. Survey on stochastic iterative learning control. Journal of Process Control,2014,24(12):64-77.

[7] 阮小娥,朴光贤,卞增男.迭代学习控制技术回顾与长期学习控制展望.控制理论与应用,2012,8:966-973.

[8] Wang Y Q, Gao F R, Doyle F. Survey on iterative learning control, repetitive control, and run-to-run control. Journal of Process Control,2009,19(10):1589-1600.

[9] 池荣虎,侯忠生,黄彪.间歇过程最优迭代学习控制的发展:从基于模型到数据驱动.自动化学报,2017,43(6):919-934.

[10] Moore K L. Iterative Learning Control for Deterministic Systems Advances in Industrial Control. New York: Springer-Verlag, 1993.

[11] Arimoto S, Kawamura S, Miyazaki F. Bettering operation of dynamic systems by learning: A new control theory for servomechanism or mechatronics systems//The 23rd IEEE Conference on Decision and Control, Las Vegas, 1984:1064-1069.

[12] Chen Y Q, Moore K L. An optimal design of PD-type iterative learning control with monotonic convergence//Proceedings of the 2002 IEEE International Symposium on Intelligent Control, Logan, 2002:55-60.

[13] Moore K L, Chen Y Q. On monotonic convergence of high order iterative learning update laws//Proceedings of the 15th International Federation of Automatic Control(IFAC) World Congress, Novosibirsk, 2002.

[14] 孙明轩,黄宝健.迭代学习控制.北京:国防工业出版社,1999.

[15] Moore K L. An observation about monotonic convergence in discrete time, P-type iterative learning control//Proceedings of the 2001 IEEE International Symposium Intelligent Control, Mexico City, 2001:45-49.

[16] Moore K L, Chen Y Q, Ahn H S. Iterative learning control: A tutorial and big picture view//Proceedings of the 45th IEEE Conference on Decision and Control, San Diego, 2006: 2352-2357.

[17] Ahn H S, Moore K L, Chen Y Q. Stability analysis of discrete-time iterative learning control systems with interval uncertainty. Automatica, 2007, 43(5):892-902.

[18] Hakvoort W B J, Aarts R G K M, van Dijk J, et al. Lifted system iterative learning control applied to an industrial robot. Control Engineering Practice, 2008, 16(4): 377-391.

[19] Rice J K, Verhaegen M. A structured matrix approach to efficient calculation of LQG repetitive learning controllers in the lifted setting. International Journal of Control, 2010, 83(6): 1265-1276.

[20] Hakvoort W B J, Aarts R G K M, van Dijk J, et al. A computationally efficient algorithm of iterative learning control for discrete-time linear time-varying systems. Automatica, 2009, 45(12): 2925-2929.

[21] Haber A, Fraanje R, Verhaegen M. Linear computational complexity robust ILC for lifted systems. Automatica, 2012, 48(6): 1102-1110.

[22] Sun H, Alleyne A G. A computationally efficient norm optimal iterative learning control approach for LTV systems. Automatica, 2014, 50(1): 141-148.

[23] Amann N, Owens D H, Rogers E. Iterative learning control for discrete-time systems with exponential rate of convergence. IEE Proceedings. Part D: Control Theory and Applications, 1996, 143(2): 217-224.

[24] Lee K S, Kim W C, Lee J H. Model-based iterative learning control with quadratic criterion for linear batch processes. Journal of Institute of Control, Robotics and Systems, 1996, 2(3): 148-157.

[25] Lee J H, Lee K S, Kim W C. Model-based iterative learning control with a quadratic criterion for time-varying linear systems. Automatica, 2000, 36(5): 641-657.

[26] Moore K L, Verwoerd M H A. L1-optimal robust iterative learning controller design. American Control Conference, Seattle, 2008: 3881-3886.

[27] Gunnarsson S, Norrlof M. On the design of ILC algorithms using optimization. Automatica, 2001, 37(12): 2011-2016.

[28] Barton K L, Bristow D A, Alleyne A G. A numerical method for determining monotonicity and convergence rate in iterative learning control. International Journal of Control, 2010, 83(2): 219-226.

[29] Chu B, Owens D H. Accelerated norm-optimal iterative learning control algorithms using successive projection. International Journal of Control, 2009, 82(8): 1469-1484.

[30] van de Wijdeven J, Donkers T, Bosgra O. Iterative learning control for uncertain systems: Robust monotonic convergence analysis. Automatica, 2009, 45(10): 2383-2391.

[31] Xu J X, Tan Y. A composite energy function based learning control approach for nonlinear systems with time-varying parametric uncertainties. IEEE Transactions on Automatic Control, 2002, 47(11): 1940-1945.

[32] Xu J X, Tan Y, Lee T H. Iterative learning control design based on composite energy function with input saturation. Automatica, 2004, 40(8): 1371-1377.

[33] Sun M X, He X X. Iterative learning identification and control of discrete time-varying systems//Proceedings of the 26th Chinese Control Conference, Zhangjiajie, 2007: 520-524.

[34] Chi R H, Hou Z S, Xu J X. Adaptive ILC for a class of discrete-time systems with iteration-varying trajectory and random initial condition. Automatica, 2008, 44(8): 2207-2213.

[35] Goodwin G C, Sin K S. Adaptive filtering prediction and control. Englewood Cliffs: Prentice-Hall, 1984.

[36] Xu J, Yan R. Iterative learning control design without a priori knowledge of the control direction. Automatica, 2004, 40(8): 1803-1809.

[37] Sun M, Ge S S. Adaptive repetitive control for a class of nonlinearly parameterized systems. IEEE Transactions on Automatic Control, 2006, 51(10): 1684-1688.

[38] Li X D, Xiao T F, Zheng H X. Adaptive discrete-time iterative learning control for non-linear multiple input multiple output systems with iteration-varying initial error and reference trajectory. IET Control Theory and Applications, 2010, 5(9): 1131-1139.

[39] Yan W L, Sun M X. Adaptive iterative learning control of discrete-time varying systems with unknown direction. International Journal of Adaptive Control and Signal Processing, 2013, 27(4): 340-348.

[40] Tayebi A. Adaptive iterative learning control for robot manipulators. Automatica, 2004, 40(7): 1195-1203.

[41] Chi R H, Hou Z S. Dual-stage optimal iterative learning control for nonlinear non-affine discrete-time systems. Acta Automatic Sinica, 2007, 33(10): 1061-1065.

[42] Chi R H, Hou Z S, Huang B, et al. A unified data-driven design framework of optimality based generalized iterative learning control. Computers and Chemical Engineering, 2015, 77: 10-23.

[43] Hou Z S, Jin S T. A novel data-driven control approach for a class of discrete-time nonlinear systems. IEEE Transactions on Control System Technology, 2011, 19(6): 1549-1558.

[44] Hou Z S, Jin S T. Data-driven model-free adaptive control for a class of MIMO nonlinear discrete-time systems. IEEE Transactions on Neural Networks, 2011, 22(12): 2173-2188.

[45] Hou Z S, Chi R H, Gao H J. An overview of dynamic-linearization-based data-driven control and applications. IEEE Transactions on Industrial Electronics, 2017, 64(5): 4076-4090.

[46] 侯忠生，金尚泰. 无模型自适应控制：理论与应用. 北京：科学出版社，2013.

[47] Chi R H, Wang D W, Hou Z S, et al. Data-driven optimal terminal iterative learning control. Journal of Process Control, 2012, 22(10): 2026-2037.

[48] Chi R H, Hou Z S, Jin S T, et al. Enhanced data-driven optimal terminal ILC using current iteration control knowledge. IEEE Transactions on Neural Networks and Learning Systems, 2015, 26(11): 2939-2948.

[49] Li Y, Chen Y Q, Ahn H S, et al. A survey on fractional-order iterative learning control. Journal of Optimization Theory and Applications, 2013, 156(1): 127-140.

[50] Meng D Y, Jia Y M, Du J P, et al. On iterative learning algorithms for the formation control of nonlinear multi-agent systems. Automatica, 2014, 50(1): 291-295.

[51] Meng D Y, Moore K L. Robust cooperative learning control for directed networks with non-

linear dynamics. Automatica,2017,75:172-181.

[52] Shi J,Gao F R,Wu T J. Robust design of integrated feedback and iterative learning control of a batch process based on a 2D Roesser system. Journal of Process Control,2005,15(8):907-924.

[53] Liu T,Wang Y Q. A synthetic approach for robust constrained iteration learning control of piece affine batch processes. Automatica,2012,48(11):2762-2775.

[54] Wang Y Q,Yang Y N,Zhao Z. Robust stability analysis for an enhanced ILC-based PI controller. Journal of Process Control,2013,23(2):201-214.

[55] Hladowski L,Galkowski K,Cai Z L. Experimentally supported 2D systems based iterative learning control law design for error convergence and performance. Control Engineering Practice,2010,18(4):339-348.

[56] 张黎,刘山. 非最小相位系统的基函数型自适应迭代学习控制. 自动化学报,2014,40(12):2716-2725.

[57] Chien C J,Fu L C. An iterative learning control of nonlinear systems using neural network design. Asian Journal of Control,2002,4(1):21-29.

[58] Chien C J. A sampled-data iterative learning control using fuzzy network design. International Journal of Control,2000,73(10):902-913.

[59] Wang Y C,Chien C J,Chi R H,et al. A fuzzy-neural adaptive terminal iterative learning control for fed-batch fermentation processes. International Journal of Fuzzy Systems,2015,17(3):423-433.

[60] Shen D. Iterative learning control with incomplete information:A survey. IEEE-CAA Journal of Automatica Sinica,2018,5(5):885-901.

[61] Meng D Y,Moore K L. Robust iterative learning control for nonrepetitive uncertain systems. IEEE Transactions on Automatic Control,2017,62(2):907-913.

[62] Meng D Y,Moore K L. Convergence of iterative learning control for SISO nonrepetitive systems subject to iteration-dependent uncertainties. Automatica,2017,79:167-177.

[63] Zhu Q,Xu J X,Huang D Q,et al. Iterative learning control design for linear discrete-time systems with multiple high-order internal models. Automatica,2015,62:65-76.

[64] Oh S K,Lee J M. Stochastic iterative learning control for discrete linear time-invariant system with batch-varying reference trajectories. Journal of Process Control,2015,36:64-78.

[65] Li X,Xu J X,Huang D. An iterative learning control approach for linear systems with randomly varying trial lengths. IEEE Transactions on Automatic Control,2014,59(7):1954-1960.

[66] Owens D H,Chu B,Rogers E,et al. Influence of nonminimum phase zeros on the performance of optimal continuous-time iterative learning control. IEEE Transactions on Control Systems Technology,2014,22(3):1151-1158.

[67] Son T D,Pipeleers G,Swevers J. Robust monotonic convergent iterative learning control. IEEE Transactions on Automatic Control,2016,61(4):1063-1068.

[68] Barton K L, Alleyne A G. A norm optimal approach to time-varying ILC with application to a multi-axis robotic testbed. IEEE Transactions on Control Systems Technology, 2011, 19(1): 166-180.

[69] Ge X, Stein J L, Ersal T. Frequency-domain analysis of robust monotonic convergence of norm-optimal iterative learning control. IEEE Transactions on Control Systems Technology, 2018, 26(2): 637-651.

[70] Chu B, Owens D H, Freeman C T. Iterative learning control with predictive trial information: Convergence, robustness, and experimental verification. IEEE Transactions on Control Systems Technology, 2016, 24(3): 1101-1108.

[71] Chen C, Xiong Z H, Zhong Y S. Design and analysis of integrated predictive iterative learning control for batch process based on two-dimensional system theory. Chinese Journal of Chemical Engineering, 2014, 22(7): 762-768.

[72] Jia L, Yang T, Chiu M S. An integrated iterative learning control strategy with model identification and dynamic R-parameter for batch processes. Journal of Process Control, 2013, 23(9): 1332-1341.

[73] Yang S P, Xu J X, Huang D Q, et al. Optimal iterative learning control design for multi-agent systems consensus tracking. Systems and Control Letters, 2014, 69: 80-89.

[74] Shen D, Xu J X. Distributed adaptive iterative learning control for nonlinear multiagent systems with state constraints. International Journal of Adaptive Control and Signal Processing, 2017, 31(12): 1779-1807.

[75] Zhang T, Li J M. Iterative learning control for multi-agent systems with finite-leveled sigma-delta quantization and random packet losses. IEEE Transactions on Circuits and Systems I-Regular Papers, 2017, 64(8): 2171-2181.

[76] Xiong W J, Yu X H, Patel R, et al. Iterative learning control for discrete-time systems with event-triggered transmission strategy and quantization. Automatica, 2016, 72: 84-91.

[77] Wang J, Wang Y, Cao L L, et al. Adaptive iterative learning control based on unfalsified strategy for Chylla-Haase reactor. IEEE/CAA Journal of Automatica Sinica, 2014, 1(4): 347-360.

[78] 孙明轩,毕宏博,张杰. 非线性时变系统特征建模与自适应迭代学习控制. 系统科学与数学,2016,36(4):461-475.

[79] Yu M, Li C Y. Robust adaptive iterative learning control for discrete-time nonlinear systems with time-iteration-varying parameters. IEEE Transactions on Systems, Man, and Cybernetics: Systems, 2017, 47(7): 1737-1745.

[80] He X X, Zhuang H L, Zhang D, et al. Pulse neural network-based adaptive iterative learning control for uncertain robots. Neural Computing and Applications, 2013, 23(7-8): 1885-1890.

[81] Lu J Y, Cao Z X, Zhang R D, et al. Nonlinear monotonically convergent iterative learning control for batch processes. IEEE Transactions on Industrial Electronics, 2018, 65(7): 5826-5836.

[82] Liu T, Wang X Z, Chen J H. Robust PID based indirect-type iterative learning control for batch processes with time-varying uncertainties. Journal of Process Control, 2014, 24(12): 95-106.

[83] Cichy B, Galkowski K, Rogers E. 2D systems based robust iterative learning control using noncausal finite-time interval data. Systems and Control Letters, 2014, 64: 36-42.

[84] Wang Y Q, Zhang H, Wei S L, et al. Control performance assessment for ILC-controlled batch processes in a 2-D system framework. IEEE Transactions on Systems, Man, and Cybernetics: Systems, 2017, 48(9): 1493-1504.

[85] Shi J, Zhou H, Cao Z K, et al. A design method for indirect iterative learning control based on two-dimensional generalized predictive control algorithm. Journal of Process Control, 2014, 24(10): 1527-1537.

[86] Han J, Shen D, Chien C J. Terminal iterative learning control for discrete-time nonlinear systems based on neural networks. Journal of the Franklin Institute-Engineering and Applied Mathematics, 355(8): 3641-3658.

[87] Chi R H, Huang B A, Hou Z S, et al. Data-driven high-order terminal iterative learning control with a faster convergence speed. International Journal of Robust and Nonlinear Control, 2018, 28(1): 103-119.

[88] Freeman C T. Constrained point-to-point iterative learning control with experimental verification. Control Engineering Practice, 2012, 20(5): 489-498.

[89] Son T D, Ahn H S, Moore K L. Iterative learning control in optimal tracking problems with specified data points. Automatica, 2013, 49(5): 1465-1472.

[90] Bu X, Hou Z S. Adaptive iterative learning control for linear systems with binary-valued observations. IEEE Transactions on Neural Networks and Learning Systems, 2018, 29(1): 232-237.

[91] Shen D, Xu J X. A framework of iterative learning control under random data dropouts: Mean square and almost sure convergence. International Journal of Adaptive Control and Signal Processing, 2017, 31(12): 1825-1852.

[92] Shen D, Wang Y Q. Iterative learning control for networked stochastic systems with random packet losses. International Journal of Control, 2015, 88(5): 959-968.

[93] Liu J, Ruan X E. Networked iterative learning control approach for nonlinear systems with random communication delay. International Journal of Systems Science, 2016, 47(16): 3960-3969.

[94] Huang L X, Fang Y, Wang T. Convergence analysis of wireless remote iterative learning control systems with channel noise. Asian Journal of Control, 2015, 17(6): 2374-2381.

[95] Dai X S, Tian S P, Peng Y J, et al. Closed-loop P-type iterative learning control of uncertain linear distributed parameter systems. IEEE/CAA Journal of Automatica Sinica, 2014, 1(3): 267-273.

[96] Huang D, Xu J, Li X, et al. D-type anticipatory iterative learning control for a class of inhomogeneous heat equations. Automatica, 2013, 49(8): 2397-2408.

[97] Wan K, Li X D. Iterative learning control for two-dimensional linear discrete systems with Fornasini-Marchesini model. International Journal of Control, Automation and Systems, 2017, 15(4): 1710-1719.

[98] Xiao T, Li H X. Eigenspectrum-based iterative learning control for a class of distributed parameter system. IEEE Transactions on Automatic Control, 2017, 62(2): 824-836.

[99] Lan Y, Wei J. Fractional order nonlinear systems with delay in iterative learning control. Applied Mathematics and Computation, 2015, 257: 546-552.

[100] Liu S D, Wang J R. Fractional order iterative learning control with randomly varying trial lengths. Journal of the Franklin Institute, 2017, 354(2): 967-992.

[101] Xu J X, Jin X. State-constrained iterative learning control for a class of MIMO systems. IEEE Transactions on Automatic Control, 2013, 58(5): 1322-1327.

[102] Jin X, Xu J X. Iterative learning control for output-constrained systems with both parametric and nonparametric uncertainties. Automatica, 2013, 49(8): 2508-2516.

[103] Freeman C T, Tan Y. Iterative learning control with mixed constraints for point-to-point tracking. IEEE Transactions on Control Systems Technology, 2013, 21(3): 604-616.

[104] Janssens P, Pipeleers G, Swevers J. A data-driven constrained norm-optimal iterative learning control framework for LTI systems. IEEE Transactions on Control Systems Technology, 2013, 21(2): 546-551.

[105] Chi R H, Liu X H, Zhang R K, et al. Constrained data-driven optimal iterative learning control. Journal of Process Control, 2017, 55: 10-29.

[106] Ji H H, Hou Z S, Zhang R K. Adaptive iterative learning control for high-speed trains with unknown speed delays and input saturations. IEEE Transactions on Automation Science and Engineering, 2016, 13(1): 260-273.

[107] Li D Y, Sun H D, Hou Z S. Coordinated iterative learning control schemes for train trajectory tracking with overspeed protection. IEEE Transactions on Automation Science and Engineering, 2013, 10(2): 323-333.

[108] Freeman C T. Newton-method based iterative learning control for robot-assisted rehabilitation using FES. Mechatronics, 2014, 24(8): 934-943.

[109] Meng T T, He W. Iterative learning control of a robotic arm experiment platform with input constraint. IEEE Transactions on Industrial Electronics, 2018, 65(1): 664-672.

[110] Sebastian G, Tan Y, Oetomo D, et al. Feedback-based iterative learning design and synthesis with output constraints for robotic manipulators. IEEE Control Systems Letters, 2018, 2(3): 513-518.

[111] Zhang L, Chen W H, Liu J M. A robust adaptive iterative learning control for trajectory tracking of permanent-magnet spherical actuator. IEEE Transactions on Industrial Electronics, 2016, 63(1): 291-301.

[112] Li X F, Ren Q Y, Xu J X. Precise speed tracking control of a robotic fish via iterative learning control. IEEE Transactions on Industrial Electronics, 2016, 63(4): 2221-2228.

[113] Oomen T, Cristian R R. Sparse iterative learning control with application to a wafer stage: Achieving performance, resource efficiency, and task flexibility. Mechatronics, 2017, 47: 134-147.

[114] Tutty O, Blackwell M, Rogers E. Iterative learning control for improved aerodynamic load performance of wind turbines with smart rotors. IEEE Transactions on Control Systems Technology, 2014, 22(3): 967-979.

[115] Liu X J, Kong X B. Nonlinear fuzzy model predictive iterative learning control for drum-type boiler-turbine system. Journal of Process Control, 2013, 23(8): 1023-1040.

[116] Yoo H W, Ito S, Schitter G. High speed laser scanning microscopy by iterative learning control of a galvanometer scanner. Control Engineering Practice, 2016, 50: 12-21.

[117] Yang T C. Networked control system: A brief survey. IEE Proceedings: Control Theory and Applications, 2006, 153(4): 403-412.

[118] Hespanha J P, Naghshtabrizi P, Xu Y. A survey of recent results in networked control systems. Proceedings of the IEEE, 2007, 95(1): 138-162.

[119] Xia Y Q, Gao Y L, Yan L P, et al. Recent progress in networked control systems—A survey. International Journal of Automation and Computing, 2015, 12(4): 343-367.

[120] Zhang X M, Han Q L, Yu X H. Survey on recent advances in networked control systems. IEEE Transactions on Industrial Informatics, 2016, 12(5): 1740-1752.

[121] Zhang W, Branicky M S, Phillips S M. Stability of networked control systems. IEEE Control Systems Magazine, 2001, 21(1): 84-99.

[122] Rabello A, Bhaya A. Stability of asynchronous dynamical systems with rate constraints and application. IEE Proceedings-Part D: Control Theory and Applications, 2003, 150(5): 546-550.

[123] Yu M, Wang L, Chu T G, et al. Stabilization of networked control systems with data packet dropout and network delays via switching system approach//Proceedings of the 43rd IEEE Conference on Decision and Control, Nassau, 2004: 14-17.

[124] Branicky M S. Multiple Lyapunov functions and other analysis tools for switched and hybrid systems. IEEE Transactions on Automatic Control, 1998, 43(4): 475-482.

[125] Jamal D, Pierre R, Claude I. Stability analysis and control synthesis for switched systems: A switched Lyapunov function approach. IEEE Transactions on Automatic Control, 2002, 47(11): 1883-1887.

[126] Zhang W A, Yu L. Output feedback stabilization of networked control systems with packet dropouts. IEEE Transactions on Automatic Control, 2007, 52(9): 1705-1710.

[127] Seiler P, Sengupta R. An H_∞ approach to networked control. IEEE Transactions on Automatic Control, 2005, 50(3): 356-364.

[128] Wu J, Chen T. Design of networked control systems with packet dropouts. IEEE Transactions on Automatic Control, 2007, 52(7): 1314-1319.

[129] Ling Q, Lemmon M D. Power spectral analysis of networked control systems with data dropouts. IEEE Transactions on Automatic Control, 2004, 49(6): 955-960.

[130] Zhivoglyadov P V, Middleton R H. Networked control design for linear systems. Automatica, 2003, 39(4): 743-750.

[131] Wang Z, Ho D WC, Liu X. Variance-constrained control for uncertain stochastic systems with missing measurement. IEEE Transactions on Systems, Man, and Cybernetics-Part A, 2005, 35(5): 746-753.

[132] Ray A. Distributed data communication networks for real time process control. Chemical Engineering Communications, 1988, 65(2): 139-154.

[133] Zhang X, Han Q. Network-based H_∞ filtering for discrete time systems. IEEE Transactions on Signal Process, 2012, 60(2): 956-961.

[134] Yue D, Han Q L, Lam J. Network-based robust H_∞ control of systems with uncertainty. Automatica, 2005, 41(6): 999-1007.

[135] Zhang L, Shi Y, Chen T, et al. A new method for stabilization of networked control systems with random delays. IEEE Transactions on Automatic Control, 2005, 50(8): 1177-1181.

[136] Fu M Y, Xie L H. The sector bound approach to quantized feedback control. IEEE Transactions on Automatic Control, 2005, 50(11): 1698-1711.

[137] Jiang Z P, Liu T F. Quantized nonlinear control—A survey. Acta Automatica Sinica, 2013, 39(11): 1820-1830.

[138] Zhang L, Gao H, Kaynak O. Network-induced constraints in networked control systems—A survey. IEEE Transactions on Industrial Informatics, 2013, 9(1): 403-416.

第 2 章　存在数据丢失的线性系统迭代学习控制

2.1　引　　言

已有的 ILC 在构造算法时，大都针对点对点方式的控制系统，即传感器、控制器和执行器在同一位置，系统的数据采集和传输是同步进行的。NCS 中传感器、控制器和执行器分布在不同的位置，相互之间需要网络传输实现数据共享。网络中不可避免地存在通信阻塞和连接中断等情况，导致数据丢失现象频繁发生。因此，研究数据存在不完全传输或数据丢失时的 ILC 具有重要的实际意义。

网络环境下的 ILC 系统结构框图如图 2.1 所示，被控对象和控制器分布在不同的位置，传感器采集到的系统输出数据需要经过网络传输给迭代学习控制器，而迭代学习控制器的控制量输入数据需要经过网络传输给执行器。在此过程中，通信阻塞经常造成两类不同的数据丢失：输出测量数据丢失和控制输入数据丢失。文献[1]首次讨论了输出测量数据丢失情况下的 ILC 系统，在构造 P 型学习率时引入一个随机变量用于描述数据丢包现象，利用迭代域 Kalman 滤波技术给出了一种随机最优 ILC 的设计方法。文献[2]将文献[1]的设计结果推广到多变量输出过程中每个输出数据均存在丢失的情况。文献[3]针对数据丢失的影响，设计了一种均值 ILC 算法，该算法在构造控制输入信号时利用过去多次数据的加权平均值对丢失数据进行补偿。文献[4]基于 Lifting 方法将存在数据丢失的线性 ILC 系统转化为迭代域上的异步动态系统，并根据异步动态系统稳定性的判别方法给出了算法的收敛性定理。然而，文献[4]的研究结果需要求解一个双边线性矩阵不等式，这对于实际 ILC 系统是很困难的。文献[5]和[6]给出了线性 ILC 系统存在输出测量数据丢失情况下的一些收敛性条件，文献[7]～[10]针对存在输出测量数据丢失的离散系统设计了一系列基于随机逼近的 ILC 算法，并在随机框架下分析了系统的几乎必然收敛性。

上述研究结果表明，对于一个稳定的 ILC 系统，只要系统的输出测量数据丢失率不为 100%，即数据没有全部丢失，ILC 仍然可以保证系统的稳定性。这与传统 NCS 中数据丢失的研究结果不同，传统 NCS 的数据丢失存在临界丢失率，当数据丢失程度大于临界丢失率时系统将不再稳定[11-13]。因此，ILC 算法对于数据丢失具有较强的鲁棒性。

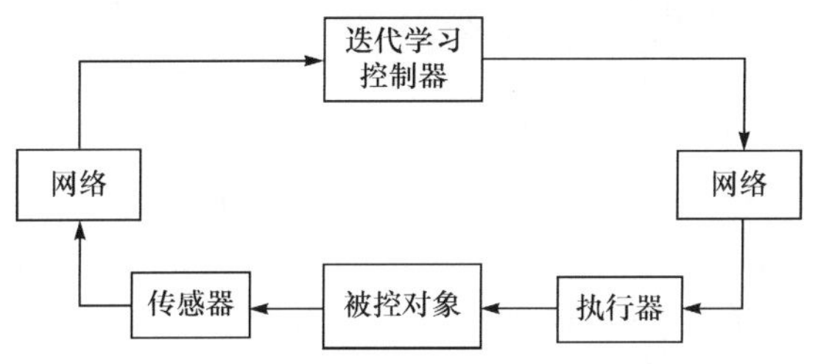

图 2.1　网络环境下的 ILC 系统结构框图

本章主要研究线性 ILC 系统在数据丢失情况下的收敛性分析问题，首先将数据丢失描述成一个概率已知的随机 Bernoulli 序列；然后基于 ILC 系统的超向量描述给出了系统跟踪误差期望意义下的收敛性条件，进而定义了一个收敛速度因子分析数据丢失对 ILC 系统的影响；最后将一阶 ILC 算法的研究结果推广到高阶 ILC 算法中。

2.2　问题描述

考虑如下 SISO 线性时不变离散时间系统：

$$y_k(t)=G(q)u_k(t) \tag{2.1}$$

式中，k 为迭代次数；t 为时间变量，$t\in[0,N]$，其中 N 表示迭代过程的时间区间长度；q 为时间前向移位因子；$y_k(t)$、$u_k(t)$、$G(q)$分别为输出变量、输入变量和系统传递函数。假设系统满足如下两个条件：①每一次运行的初始条件是相同的；②期望轨迹 $y_{\mathrm{d}}(t)$是迭代不变的，则系统(2.1)可以表示成如下超向量形式：

$$Y_k=HU_k \tag{2.2}$$

式中

$$U_k=[u_k(0)\quad u_k(1)\quad \cdots\quad u_k(N-1)]^{\mathrm{T}}$$

$$Y_k=[y_k(1)\quad y_k(2)\quad \cdots\quad y_k(N)]^{\mathrm{T}}$$

$$H=\begin{bmatrix} h_1 & & & & \\ h_2 & h_1 & & & \\ h_3 & h_2 & h_1 & & \\ \vdots & \ddots & \ddots & \ddots & \\ h_N & \cdots & h_3 & h_2 & h_1 \end{bmatrix}$$

注 2.1　矩阵 H 的元素 $h_i(i=1,2,\cdots,N)$为线性系统(2.1)的 Markov 参数，对于线性时变系统和某些特殊的非线性系统，其 Markov 参数矩阵同样为类似 H 的下三角矩阵，因此本章的结果对于线性时变系统和某些非线性系统同样适用。

针对上述系统，考虑如下 ILC 算法：

$$u_{k+1}(t)=u_k(t)+\gamma e_k(t+1) \tag{2.3}$$

式中，$e_k(t+1)=y_d(t+1)-y_k(t+1)$为系统的跟踪误差；$\gamma$ 为系统的学习增益。由式(2.3)可知，系统第 $k+1$ 次的控制量 $u_{k+1}(t)$更新时需要用到第 k 次的控制量 $u_k(t)$和第 k 次的输出误差 $e_k(t+1)$。然而，输出测量信号从传感器到控制器的传输过程中，网络传输故障经常造成数据的丢失。假设控制器为智能单元，可以检测出测量输出 $y_k(t+1)$是否丢失。若 $y_k(t+1)$没有丢失，则按式(2.3)计算 $u_{k+1}(t)$，即 $u_{k+1}(t)=u_k(t)+\gamma e_k(t+1)$。若 $y_k(t+1)$丢失，则保持当前控制量与前一次迭代的控制量相同，即 $u_{k+1}(t)=u_k(t)$。此时，式(2.3)可表示为

$$u_{k+1}(t)=u_k(t)+\eta(t)\gamma e_k(t+1) \tag{2.4}$$

式中，$\eta(t)$为取值 0 和 1 的随机序列，$\eta(t)=0$ 意味着输出测量数据丢失，$\eta(t)=1$ 意味着数据没有丢失。假设

$$\mathcal{E}\{\eta(t)\}=\bar{\eta} \tag{2.5}$$

式中，$\mathcal{E}\{\cdot\}$表示数学期望因子；$\bar{\eta}$ 为数据传输的成功率，满足 $0\leqslant\bar{\eta}\leqslant1$。

本章的主要研究内容为在 $\bar{\eta}$ 已知的情况下如何选择学习增益以使系统跟踪误差收敛，进而分析数据丢失程度 $\bar{\eta}$ 对系统收敛性的影响。为简单起见，后面内容中若无特殊说明则将 $\eta(t)$缩写为 η。

2.3 收敛性分析

本节分别给出跟踪误差期望的渐近稳定和单调收敛条件。在分析算法的渐近稳定性前，首先给出如下引理[14]。

引理 2.1 考虑如下线性离散时不变系统：

$$\bar{x}(t+1)=A\bar{x}(t)$$

式中，$\bar{x}(t)\in\mathrm{R}^n$；$A\in\mathrm{R}^{n\times n}$。当满足条件 $\rho(A)<1$ 时系统渐近稳定，这里 $\rho(\cdot)$为矩阵的谱半径，$\rho(A)<1$ 意味着 A 的所有特征值均小于 1。

根据引理 2.1 本节给出如下定理。

定理 2.1 考虑线性系统(2.1)采用式(2.4)所示的 ILC 算法，若满足条件

$$|1-\bar{\eta}\gamma h_1|<1 \tag{2.6}$$

则系统跟踪误差的期望 $\mathcal{E}\{E_k\}$渐近收敛。

证明 将式(2.4)表示成如下超向量形式：

$$U_{k+1}=U_k+\Gamma' E_k \tag{2.7}$$

式中，U_k、Y_k、E_k、Y_d 的定义见 1.2.1 小节，矩阵 Γ' 为

$$\Gamma'=\begin{bmatrix}\eta\gamma &&&& \\ & \eta\gamma &&& \\ && \eta\gamma && \\ &&& \ddots & \\ &&&& \eta\gamma\end{bmatrix}$$

由 $Y_{k+1}=HU_{k+1}$ 可得

$$\begin{aligned}E_{k+1}&=Y_{\mathrm{d}}-Y_{k+1}\\&=Y_{\mathrm{d}}-H(U_k+\Gamma'E_k)\\&=(I-H\Gamma')E_k\end{aligned}\tag{2.8}$$

由于 Γ' 含有随机变量 η，因此对其取期望可得

$$\begin{aligned}\mathcal{E}\{\Gamma'\}&=\begin{bmatrix}\mathcal{E}\{\eta\}\gamma &&&& \\ & \mathcal{E}\{\eta\}\gamma &&& \\ && \mathcal{E}\{\eta\}\gamma && \\ &&& \ddots & \\ &&&& \mathcal{E}\{\eta\}\gamma\end{bmatrix}\\&=\overline{\eta}\Gamma\end{aligned}\tag{2.9}$$

式中，$\Gamma=\gamma I$。根据式(2.9)，式(2.8)两端取期望可得

$$\mathcal{E}\{E_{k+1}\}=(I-\overline{\eta}H\Gamma)\mathcal{E}\{E_k\}\tag{2.10}$$

式(2.10)意味着算法渐近收敛的条件为 $\rho(I-\overline{\eta}H\Gamma)<1$，将矩阵 $I-\overline{\eta}H\Gamma$ 展开成如下形式：

$$\begin{aligned}&I-\overline{\eta}H\Gamma\\&=\begin{bmatrix}1-\overline{\eta}\gamma h_1 &&&& \\ -\overline{\eta}\gamma h_2 & 1-\overline{\eta}\gamma h_1 &&& \\ -\overline{\eta}\gamma h_3 & -\overline{\eta}\gamma h_2 & 1-\overline{\eta}\gamma h_1 && \\ \vdots & \ddots & \ddots & \ddots & \\ -\overline{\eta}\gamma h_N & \cdots & -\overline{\eta}\gamma h_3 & -\overline{\eta}\gamma h_2 & 1-\overline{\eta}\gamma h_1\end{bmatrix}\end{aligned}\tag{2.11}$$

由式(2.11)可知，矩阵 $I-\overline{\eta}H\Gamma$ 的特征值为 $1-\overline{\eta}\gamma h_1,1-\overline{\eta}\gamma h_1,\cdots,1-\overline{\eta}\gamma h_1$，故当 $|1-\overline{\eta}\gamma h_1|<1$ 时，$\rho(I-\overline{\eta}H\Gamma)<1$。

注 2.2　由定理2.1可知，若没有数据丢失现象发生($\overline{\eta}=1$)，则ILC算法的渐近稳定条件为 $|1-\gamma h_1|<1$，即 $\gamma h_1\in(0,2)$，该结果已经在很多文献中给出[15,16]。采用相同的学习增益 γ，当存在数据丢失时，若 $\overline{\eta}\neq0$ 满足 $|1-\overline{\eta}\gamma h_1|<1$，则此时系统在期望意义下渐近稳定。因此，对于线性系统的ILC算法，当数据没有完全丢失时，系统的渐近稳定性仍然可以保持。

接下来本节给出算法单调收敛的条件。由式(2.10)可知

$$\|\mathcal{E}\{E_{k+1}\}\|=\|(I-\overline{\eta}H\Gamma)\mathcal{E}\{E_k\}\|\leqslant\|(I-\overline{\eta}H\Gamma)\|\ \|\mathcal{E}\{E_k\}\|\tag{2.12}$$

根据式(2.12),这里给出如下两个性质。

性质 2.1 若 $\| I-\overline{\eta}H\Gamma \|_\infty<1$,则 $\mathcal{E}\{E_k\}$ 在 l_∞ 范数意义下单调收敛到 0。

性质 2.2 若 $\| I-\overline{\eta}H\Gamma \|_1<1$,则 $\mathcal{E}\{E_k\}$ 在 l_1 范数意义下单调收敛到 0。

证明 性质 2.1 和性质 2.2 可根据矩阵范数的性质得到[17]。

根据上面的性质给出如下定理。

定理 2.2 对于存在输出测量数据丢失的线性系统(2.1),当采用式(2.4)所示的 ILC 算法时,若满足

$$|1-\overline{\eta}\gamma h_1|+\overline{\eta}|\gamma|\sum_{i=2}^{N}|h_i|<1 \tag{2.13}$$

则系统跟踪误差的期望 $\mathcal{E}\{E_k\}$ 在 l_∞ 范数意义下单调收敛。

证明 由式(2.11)可知,$I-\overline{\eta}H\Gamma$ 的行向量可表示为

$$\begin{aligned}
(I-\overline{\eta}H\Gamma)_1&=(1-\overline{\eta}\gamma h_1,0,\cdots,0)\\
(I-\overline{\eta}H\Gamma)_2&=(-\overline{\eta}\gamma h_2,1-\overline{\eta}\gamma h_1,0,\cdots,0)\\
&\vdots\\
(I-\overline{\eta}H\Gamma)_N&=(-\overline{\eta}\gamma h_N,-\overline{\eta}\gamma h_{N-1},\cdots,1-\overline{\eta}\gamma h_1)
\end{aligned}$$

式中,$(I-\overline{\eta}H\Gamma)_i$ 为第 i 个行向量。根据上式可得

$$\| I-\overline{\eta}H\Gamma \|_\infty=\max\{\| (I-\overline{\eta}H\Gamma)_1 \|_1,\| (I-\overline{\eta}H\Gamma)_2 \|_1,\cdots,\| (I-\overline{\eta}H\Gamma)_N \|_1\}$$

式中,$\| (I-\overline{\eta}H\Gamma)_i \|_1$ 为第 i 个行向量的 l_1 范数,根据范数的定义有

$$\| I-\overline{\eta}H\Gamma \|_\infty=|1-\overline{\eta}\gamma h_1|+\overline{\eta}|\gamma|\sum_{i=2}^{N}|h_i| \tag{2.14}$$

因此,若式(2.13)成立,则 $\| I-\overline{\eta}H\Gamma \|_\infty<1$,根据矩阵范数的性质 2.1 可知,系统跟踪误差的期望 $\mathcal{E}\{E_k\}$ 在 l_∞ 范数意义下单调收敛。

注 2.3 定理 2.2 给出了 $\mathcal{E}\{E_k\}$ 在 l_∞ 范数下的单调收敛条件,由 $I-\overline{\eta}H\Gamma$ 的结构可知

$$\begin{aligned}
\max_j\sum_{i=1}^{N}|(I-\overline{\eta}H\Gamma)_{ij}|&=\max_i\sum_{j=1}^{N}|(I-\overline{\eta}H\Gamma)_{ij}|\\
&=|1-\overline{\eta}\gamma h_1|+\overline{\eta}|\gamma|\sum_{j=2}^{N}|h_j|
\end{aligned}$$

也就是 $\| (I-H\Gamma) \|_1=\| (I-H\Gamma) \|_\infty$,因此定理 2.2 的条件同样可以保证 $\mathcal{E}\{E_k\}$ 在 l_1 范数下单调收敛。

注 2.4 根据矩阵范数的性质可知 $\| I-\overline{\eta}H\Gamma \|_2^2<\| I-\overline{\eta}H\Gamma \|_1\| I-\overline{\eta}H\Gamma \|_\infty$,对于矩阵 $I-\overline{\eta}H\Gamma$,若满足 $\| I-\overline{\eta}H\Gamma \|_\infty\| I-\overline{\eta}H\Gamma \|_1<1$,则有 $\| I-\overline{\eta}H\Gamma \|_2<1$。因此,根据定理 2.2 和注 2.3 可知,当式(2.13)成立时也可以保证 $\mathcal{E}\{E_k\}$ 在 l_2 范数意义下单调收敛到 0。

2.4　数据丢失对系统的影响分析

2.3 节给出了 ILC 算法存在数据丢失时的收敛性，可以看出收敛性条件中包含数据丢失的信息 $\bar{\eta}$。本节将讨论数据丢失对系统性能的影响。

定理 2.3　考虑线性系统(2.1)采用式(2.4)所示的 ILC 算法，若定理 2.1 的条件满足，则当数据丢失率增加时算法的收敛速度变慢。

证明　由式(2.11)可知

$$\rho(I-\bar{\eta}H\Gamma)=|1-\bar{\eta}\gamma h_1|$$

因此，当数据丢失率增加时，$\bar{\eta}$ 减小，矩阵 $I-\bar{\eta}H\Gamma$ 的特征值变大，由 $\mathcal{E}\{E_{k+1}\}=(I-\bar{\eta}H\Gamma)\mathcal{E}\{E_k\}$ 可知，$\mathcal{E}\{E_k\}$ 的收敛速度变慢。

下面讨论数据丢失对单调收敛的影响。

定义 $S(\bar{\eta})=\|I-\bar{\eta}H\Gamma\|_\infty$，由式(2.12)可知，$S(\bar{\eta})$ 越小算法的收敛速度越快。

性质 2.3　若 $\gamma h_1\in(0,1]$，则对于满足定理 2.2 单调收敛的 ILC 系统，其收敛速度随着数据丢失程度的增加而降低。

证明　若 $\gamma h_1\in(0,1]$，则式(2.13)可写为

$$1-\bar{\eta}\gamma h_1+\bar{\eta}|\gamma|\sum_{i=2}^{N}|h_i|<1$$

即

$$|\gamma|\sum_{i=2}^{N}|h_i|<\gamma h_1 \tag{2.15}$$

假设系统存在两种不同情况的数据丢失过程，第一种情况是 $\bar{\eta}=\bar{\eta}_1$，第二种情况是 $\bar{\eta}=\bar{\eta}_2$，并假设 $\bar{\eta}_1>\bar{\eta}_2$。显然，第二种情况下的数据丢失程度比第一种情况严重。

根据 $S(\bar{\eta})$ 的定义，分别计算出这两种情况下的 $S(\bar{\eta})$：

$$S(\bar{\eta}_1)=1-\bar{\eta}_1\gamma h_1+\bar{\eta}_1|\gamma|\sum_{i=2}^{N}|h_i|$$

$$S(\bar{\eta}_2)=1-\bar{\eta}_2\gamma h_1+\bar{\eta}_2|\gamma|\sum_{i=2}^{N}|h_i|$$

上述两式相减可得

$$\begin{aligned}&S(\bar{\eta}_1)-S(\bar{\eta}_2)\\&=\bar{\eta}_2\gamma h_1-\bar{\eta}_1\gamma h_1+\bar{\eta}_1|\gamma|\sum_{i=2}^{N}|h_i|-\bar{\eta}_2|\gamma|\sum_{i=2}^{N}|h_i|\\&=(\bar{\eta}_2-\bar{\eta}_1)\gamma h_1+(\bar{\eta}_1-\bar{\eta}_2)|\gamma|\sum_{i=2}^{N}|h_i|\end{aligned}$$

$$=(\bar{\eta}_2-\bar{\eta}_1)(\gamma h_1-|\gamma|\sum_{i=2}^{N}|h_i|) \tag{2.16}$$

由于 $\bar{\eta}_1>\bar{\eta}_2$，根据式(2.15)和式(2.16)可知

$$S(\bar{\eta}_1)<S(\bar{\eta}_2)$$

因此，第一种情况下的收敛速度快于第二种情况，这意味着随着丢失率的增大，收敛速度变慢。

注 2.5 性质 2.3 意味着当 $\bar{\eta}=1$ 时，即没有数据丢失时算法的收敛速度是最快的。虽然数据丢失不改变 ILC 算法的收敛性，却使算法的收敛速度变慢。

2.5 存在数据丢失的高阶 ILC 算法

本节研究当系统存在输出测量数据丢失时高阶 ILC 算法的收敛性问题，针对线性离散时不变系统(2.1)，考虑如下高阶 ILC 算法：

$$\begin{aligned}u_{k+1}(t)=&r_1u_k(t)+r_2u_{k-1}(t)+\cdots+r_nu_{k-n+1}(t)\\&+\theta_1e_k(t+1)+\theta_2e_{k-1}(t+1)+\cdots+\theta_ne_{k-n+1}(t+1)\end{aligned} \tag{2.17}$$

式中，$r_1,r_2,\cdots,r_n$ 和 $\theta_1,\theta_2,\cdots,\theta_n$ 为常数增益。

高阶 ILC 算法(2.17)中系统第 $k+1$ 次的控制量 $u_{k+1}(t)$ 更新时，需要用到第 k 次～第 $k-n+1$ 次的控制量 $u_k(t),\cdots,u_{k-n+1}(t)$ 和第 k 次～第 $k-n+1$ 次的输出误差 $e_k(t+1),\cdots,e_{k-n+1}(t+1)$。由于传感器自身的故障或网络传输的故障，测量信号从传感器到控制器的传输过程中经常造成数据的丢失，而控制器可以检测出测量输出 $y_k(t+1),\cdots,y_{k-n+1}(t+1)$ 是否丢失。若 $y_{k-i+1}(t+1)$ 没有丢失($i=0,1,2,\cdots,n$)，则 $e_{k-i+1}(t+1)=y_{\mathrm{d}}(t+1)-y_{k-i+1}(t+1)$，若 $y_{k-i+1}(t+1)$ 丢失，则置 $e_{k-i+1}(t+1)=0$。因此，当存在输出数据丢失时，式(2.17)可表示为

$$\begin{aligned}u_{k+1}(t)=&r_1u_k(t)+r_2u_{k-1}(t)+\cdots+r_nu_{k-n+1}(t)\\&+\eta_1(t)\theta_1e_k(t+1)+\eta_2(t)\theta_2e_{k-1}(t+1)+\cdots+\eta_n(t)\theta_ne_{k-n+1}(t+1)\end{aligned} \tag{2.18}$$

式中，$\eta_i(t)$ 的取值为 0 或 1，即 $\eta_i(t)\in\{0,1\}$。$\eta_i(t)=0$ 意味着 $y_{k-i+1}(t+1)$ 的数据丢失，$\eta_i(t)=1$ 意味着 $y_{k-i+1}(t+1)$ 的数据传输成功。由数据丢失过程的随机性可知 $\eta_i(t)$ 某一时刻取 0 或 1 是随机的。显然，$\eta_i(t)$ 与系统的控制输入 $u_k(t)$、测量输出 $y_k(t)$ 均无关。同时，不同重复过程中数据丢失过程也是无关的，即当 $i\neq j$ 时 $\mathcal{E}\{\eta_i\eta_j\}=0$。假设 $\mathcal{E}\{\eta_i\}=\bar{\eta}_i(0\leqslant\bar{\eta}_i\leqslant1)$ 已知，为方便起见，这里将 $\eta_i(t)$ 简写为 η_i。

采用 ILC 的超向量描述方法，式(2.18)可表示为

$$\begin{aligned}U_{k+1}=&\Lambda_1U_k+\Lambda_2U_{k-1}+\cdots+\Lambda_nU_{k-n+1}\\&+\Xi_1\Theta_1E_k+\Xi_2\Theta_2E_{k-1}+\cdots+\Xi_n\Theta_nE_{k-n+1}\end{aligned} \tag{2.19}$$

式中

$$\Lambda_i=\begin{bmatrix} r_i & & & \\ & r_i & & \\ & & \ddots & \\ & & & r_i \end{bmatrix}_{N\times N},\ \Theta_i=\begin{bmatrix} \theta_i & & & \\ & \theta_i & & \\ & & \ddots & \\ & & & \theta_i \end{bmatrix}_{N\times N},\ \Xi_i=\begin{bmatrix} \eta_i & & & \\ & \eta_i & & \\ & & \ddots & \\ & & & \eta_i \end{bmatrix}_{N\times N}$$

这里给出如下定理。

定理 2.4　对于存在输出测量数据丢失的系统(2.1)，当采用式(2.17)所示的高阶 ILC 算法时，若满足条件 $\rho(\overline{B})<1$，其中

$$\overline{B}=\begin{bmatrix} \Lambda_1-\overline{\eta}_1 H\Theta_1 & \Lambda_2 & \cdots & \Lambda_{n-1} & \Lambda_n \\ I & -\overline{\eta}_2 H\Theta_2 & 0 & \cdots & 0 \\ 0 & I & \ddots & \ddots & \vdots \\ \vdots & \ddots & \ddots & -\eta_{n-1} H\Theta_{n-1} & 0 \\ 0 & \cdots & 0 & I & -\overline{\eta}_n H\Theta_n \end{bmatrix}$$

则输出误差的期望 $\mathcal{E}\{E_k\}$ 收敛。

证明　定义 $\overline{Y}_k$、$\overline{U}_k$、$\overline{E}_k$、$\overline{Y}_{\rm d}$ 为

$$\overline{Y}_k=[Y_k^{\rm T}\quad Y_{k-1}^{\rm T}\quad \cdots\quad Y_{k-n+1}^{\rm T}]^{\rm T},\quad \overline{U}_k=[U_k^{\rm T}\quad U_{k-1}^{\rm T}\quad \cdots\quad U_{k-n+1}^{\rm T}]^{\rm T}$$

$$\overline{E}_k=[E_k^{\rm T}\quad E_{k-1}^{\rm T}\quad \cdots\quad E_{k-n+1}^{\rm T}]^{\rm T},\quad \overline{Y}_{\rm d}=[Y_{\rm d}^{\rm T}\quad Y_{\rm d}^{\rm T}\quad \cdots\quad Y_{\rm d}^{\rm T}]^{\rm T}$$

根据式(2.2)可得

$$\overline{Y}_k=\overline{H}\overline{U}_k \tag{2.20}$$

式中

$$\overline{H}=\begin{bmatrix} H & & & \\ & H & & \\ & & \ddots & \\ & & & H \end{bmatrix}$$

同时，由式(2.19)可得

$$\begin{aligned}\overline{U}_{k+1}&=\begin{bmatrix} \Lambda_1 & \Lambda_2 & \cdots & \Lambda_{n-1} & \Lambda_n \\ I & 0 & \cdots & 0 & 0 \\ 0 & I & \ddots & \vdots & \vdots \\ \vdots & \ddots & \ddots & 0 & 0 \\ 0 & \cdots & 0 & I & 0 \end{bmatrix}\overline{U}_k+\begin{bmatrix} \Xi_1\Theta_1 & \Xi_1\Theta_2 & \cdots & \Xi_1\Theta_n \\ 0 & 0 & \cdots & 0 \\ \vdots & \vdots & & \vdots \\ 0 & 0 & \cdots & 0 \end{bmatrix}\overline{E}_k \\ &=\overline{A}\,\overline{U}_k+\overline{F}\overline{E}_k \end{aligned} \tag{2.21}$$

式中

$$\overline{A}=\begin{bmatrix} \Lambda_1 & \Lambda_2 & \cdots & \Lambda_{n-1} & \Lambda_n \\ I & 0 & \cdots & 0 & 0 \\ 0 & I & \ddots & \vdots & \vdots \\ \vdots & \ddots & \ddots & 0 & 0 \\ 0 & \cdots & 0 & I & 0 \end{bmatrix},\quad \overline{F}=\begin{bmatrix} \Xi_1\Theta_1 & \Xi_1\Theta_2 & \cdots & \Xi_1\Theta_n \\ 0 & 0 & \cdots & 0 \\ \vdots & \vdots & & \vdots \\ 0 & 0 & \cdots & 0 \end{bmatrix}$$

由式(2.20)和式(2.21)，根据 $\overline{H}\overline{A}=\overline{A}\overline{H}$ 可得

$$
\begin{aligned}
\bar{E}_{k+1} &= \bar{Y}_{\mathrm{d}} - \bar{Y}_{k+1} = \bar{Y}_{\mathrm{d}} - \bar{H}\,\bar{U}_{k+1} \\
&= \bar{Y}_{\mathrm{d}} - \bar{H}\bar{A}\,\bar{U}_k - \bar{H}\bar{F}\,\bar{E}_k \\
&= \bar{A}\,(\bar{Y}_{\mathrm{d}} - \bar{H}\,\bar{U}_k) - \bar{H}\bar{F}\,\bar{E}_k + (I - \bar{A})\bar{Y}_{\mathrm{d}} \\
&= (\bar{A} - \bar{H}\bar{F})\bar{E}_k + (I - \bar{A})\bar{Y}_{\mathrm{d}}
\end{aligned} \tag{2.22}
$$

上述两端同时取期望,可得

$$
\mathcal{E}\{\bar{E}_{k+1}\} = (\bar{A} - \bar{H}\mathcal{E}\{\bar{F}\})\mathcal{E}\{\bar{E}_k\} + (I - \bar{A})\bar{Y}_{\mathrm{d}} \tag{2.23}
$$

因此,根据文献[14]的结论可知,当满足条件 $\rho(\bar{A} - \bar{H}\mathcal{E}\{\bar{F}\}) < 1$ 时 $\mathcal{E}\{\bar{E}_{k+1}\}$ 收敛。由 Ξ_i 的定义可知

$$
\mathcal{E}\{\Xi_i\} = \begin{bmatrix} \mathcal{E}\{\eta_i\} & & & \\ & \mathcal{E}\{\eta_i\} & & \\ & & \ddots & \\ & & & \mathcal{E}\{\eta_i\} \end{bmatrix}_{N\times N} = \begin{bmatrix} \bar{\eta}_i & & & \\ & \bar{\eta}_i & & \\ & & \ddots & \\ & & & \bar{\eta}_i \end{bmatrix}_{N\times N} = \bar{\eta}_i I_{N\times N}
$$

因此有

$$
\begin{aligned}
\mathcal{E}\{\bar{F}\} &= \mathcal{E}\left\{\begin{bmatrix} \Xi_1\Theta_1 & \Xi_1\Theta_2 & \cdots & \Xi_1\Theta_n \\ 0 & 0 & \cdots & 0 \\ \vdots & \vdots & & \vdots \\ 0 & 0 & \cdots & 0 \end{bmatrix}\right\} \\
&= \begin{bmatrix} \mathcal{E}\{\Xi_1\}\Theta_1 & \mathcal{E}\{\Xi_2\}\Theta_2 & \cdots & \mathcal{E}\{\Xi_n\}\Theta_n \\ 0 & 0 & \cdots & 0 \\ \vdots & \vdots & & \vdots \\ 0 & 0 & \cdots & 0 \end{bmatrix} = \begin{bmatrix} \bar{\eta}_1\Theta_1 & \bar{\eta}_2\Theta_2 & \cdots & \bar{\eta}_n\Theta_n \\ 0 & 0 & \cdots & 0 \\ \vdots & \vdots & & \vdots \\ 0 & 0 & \cdots & 0 \end{bmatrix}
\end{aligned} \tag{2.24}
$$

将式(2.24)代入矩阵 $\bar{A} - \bar{H}\mathcal{E}\{\bar{F}\}$ 得

$$
\begin{aligned}
&\bar{A} - \bar{H}\,E\{\bar{F}\} \\
&= \begin{bmatrix} \Lambda_1 - \bar{\eta}_1 H\Theta_1 & \Lambda_2 & \cdots & \Lambda_{n-1} & \Lambda_n \\ I & -\bar{\eta}_2 H\Theta_2 & 0 & \cdots & 0 \\ 0 & I & \ddots & \ddots & \vdots \\ \vdots & \ddots & \ddots & -\eta_{n-1} H\Theta_{n-1} & 0 \\ 0 & \cdots & 0 & I & -\bar{\eta}_n H\Theta_n \end{bmatrix} = \bar{B}
\end{aligned}
$$

因此,若满足 $\rho(\bar{B}) < 1$,则输出误差的期望 $\mathcal{E}\{\bar{E}_{k+1}\}$ 收敛,$\mathcal{E}\{\bar{E}_{k+1}\}$ 收敛意味着 $\mathcal{E}\{E_{k+1}\}$ 也收敛。

2.6 仿真示例

1. 仿真示例 1

考虑如下线性离散系统:

$$y_k(t+1)=-0.2y_k(t)+0.125y_k(t-1)$$
$$+u_k(t)-0.9u_k(t-1) \tag{2.25}$$

假设系统在时间区间 $t\in[1,10]$上重复运行，期望的参考轨迹为

$$y_{\mathrm{d}}(t)=\sin\left(\frac{8.0(t-1)}{10}\right)$$

系统的初始条件为 $y_k(0)=0,u_0(t)=0$。考虑如下一阶 ILC 算法：

$$u_{k+1}(t)=u_k(t)+0.9e_k(t+1)$$

根据式(2.25)可知，$h_1=1$、$\gamma=0.9$ 和 $\sum_{j=2}^{N}|h_j|=1.8131$，故$|1-\gamma h_1|=0.1<1$。因此，当系统不存在数据丢失时，系统的跟踪误差渐近收敛。考虑如下数据丢失的情形：

Case1：$\bar{\eta}=0.8$(20%的数据丢失)；

Case2：$\bar{\eta}=0.3$(70%的数据丢失)；

Case3：$\bar{\eta}=0.1$(90%的数据丢失)。

将上述情形的 $\bar{\eta}$ 代入定理 2.1 中的条件，可得

Case1：$|1-\bar{\eta}\gamma h_1|=0.28<1$；

Case2：$|1-\bar{\eta}\gamma h_1|=0.73<1$；

Case3：$|1-\bar{\eta}\gamma h_1|=0.91<1$。

因此，对于上述三种情况下的数据丢失率，ILC 均能保证跟踪误差的收敛。

仿真过程中迭代次数取 200，为计算 $\mathcal{E}\{E_k\}$的值，仿真过程重复执行 100 次，$\mathcal{E}\{E_k\}$取100 次仿真的平均值，结果如图 2.2 所示。可以看出，对于 $\bar{\eta}\neq0$ 的各种数据丢失情况，一阶 ILC 算法仍然保持 $\mathcal{E}\{E_k\}$的渐近稳定性。随着数据丢失率的增加，$\mathcal{E}\{E_k\}$的收敛速度明显变慢，仿真结果验证了定理 2.3 的正确性。

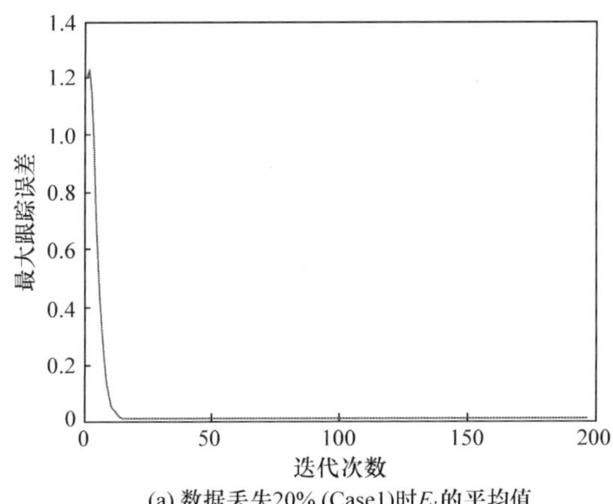

(a) 数据丢失20% (Case1)时E_k的平均值

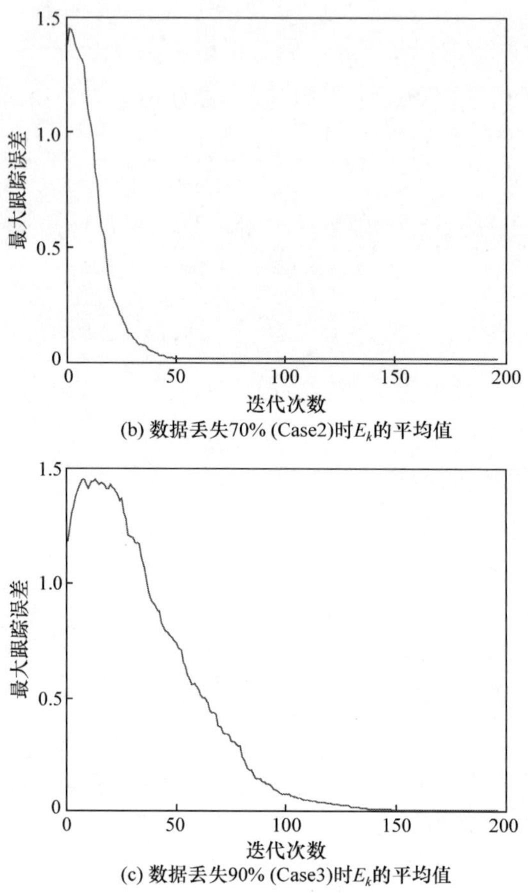

(b) 数据丢失70% (Case2)时E_k的平均值

(c) 数据丢失90% (Case3)时E_k的平均值

图 2.2　仿真示例 1 的仿真结果

2. 仿真示例 2

考虑如下线性离散系统：

$$y_k(t+1)=-0.2y_k(t)+0.125y_k(t-1)+u_k(t)+0.1u_k(t-1) \tag{2.26}$$

假设系统在时间区间 $t\in[1,10]$上重复运行，期望的参考轨迹为

$$y_{\mathrm{d}}(t)=\sin\left(\frac{8.0(t-1)}{10}\right)$$

系统的初始条件为 $y_k(0)=0, u_0(t)=0$。选择一阶 ILC 算法 $u_{k+1}(t)=u_k(t)+0.8e_k(t+1)$。由于 $\|I-H\Gamma\|_\infty=0.3396<1$，因此当不存在数据丢失时跟踪误差单调收敛。

考虑如下数据丢失的情形：

Case1：$\bar{\eta}=0.8$（20%的数据丢失）；

Case2：$\bar{\eta}=0.3$（70%的数据丢失）；

Case3：$\bar{\eta}=0.1$（90%的数据丢失）。

将上述情形的 $\bar{\eta}$ 代入定理 2.2 中的条件，可得

Case1：$|1-\bar{\eta}\gamma h_1|+\bar{\eta}|\gamma|\sum_{i=2}^{N}|h_i|=0.5197<1$；

Case2：$|1-\bar{\eta}\gamma h_1|+\bar{\eta}|\gamma|\sum_{i=2}^{N}|h_i|=0.8199<1$；

Case3：$|1-\bar{\eta}\gamma h_1|+\bar{\eta}|\gamma|\sum_{i=2}^{N}|h_i|=0.9400<1$。

因此，对于上述三种数据丢失情况，一阶 ILC 算法均可保证 $\mathcal{E}\{E_k\}$ 单调收敛。仿真过程中迭代次数取 100，为计算 $\mathcal{E}\{E_k\}$ 的值，仿真过程同样重复执行 100 次，$\mathcal{E}\{E_k\}$ 取100 次仿真的平均值，仿真结果如图 2.3 所示。结果表明，虽然系统存在不同程度的数据丢失，但 $\mathcal{E}\{E_k\}$ 依然是单调收敛的，且随着数据丢失程度的增加收敛速度变慢，这与性质 2.3 的结果是吻合的。

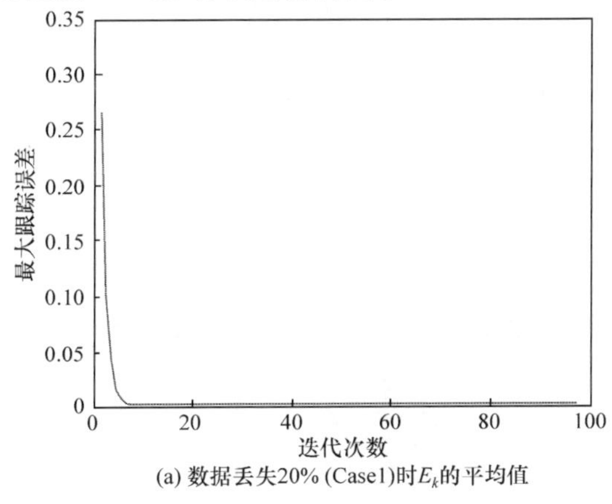

(a) 数据丢失20% (Case1)时E_k的平均值

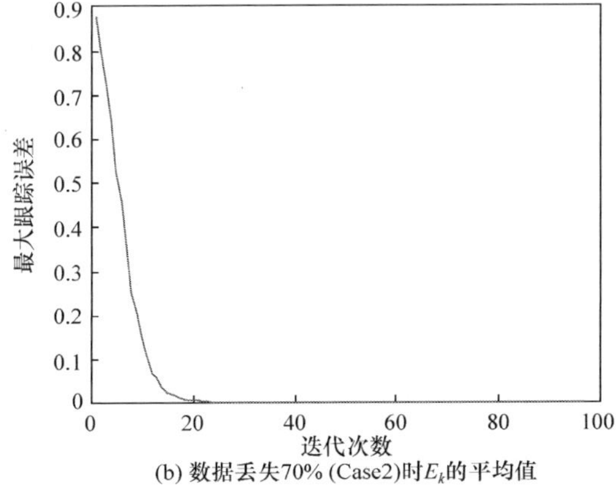

(b) 数据丢失70% (Case2)时E_k的平均值

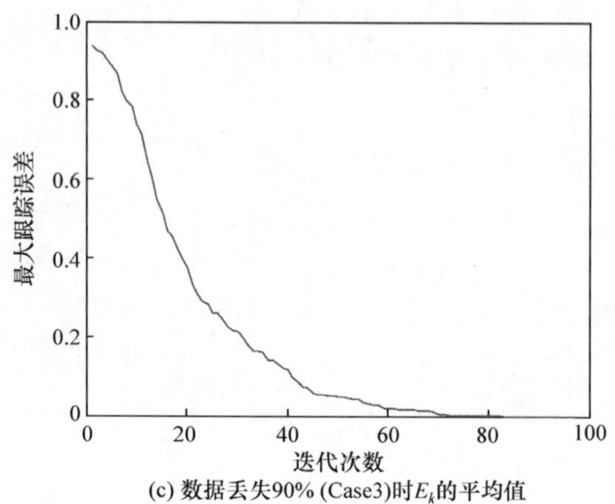

(c) 数据丢失90% (Case3)时E_k的平均值

图 2.3 仿真示例 2 的仿真结果

3. 仿真示例 3

针对仿真示例 1 中的系统,考虑如下高阶 ILC 算法:

$$u_{k+1}(t)=0.7u_k(t)+0.3u_{k-1}(t)+0.6e_k(t+1)+0.2e_{k-1}(t+1)$$

算法的超向量形式为

$$U_{k+1}=\Lambda_1 U_k+\Lambda_2 U_{k-1}+\Theta_1 E_k+\Theta_2 E_{k-1}$$

式中,$\Lambda_1=\text{diag}[0.7]_{10\times10}$;$\Lambda_2=\text{diag}[0.3]_{10\times10}$;$\Theta_1=\text{diag}[0.6]_{10\times10}$;$\Theta_2=\text{diag}[0.2]_{10\times10}$。

考虑如下数据丢失的情形:

Case1:$\bar{\eta}_1=\bar{\eta}_2=0.8$(20%的数据丢失);

Case2:$\bar{\eta}_1=\bar{\eta}_2=0.3$(70%的数据丢失);

Case3:$\bar{\eta}_1=\bar{\eta}_2=0.1$(90%的数据丢失)。

取 $\bar{B}=\begin{bmatrix}\Lambda_1-\bar{\eta}_1 H\Theta_1 & \Lambda_2\\ I & -\bar{\eta}_2 H\Theta_2\end{bmatrix}$,将上述数据丢失的情形代入定理 2.4 的条件中,可得

Case1:$\rho(\bar{B})=0.5704<1$;

Case2:$\rho(\bar{B})=0.8481<1$;

Case3:$\rho(\bar{B})=0.9506<1$。

因此,根据定理 2.4 可知,对于 Case1~Case3 的所有情形 $\mathcal{E}\{E_k\}$ 均收敛。仿真过程中迭代次数取 200,为计算 $\mathcal{E}\{E_k\}$ 的值,仿真过程重复执行 100 次,$\mathcal{E}\{E_k\}$ 取 100 次仿真的平均值。仿真结果如图 2.4 所示。可以看出,对于不同程度的数据丢失,高阶 ILC 算法可以保持 $\mathcal{E}\{E_k\}$ 的收敛性。对比图 2.2 和图 2.4 所示

的仿真结果可以发现，相同丢失率下数据丢失对高阶 ILC 算法的影响较大，这是由高阶 ILC 算法使用过去迭代次数的数据较多造成的。

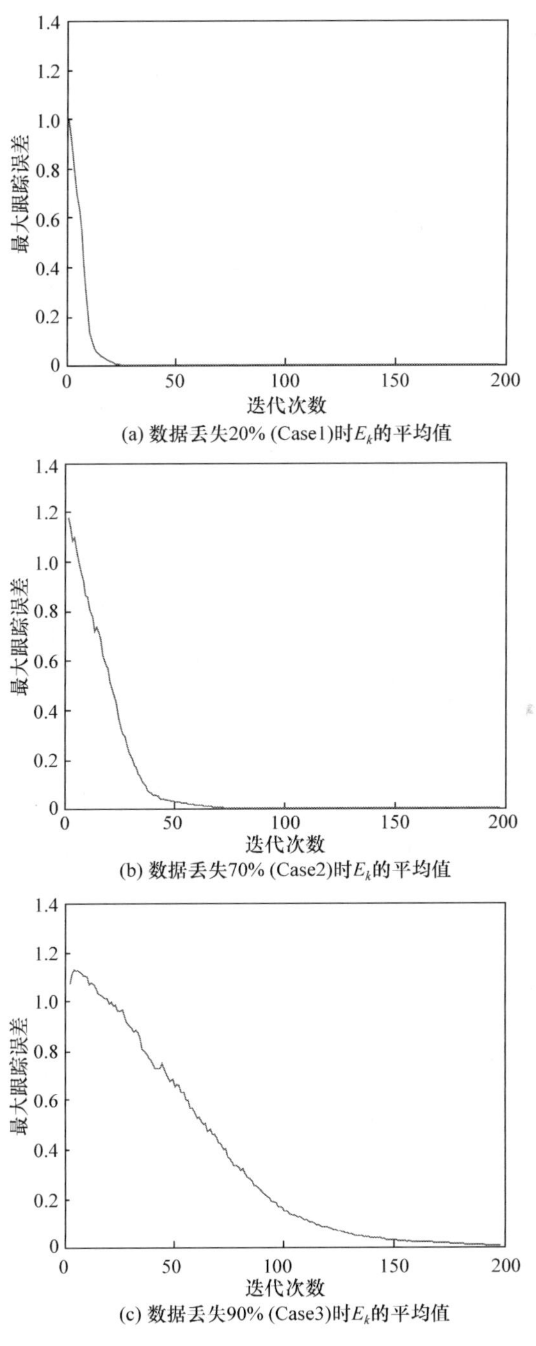

图 2.4　仿真示例 3 的仿真结果

2.7 本章小结

本章针对一类线性离散系统,研究了 ILC 系统存在输出测量数据丢失时的收敛性分析问题,并揭示了输出测量数据丢失对 ILC 算法的影响。首先,针对一阶 ILC 算法,通过 Lifting 方法在迭代域上得到了算法渐近收敛和单调收敛的条件,并在理论上分析了收敛速度与数据丢失率的关系。其次,研究结果进一步推广到高阶 ILC 算法的情形。结果表明,对于一个收敛的 ILC 系统,当输出测量数据没有全部丢失时算法仍然可以保证输出误差在期望意义下的收敛,但收敛速度随着数据丢失程度的增加而变慢。

参考文献

[1] Ahn H S, Chen Y Q, Moore K L. Intermittent iterative learning control//Proceedings of the 2006 IEEE International Conference on Symposium Intelligent Control, Munich, 2006: 832-837.

[2] Ahn H S, Moore K L, Chen Y Q. Discrete-time intermittent iterative learning control with independent data dropouts//Proceedings of the 17th IFAC world Congress, Seoul, 2008: 12442-12447.

[3] Liu C D, Xu J X, Wu J. Iterative learning control for network systems with communication delay or data dropout//The 48rd IEEE Conference on Decision and Control and the 28th Chinese Control Conference, Shanghai, 2009: 4858-4863.

[4] Bu X H, Hou Z S. Stability of iterative learning control with data dropouts via asynchronous dynamical system. International Journal of Automation and Computing, 2011, 8(1): 29-36.

[5] Bu X H, Hou Z S, Yu F S. Stability of first and high order iterative learning control with data dropouts. International Journal of Control, Automation, and Systems, 2011, 9(5): 843-849.

[6] 卜旭辉,侯忠生,余发山,等. 数据丢失对迭代学习控制的影响分析. 控制与决策,2014, 29(3): 443-448.

[7] Shen D, Wang Y Q. Iterative learning control for networked stochastic systems with random packet losses. International Journal of Control, 2015, 88(5): 959-968.

[8] Shen D, Xu J X. A novel Markov chain based ILC analysis for linear stochastic systems under general data dropouts environments. IEEE Transactions on Automatic Control, 2017, 62(11): 5850-5857.

[9] Shen D, Xu J X. A framework of iterative learning control under random data dropouts: Mean square and almost sure convergence. International Journal of Adaptive Control and Signal Processing, 2017, 31(12): 1825-1852.

[10] Shen D, Wang Y Q. ILC for networked nonlinear systems with unknown control direction through random lossy channel. Systems and Control Letters, 2015, 77: 30-39.

[11] Zhang W, Branicky M S, Phillips S M. Stability of networked control systems. IEEE Control Systems Magazine, 2001, 21(1): 85-99.

[12] Xiong J, Lam J. Stabilization of linear systems over networks with bounded packet loss. Automatica, 2007, 43(1): 80-87.

[13] Zhang W A, Yu L. Output feedback stabilization of networked control systems with packet dropouts. IEEE Transactions on Automatic Control, 2007, 52(9): 1705-1710.

[14] Frank M, Charles A. Linear System Theory. New York: Springer-Verlag, 1991.

[15] Moore K L. An observation about monotonic convergence in discrete-time, P-type iterative learning control//Proceedings of the 2001 IEEE International Symposium on Intelligent Control, Mexico City, 2001: 45-49.

[16] Moore K L, Chen Y Q, Ahn H S. Iterative learning control: A tutorial and big picture view//Proceedings of the 45th IEEE Conference on Decision and Control, San Diego, 2006: 2352-2357.

[17] Boyd S, Ghaoui L E, Feron E, et al. Linear matrix inequalities in system and control theory. Society for Industrial and Applied Mathematics, Philadelphia, 1994.

第 3 章　存在数据丢失的非线性系统迭代学习控制

3.1　引　　言

第 2 章讨论了输出测量数据丢失情况下线性 ILC 系统的收敛性分析问题，分别给出了一阶 ILC 算法和高阶 ILC 算法的收敛性条件。然而，实际系统大多为非线性系统或系统不可避免地存在饱和、死区、迟滞等非线性因素，因此研究非线性系统的 ILC 相关问题更具有实际意义。

非线性系统的 ILC 算法可以分为两类：线性 ILC 算法和非线性 ILC 算法[1]。对于采用线性 ILC 算法实现跟踪控制的非线性系统，可以基于压缩映射方法在某些范数意义下给出算法的收敛性分析，但要求系统的非线性函数满足全局 Lipschitz 条件[2-5]。若非线性函数仅满足局部 Lipschitz 条件，则算法会出现有限时间逃逸的现象。基于参数估计的自适应 ILC 算法可以充分利用系统的状态信息构造控制率，克服了非线性系统需要满足全局 Lipschitz 条件的限制，并且可以利用经典控制理论中的 Lyapunov 稳定性理论分析 ILC 系统的收敛性[6-9]。需要说明的是，采用线性 ILC 算法构造迭代学习控制器时，仅需要已知系统非线性函数偏导数的上下界信息，而采用非线性的自适应 ILC 算法构造迭代学习控制器时则需要已知系统的全部动力学信息。

另外，大多数实际工业过程本质上都是 MIMO 系统。这类系统中各控制通道之间往往存在耦合关系，每个控制通道的输出都受到来自其他控制通道耦合信号的影响。相比于 SISO 系统，这类系统的控制问题尤为复杂。在设计 MIMO 系统的控制算法时，如果单独设计一个控制通道的控制器，那么当该通道的控制器设计完成后，系统运行时受耦合的影响，该控制通道的性能可能很差。因此，MIMO 系统控制器设计的常用方法为先用解耦等手段在系统中加入耦合补偿器，使系统成为各个控制通道相互独立的系统，然后再逐个地单独设计各控制通道的控制器。此外，文献[10]～[12]分别提出将自适应控制、无模型自适应控制及自适应 ILC 应用于 MIMO 非线性系统中，也可以较好地实现跟踪控制的任务。

本章针对一类非线性离散时间系统，研究存在输出数据丢失情况下的 ILC 算法收敛性问题。这里的研究对象包括 SISO 和 MIMO 非线性系统，并假设系统的非线性动态满足全局 Lipschitz 条件。数据丢失过程仍然采用第 2 章中的方法进行建模，在此框架下基于压缩映射原理给出了跟踪误差期望意义下的收敛性条件。

3.2 问题描述

考虑如下 SISO 非线性离散系统：

$$\begin{cases} x_k(t+1)=f(x_k(t))+b(x_k(t))u_k(t) \\ y_k(t)=g(x_k(t))+d(x_k(t))u_k(t) \end{cases} \tag{3.1}$$

式中，k 为迭代次数；t 为离散时间且 $t\in[0,N]$；$x_k(t)$、$u_k(t)$、$y_k(t)$ 分别为系统状态变量、控制输入变量和输出变量。针对上述重复运行的非线性系统，本节给出如下假设条件。

假设 3.1　非线性函数 $f(\cdot)$、$b(\cdot)$、$g(\cdot)$、$d(\cdot)$ 对于状态变量 $x_k(t)$ 满足全局 Lipschitz 条件，即对于所有 $t\in[0,N]$，存在有界常数 k_f、k_b、k_g、k_d 满足：

$$|f(x_1(t))-f(x_2(t))|\leqslant k_f|x_1(t)-x_2(t)|$$
$$|b(x_1(t))-b(x_2(t))|\leqslant k_b|x_1(t)-x_2(t)|$$
$$|g(x_1(t))-g(x_2(t))|\leqslant k_g|x_1(t)-x_2(t)|$$
$$|d(x_1(t))-d(x_2(t))|\leqslant k_d|x_1(t)-x_2(t)|$$

式中，$x_1(t)$ 和 $x_2(t)$ 为两个任意的状态变量。

假设 3.2　对于给定的期望输出 $y_{\mathrm{d}}(t)$，存在控制输入 $u_{\mathrm{d}}(t)$ 和状态 $x_{\mathrm{d}}(t)$ 满足：

$$\begin{cases} x_{\mathrm{d}}(t+1)=f(x_{\mathrm{d}}(t))+b(x_{\mathrm{d}}(t))u_{\mathrm{d}}(t) \\ y_{\mathrm{d}}(t)=g(x_{\mathrm{d}}(t))+d(x_{\mathrm{d}}(t))u_{\mathrm{d}}(t) \end{cases} \tag{3.2}$$

式中，$u_{\mathrm{d}}(t)$ 和 $x_{\mathrm{d}}(t)$ 称为期望输入和期望状态。

假设 3.3　非线性系统的初始条件满足：

$$x_k(0)=x_{\mathrm{d}}(0)$$

式中，$x_k(0)$ 为状态变量在第 k 次的初始值；$x_{\mathrm{d}}(0)$ 为期望状态的初始值。

针对系统因子(3.1)，本章考虑如下 P 型 ILC 算法：

$$u_{k+1}(t)=u_k(t)+\gamma e_k(t) \tag{3.3}$$

式中，γ 为学习增益；$e_k(t)=y_{\mathrm{d}}(t)-y_k(t)$ 为系统跟踪误差。

当 ILC 算法(3.3)应用于 NCS 时，网络约束经常造成两种类型的数据丢失：输出数据 $y_k(t)$ 丢失和控制输入数据 $u_k(t)$ 丢失。前者是系统输出信号从传感器到控制器的传输过程中由网络故障引起，而后者则是控制输入信号从控制器到执行器的传输过程中由网络故障引起。为方便讨论，本章仅考虑系统输出数据 $y_k(t)$ 丢失的情况，但研究结果可以推广到控制输入丢失的情况。考虑式(3.3)中输出数据 $y_k(t)$ 存在丢失，假设控制器可以检测出 $y_k(t)$ 是否丢失：若 $y_k(t)$ 没有丢失，则 ILC 算法按式(3.3)正常更新控制输入；若 $y_k(t)$ 丢失，则保持控制输入与上一次迭代过程中的控制输入相同，即 $u_{k+1}(t)=u_k(t)$。此时，ILC 算法(3.3)可描述为

$$u_{k+1}(t)=u_k(t)+\eta(t)\gamma e_k(t) \tag{3.4}$$

式中，$\eta(t)$为 Bernoulli 变量，$\eta(t)\in\{0,1\}$，但何时取 0 或 1 是随机的。$\eta(t)=0$ 表示数据丢失，$\eta(t)=1$ 表示数据没有丢失。由于数据丢失是随机产生的，因此 $\eta(t)$与系统变量 $u_k(t)$、$x_k(t)$、$y_k(t)$均不相关。假设

$$P\{\eta(t)=1\}=\mathcal{E}\{\eta(t)\}=\bar{\eta}$$

式中，$P\{\cdot\}$为概率函数；$\mathcal{E}\{\cdot\}$为数学期望因子；$\bar{\eta}$ 为数据传输的成功率，满足 $0\leqslant\bar{\eta}\leqslant 1$。

本章的研究内容为：假设 $\bar{\eta}$ 已知，如何选择学习增益因子 γ，使得当非线性系统(3.1)采用 ILC 算法(3.4)时，其系统输出收敛于期望输出，即对于所有 $t\in[0,N]$，满足$\lim\limits_{k\to\infty}y_k(t)\to y_{\mathrm{d}}(t)$。

3.3　收敛性分析

本章的主要收敛性分析结果通过如下定理给出。

定理 3.1　对于满足假设 3.1～假设 3.3 的非线性系统(3.1)，当采用式(3.4)所示的 ILC 算法时，若选择学习增益因子 γ 对于所有 t 和 k 均满足

$$|1-\gamma\bar{\eta}d(x_k(t))|<1$$

则对于所有 $t\in[0,N]$，有$\lim\limits_{k\to\infty}\mathcal{E}\{y_k(t)\}\to y_{\mathrm{d}}(t)$。

证明　由式(3.1)和假设 3.2 可知

$$\begin{cases}y_{\mathrm{d}}(t)=c(x_{\mathrm{d}}(t))+d(x_{\mathrm{d}}(t))u_{\mathrm{d}}(t)\\ y_k(t)=c(x_k(t))+d(x_k(t))u_k(t)\end{cases} \tag{3.5}$$

上述两式相减可得

$$\begin{aligned}e_k(t)&=y_{\mathrm{d}}(t)-y_k(t)\\&=c(x_{\mathrm{d}}(t))+d(x_{\mathrm{d}}(t))u_{\mathrm{d}}(t)-(c(x_k(t))+d(x_k(t))u_k(t))\\&=c(x_{\mathrm{d}}(t))-c(x_k(t))+d(x_k(t))\delta u_k(t)\\&\quad+(d(x_{\mathrm{d}}(t))-d(x_k(t)))u_{\mathrm{d}}(t)\end{aligned} \tag{3.6}$$

式中，$\delta u_k(t)=u_{\mathrm{d}}(t)-u_k(t)$。另外，根据式(3.4)可得

$$\delta u_{k+1}(t)=\delta u_k(t)-\gamma\eta(t)e_k(t) \tag{3.7}$$

将式(3.6)中的 $e_k(t)$代入式(3.7)可得

$$\begin{aligned}\delta u_{k+1}(t)&=\delta u_k(t)-\gamma\eta(t)e_k(t)\\&=\delta u_k(t)-\gamma\eta(t)(c(x_{\mathrm{d}}(t))-c(x_k(t)))\\&\quad-\gamma\eta(t)d(x_k(t))\delta u_k(t)-\gamma\eta(t)(d(x_{\mathrm{d}}(t))-d(x_k(t)))u_{\mathrm{d}}(t)\\&=(1-\gamma\eta(t)d(x_k(t)))\delta u_k(t)-\gamma\eta(t)(c(x_{\mathrm{d}}(t))-c(x_k(t)))\\&\quad-\gamma\eta(t)(d(x_{\mathrm{d}}(t))-d(x_k(t)))u_{\mathrm{d}}(t)\end{aligned} \tag{3.8}$$

根据假设 3.1 和式(3.8)可得

$$\begin{aligned}|\delta u_{k+1}(t)| &\leqslant |1-\gamma\eta(t)d(x_k(t))|\,|\delta u_k(t)|+k_c|\gamma\eta(t)|\,|x_{\mathrm{d}}(t)-x_k(t)| \\ &\quad \cdot k_d|\gamma\eta(t)|\,|x_{\mathrm{d}}(t)-x_k(t)|\,|u_{\mathrm{d}}(t)| \\ &=|1-\gamma\eta(t)d(x_k(t))|\,|\delta u_k(t)|+k_1|\delta x_k(t)|\end{aligned} \tag{3.9}$$

式中，$\delta x_k(t)=x_{\mathrm{d}}(t)-x_k(t)$；$k_1=k_c|\gamma\eta(t)|+k_d|\gamma\eta(t)|\,|u_{\mathrm{d}}(t)|$。

由式(3.1)和假设 3.2 可知

$$\begin{aligned}\delta x_k(t) &= x_{\mathrm{d}}(t)-x_k(t) \\ &= f(x_{\mathrm{d}}(t-1))+b(x_{\mathrm{d}}(t-1))u_{\mathrm{d}}(t-1) \\ &\quad -f(x_k(t-1))-b(x_k(t-1))u_k(t-1)\end{aligned} \tag{3.10}$$

利用假设 3.1 的 Lipschitz 条件和式(3.10)可得

$$\begin{aligned}|\delta x_k(t)| &\leqslant |f(x_{\mathrm{d}}(t-1))-f(x_k(t-1))|+|b(x_k(t-1))|\,|\delta u_k(t-1)| \\ &\quad +|b(x_{\mathrm{d}}(t-1))-b(x_k(t-1))|\,u_{\mathrm{d}}(t-1) \\ &\leqslant (k_f+k_b|u_{\mathrm{d}}(t-1)|)\,|\delta x_k(t-1)|+|b(x_k(t-1))|\,|\delta u_k(t-1)|\end{aligned}$$

即

$$|\delta x_k(t)|\leqslant k_2|\delta u_k(t-1)|+k_3|\delta x_k(t-1)| \tag{3.11}$$

式中，$k_2=|b(x_k(t-1))|$；$k_3=k_f+k_b|u_{\mathrm{d}}(t-1)|$。假设 3.3 意味着$|\delta x_k(0)|=0$，将式(3.11)右端的 $\delta u_k(t-1)$依次展开后可得

$$|\delta x_k(t)|\leqslant \sum_{j=1}^{t}k_2k_3^{t-j}|\delta u_k(j-1)|$$

将上式代入式(3.9)可得

$$\begin{aligned}|\delta u_{k+1}(t)| &\leqslant |1-\gamma\eta(t)d(x_k(t))|\,|\delta u_k(t)|+k_1|\delta x_k(t)| \\ &\leqslant |1-\gamma\eta(t)d(x_k(t))|\,|\delta u_k(t)|+k_1\sum_{j=1}^{t}k_2k_3^{t-j}|\delta u_k(j-1)| \\ &= |1-\gamma\eta(t)d(x_k(t))|\,|\delta u_k(t)|+\sum_{i=0}^{t-1}K_{1,i}|\delta u_k(i)|\end{aligned} \tag{3.12}$$

式中，$K_{1,i}=k_1k_2k_3^{t-i-1}$。式(3.12)中包含随机因子 $\eta(t)$，而 $\eta(t)$与 $u_k(t)$无关，两端取期望可得

$$\mathcal{E}\{|\delta u_{k+1}(t)|\}\leqslant |1-\gamma\bar{\eta}d(x_k(t))|\,\mathcal{E}\{|\delta u_k(t)|\}+\sum_{i=0}^{t-1}\overline{K}_{1,i}\mathcal{E}\{|\delta u_k(i)|\} \tag{3.13}$$

式中

$$\begin{aligned}\overline{K}_{1,i} &= \mathcal{E}\{K_{1,i}\} \\ &= \mathcal{E}\Big\{\sum_{i=0}^{t-1}k_c(|\gamma\eta(t)|+k_d|\gamma\eta(t)|\,|u_{\mathrm{d}}(t)|)k_2k_3^{t-i-1}\Big\} \\ &= \sum_{i=0}^{t-1}k_c(|\gamma\bar{\eta}|+k_d|\gamma\bar{\eta}|\,|u_{\mathrm{d}}(t)|)k_2k_3^{t-i-1}\end{aligned}$$

将式(3.13)从 $t=0$ 至 $t=N$ 逐个展开得

$$\begin{aligned}
\mathcal{E}\{|\delta u_{k+1}(0)|\} &\leqslant |1-\gamma\bar{\eta}d(x_k(0))|\mathcal{E}\{|\delta u_k(0)|\} \\
\mathcal{E}\{|\delta u_{k+1}(1)|\} &\leqslant |1-\gamma\bar{\eta}d(x_k(1))|\mathcal{E}\{|\delta u_k(1)|\} \\
&\quad +\bar{K}_{1,0}\mathcal{E}\{|\delta u_k(0)|\} \\
&\ \ \vdots \\
\mathcal{E}\{|\delta u_{k+1}(N)|\} &\leqslant |1-\gamma\bar{\eta}d(x_k(N))|\mathcal{E}\{|\delta u_k(N)|\} \\
&\quad +\sum_{i=1}^{N-1}\bar{K}_{1,i}\mathcal{E}\{|\delta u_k(i)|\}
\end{aligned}$$

上述不等式组可写为

$$V_{k+1}\leqslant A_k V_k \tag{3.14}$$

式中

$$V_k=\begin{bmatrix}\mathcal{E}\{|\delta u_k(0)|\} \\ \vdots \\ \mathcal{E}\{|\delta u_k(N)|\}\end{bmatrix}$$

$$A_k=\begin{bmatrix}|1-\gamma\bar{\eta}d(x_k(0))| & & & \\ \bar{K}_{1,0} & |1-\gamma\bar{\eta}d(x_k(1))| & & \\ \vdots & \ddots & \ddots & \\ \bar{K}_{1,0} & \cdots & \bar{K}_{1,N-1} & |1-\gamma\bar{\eta}d(x_k(N))|\end{bmatrix}$$

根据式(3.14)可知,若矩阵 A_k 的谱半径满足 $\rho(A_k)<1$,则 V_k 沿迭代轴 k 渐近收敛,进而对于所有 $t=0,1,\cdots,N$,当 $k\to\infty$ 时有 $\mathcal{E}\{u_k(t)\}\to u_{\mathrm{d}}(t)$。根据假设 3.2 可知,$\mathcal{E}\{u_k(t)\}\to u_{\mathrm{d}}(t)$ 意味着 $\mathcal{E}\{y_k(t)\}\to y_{\mathrm{d}}(t)$。由于 A_k 为下三角矩阵,其特征根为 $|1-\gamma\bar{\eta}d(x_k(0))|$, $|1-\gamma\bar{\eta}d(x_k(1))|$, $\cdots$, $|1-\gamma\bar{\eta}d(x_k(N))|$,因此 $\rho(A_k)<1$ 意味着对于所有 t 和 k 满足 $|1-\gamma\bar{\eta}d(x_k(t))|<1$。

注 3.1 与第 2 章的收敛性分析方法不同,定理 3.1 利用压缩映射方法给出了非线性系统 ILC 的一个收敛性条件。在此框架之下,若 ILC 算法(3.2)选择为 $u_{k+1}(t)=u_k(t)+\gamma e_k(t+1)$ 或者其他类型算法,如 PD 型、PID 型及高阶 ILC 算法时,这里仍然可以根据定理 3.1 的证明过程给出相应的收敛性条件。

注 3.2 第 2 章的分析结果表明,对于存在输出数据丢失的线性系统,如果数据没有完全丢失,那么 ILC 算法仍然可以保持跟踪误差的收敛性,但数据丢失程度的增大将会降低跟踪误差的收敛速度。对于非线性系统(3.1),根据定理 3.1 的收敛性条件可知,若 $|1-\gamma d(x_k(t))|<1$ 成立,则对于所有 $0<\bar{\eta}<1$,均满足 $|1-\gamma\bar{\eta}d(x_k(t))|<1$。因此,如果数据没有完全丢失,那么 ILC 算法仍然可以保持非线性系统跟踪误差的收敛,这与线性系统的结论是相同的。另外,虽然 $|1-\gamma d(x_k(t))|$ 和 $|1-\gamma\bar{\eta}d(x_k(t))|$ 的大小不能确定,无法根据定理 3.1 的收敛性条件判断数据丢失程度对收敛速度的影响,但是 3.5 节的仿真结果表明,随着数

据丢失程度的增大,系统沿迭代方向的收敛速度将变慢。这一结果从直观上看也是合理的,系统可利用的信息越少,完成控制任务所需要的尝试次数就越多。

3.4　MIMO 非线性系统

本节将定理 3.1 的结果推广至一类 MIMO 非线性系统,考虑如下 MIMO 系统:

$$\begin{cases}\bar{x}_k(t+1)=\bar{f}(\bar{x}_k(t))+B(\bar{x}_k(t))\bar{u}_k(t)\\ \bar{y}_k(t)=\bar{g}(\bar{x}_k(t))+D(\bar{x}_k(t))\bar{u}_k(t)\end{cases}\tag{3.15}$$

式中,$\bar{x}_k(t)\in\mathbf{R}^n$、$\bar{u}_k(t)\in\mathbf{R}^m$、$\bar{y}_k(t)\in\mathbf{R}^r$ 分别代表状态变量、控制输入变量及系统输出变量。针对系统(3.15),本节同样首先给出如下假设条件。

假设 3.4　非线性函数 $\bar{f}(\cdot):\mathbf{R}^n\times[0,N]\to\mathbf{R}^n$,$\bar{g}(\cdot):\mathbf{R}^n\times[0,N]\to\mathbf{R}^r$ 和 $B(\cdot):\mathbf{R}^n\times[0,N]\to\mathbf{R}^{n\times m}$,$D(\cdot):\mathbf{R}^n\times[0,N]\to\mathbf{R}^{r\times m}$,对于状态向量 $\bar{x}$ 满足 Lipschitz 条件,即对于所有 $t\in[0,N]$和任意$(\bar{x}_1(t),\bar{x}_2(t))$,存在有界常数 k_F、k_B、k_G、k_D 满足:

$$\begin{gathered}\|\bar{f}(\bar{x}_1(t))-\bar{f}(\bar{x}_2(t))\|\leqslant k_F\|\bar{x}_1(t)-\bar{x}_2(t)\|\\ \|B(\bar{x}_1(t))-B(\bar{x}_2(t))\|\leqslant k_B\|\bar{x}_1(t)-\bar{x}_2(t)\|\\ \|\bar{g}(\bar{x}_1(t))-\bar{g}(\bar{x}_2(t))\|\leqslant k_G\|\bar{x}_1(t)-\bar{x}_2(t)\|\\ \|D(\bar{x}_1(t))-D(\bar{x}_2(t))\|\leqslant k_D\|\bar{x}_1(t)-\bar{x}_2(t)\|\end{gathered}$$

式中,$\|\cdot\|$ 为欧氏范数。

假设 3.5　对于期望的跟踪轨迹 $\bar{y}_{\mathrm{d}}(t)$,存在期望输入 $\bar{u}_{\mathrm{d}}(t)$和期望状态 $\bar{x}_{\mathrm{d}}(t)$满足:

$$\begin{cases}\bar{x}_{\mathrm{d}}(t+1)=\bar{f}(\bar{x}_{\mathrm{d}}(t))+B(\bar{x}_{\mathrm{d}}(t))\bar{u}_{\mathrm{d}}(t)\\ \bar{y}_{\mathrm{d}}(t)=\bar{g}(\bar{x}_{\mathrm{d}}(t))+D(\bar{x}_{\mathrm{d}}(t))\bar{u}_{\mathrm{d}}(t)\end{cases}$$

假设 3.6　系统的初始条件满足 $\bar{x}_k(0)=\bar{x}_{\mathrm{d}}(0)$,其中 $\bar{x}_k(0)$为状态变量在第 k 次的初始值,$\bar{x}_{\mathrm{d}}(0)$为期望状态的初始值。

对于 MIMO 非线性系统(3.15),设计如下 P 型 ILC 算法:

$$\bar{u}_{k+1}(t)=\bar{u}_k(t)+\Gamma\bar{e}_k(t)\tag{3.16}$$

式中,Γ 为学习增益矩阵;$\bar{e}_k(t)=\bar{y}_{\mathrm{d}}(t)-\bar{y}_k(t)$为系统跟踪误差。

假设输出数据 $\bar{y}_k(t)$存在丢失现象且输出向量的每一个分量具有相同的丢失特性,则 P 型 ILC 算法(3.16)可描述为

$$\bar{u}_{k+1}(t)=\bar{u}_k(t)+\Gamma\Theta\bar{e}_k(t)$$

式中

$$\Theta=\begin{bmatrix}\eta_1(t) & & \\ & \ddots & \\ & & \eta_r(t)\end{bmatrix}_{r\times r}$$

矩阵 Θ 的元素 $\eta_1(t),\eta_2(t),\cdots,\eta_r(t)$ 与式(3.4)中的 $\eta(t)$ 具有相同的定义，即满足

$$P\{\eta_i(t)=1\}=\mathcal{E}\{\eta_i(t)\}=\bar{\eta},\quad i=1,2,\cdots,r$$

在给出收敛性定理以前，本节首先做如下标记：记 $\|\cdot\|_\infty$ 为无穷范数，对于向量 $\bar{x}$，定义 $\|\bar{x}\|_\infty=\max\limits_{1\leqslant j\leqslant n}|x_j|$，其中 x_j 表示向量 $\bar{x}$ 的第 j 个元素；对于 $n\times n$ 矩阵 M，定义 $\|M\|_\infty=\max\limits_{1\leqslant i\leqslant n}\left|\sum\limits_{j=1}^{n}m_{ij}\right|$，其中 m_{ij} 表示矩阵的元素。

定理 3.2　对于满足假设 3.4～假设 3.6 的 MIMO 非线性系统(3.15)，采用式(3.16)所示的 P 型 ILC 算法，当系统存在输出数据丢失时，若选择学习增益矩阵 Γ 对于所有 t 和 k 满足

$$\|I-\bar{\eta}\Gamma D(\bar{x}_k(t))\|_\infty<1$$

则对于所有 $t\in[0,N]$，有 $\lim\limits_{k\to\infty}\mathcal{E}\{\bar{y}_k(t)\}\to\bar{y}_{\mathrm{d}}(t)$。

定理 3.2 的证明过程与定理 3.1 相似，这里不再赘述。

3.5　仿真示例

考虑如下非线性系统：

$$\begin{cases}x_{1,k}(t+1)=\sin(x_{1,k}(t))+2x_{2,k}(t)\sin(t)\\ x_{2,k}(t+1)=2x_{1,k}(t)+\cos(x_{2,k}(t))\\ \qquad\qquad +[1+0.8\mathrm{e}^{-t}\sin(x_{1,k}(t))]u_k(t)\\ y_k(t)=0.2\sin(x_{1,k}(t))+0.1x_{2,k}(t)+u_k(t)\end{cases}\tag{3.17}$$

该系统源自文献[13]，在该文献中用于非线性系统前馈+反馈 ILC 算法的仿真验证。本节中，假设系统的期望轨迹为

$$y_{\mathrm{d}}(t)=\sin\left(\frac{\pi t}{100}\right),\quad t\in[0,500]$$

仿真中系统初始条件设置为 $x_{1,k}(0)=x_{2,k}(0)=0$，$u_0(t)=0$。考虑系统存在两种情况的输出数据丢失情况：第一种为 $\bar{\eta}=0.8$，20%的输出数据丢失；第二种为 $\bar{\eta}=0.6$，40%的输出数据丢失。本节首先采用文献[14]中的自适应控制方法对非线性系统(3.17)进行控制，仿真结果如图 3.1 和图 3.2 所示。结果表明，受数据丢失的影响，自适应控制的跟踪性能变差，而且数据丢失越严重，跟踪性能越差。然后，考虑采用 ILC 的跟踪效果，选择如下 P 型 ILC 算法：

$$u_{k+1}(t)=u_k(t)+0.3e_k(t)$$

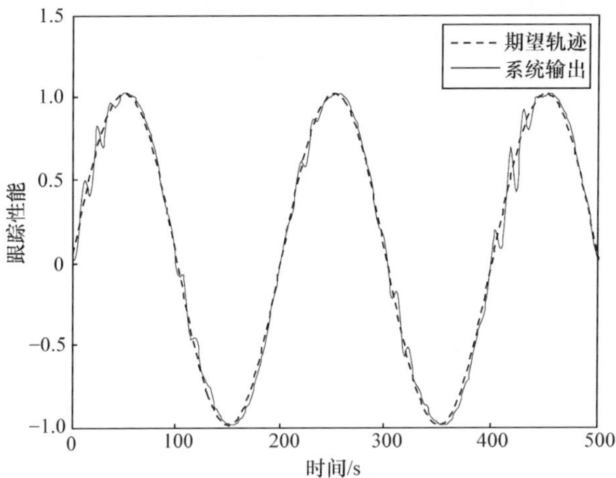

图 3.1　数据丢失率为 20%时自适应控制的跟踪效果

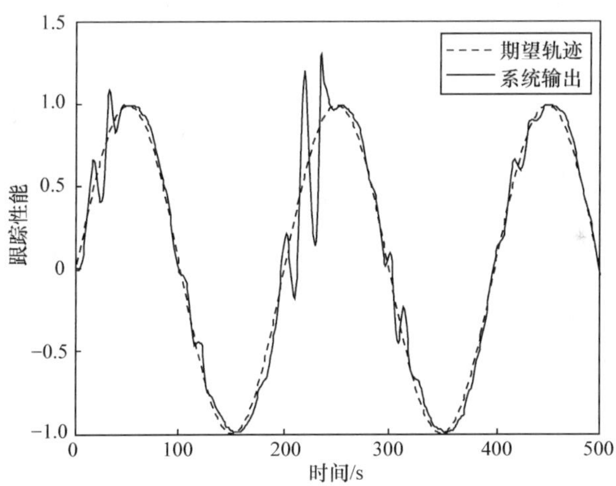

图 3.2　数据丢失率为 40%时自适应控制的跟踪效果

注意到非线性系统(3.17)中 $d(x_k(t))=1$，分别验证两种数据丢失情况下定理 3.1 的收敛条件。当 $\bar{\eta}=0.8$ 时，$|1-\gamma\bar{\eta}d(x_k(t))|=0.76<1$，算法收敛。仿真结果如图 3.3 和图 3.4 所示。图 3.3 给出了不同迭代次数下的最大跟踪误差，显然，当测量输出数据丢失率为 20%时系统跟踪误差仍然可以收敛到 0。图 3.4 给出了不同迭代次数下的系统输出，经过 15 次迭代，系统的跟踪性能明显优于图 3.1 中自适应控制的结果，而在第 35 次迭代过程中，数据丢失的影响几乎被完全消除。当 $\bar{\eta}=0.6$(数据丢失率为 40%)时，$|1-\gamma\bar{\eta}d(x_k(t))|=0.82<1$，算法仍然收敛。图 3.5 和图 3.6 给出了此种情况下的仿真结果，显然系统跟踪误差仍然可以收敛

到 0。需要说明的是,与第一种情况的仿真结果相比,跟踪误差的收敛速度变慢,这是由数据丢失程度增加造成的。

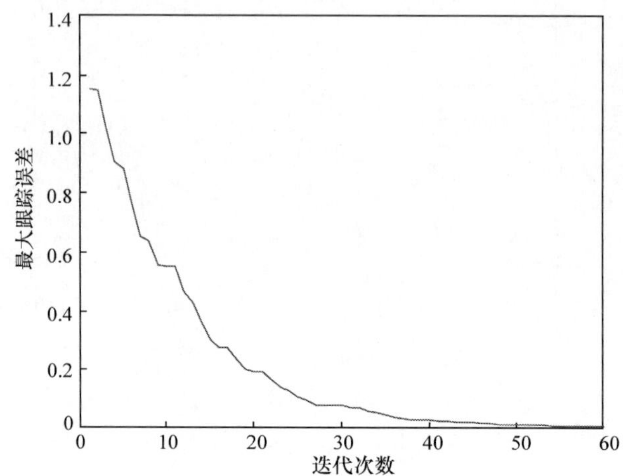

图 3.3 数据丢失率为 20%时 ILC 的最大跟踪误差

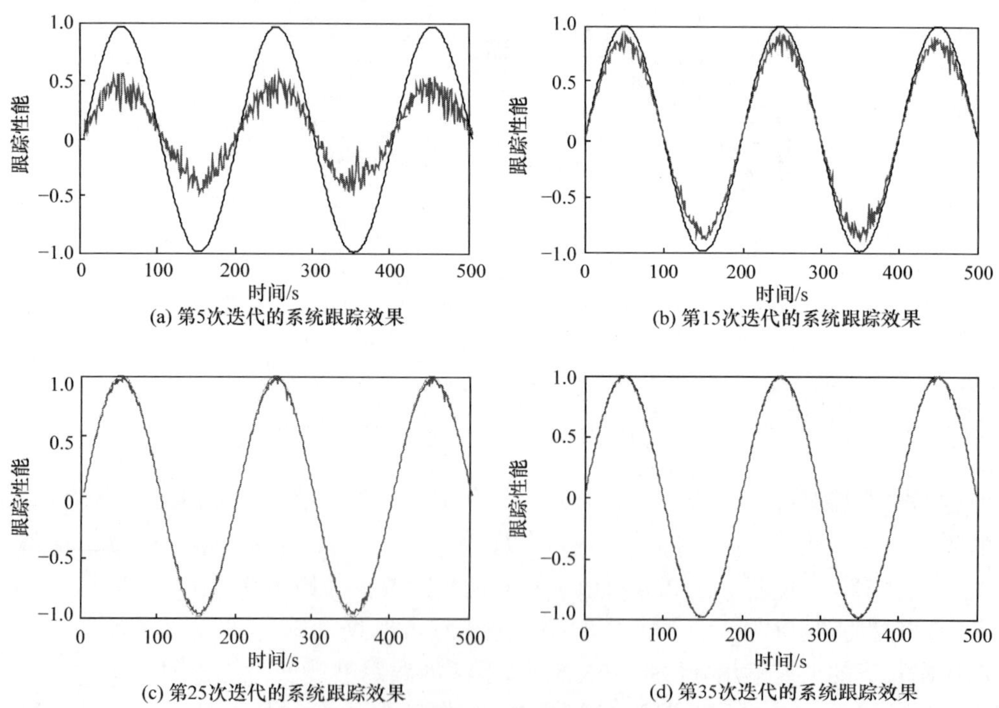

图 3.4 数据丢失率为 20%时不同迭代次数的系统跟踪效果

—期望轨迹;—系统输出

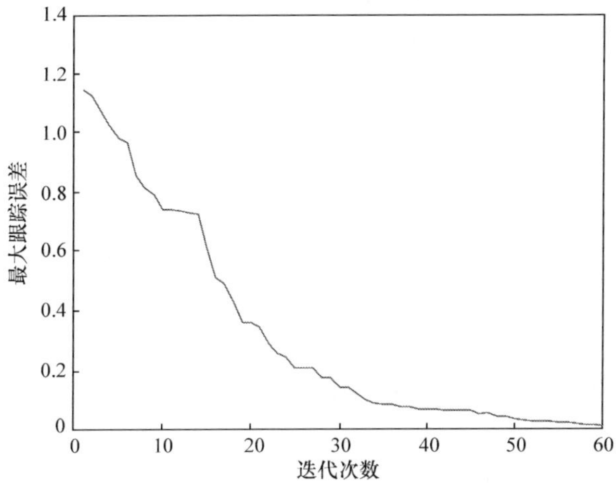

图 3.5　数据丢失率为 40%时 ILC 的最大跟踪误差

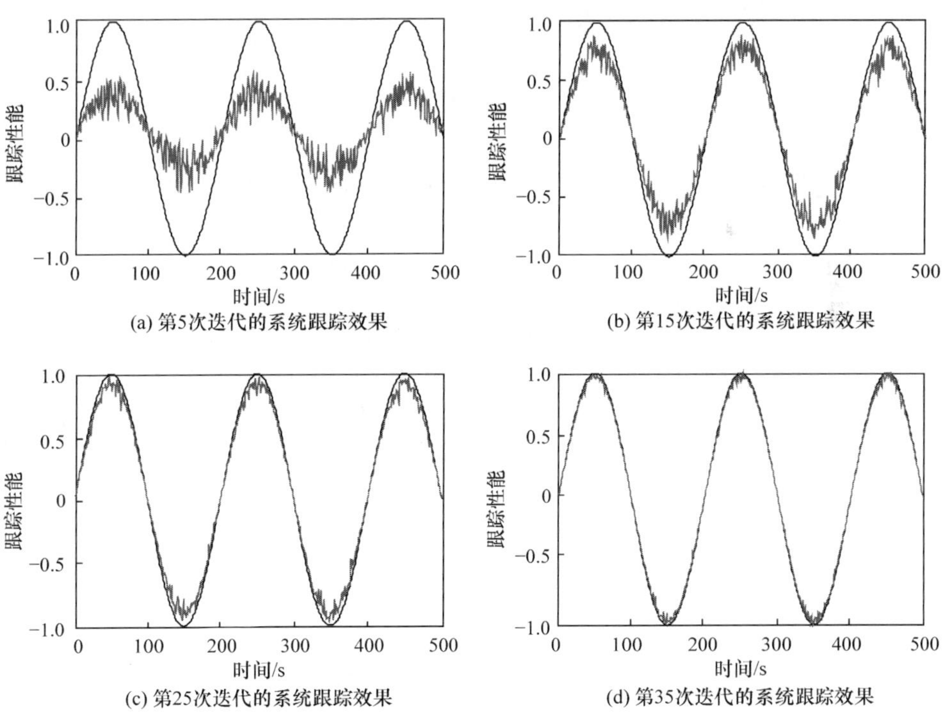

图 3.6　数据丢失率为 40%时不同迭代次数的系统跟踪效果

—期望轨迹；—系统输出

3.6 本章小结

本章研究了一类具有随机数据丢失的非线性系统 ILC 收敛性问题，这里仍然仅考虑输出测量数据丢失的情况。与第 2 章的研究方法不同，本章基于压缩映射方法给出了系统跟踪误差收敛的一个充分条件，在此框架下的研究可以拓展到 PD 型、PID 型及高阶 ILC 算法中。本章同时考虑了 MIMO 非线性系统的多数据丢失问题，并给出了相应的收敛性条件。研究结果表明，存在数据丢失的非线性系统的 ILC 与线性系统的 ILC 结果类似。如果数据没有完全丢失，那么 ILC 算法仍然可以保持跟踪误差的收敛性，但数据丢失程度的增加会降低跟踪误差的收敛速度。

参考文献

[1] Xu J X. A survey on iterative learning control for nonlinear systems. International Journal of Control, 2011, 84(7): 1275-1294.

[2] Xu J X, Tan Y. Linear and Nonlinear Iterative Learning Control. Heidelberg: Springer-Verlag, 2003.

[3] Xu J X. Analysis of iterative learning control for a class of nonlinear discrete-time systems. Automatica, 1997, 33(10): 1905-1907.

[4] Sun M X, Wang D W. Iterative learning control with initial rectifying action. Automatica, 2002, 38(7): 1177-1182.

[5] Wang D W. Convergence and robustness of discrete time nonlinear systems with iterative learning control. Automatica, 1998, 34(11): 1445-1448.

[6] Ham C, Qu Z, Kaloust J. Nonlinear learning control for a class of nonlinear systems based on Lyapunov direct method//Proceedings of the 1995 IEEE American Control Conference, Seattle, 1995: 3024-3028.

[7] Frueh M, Rogers E. Nonlinear iterative learning by an adaptive Lyapunov technique. International Journal of Control, 2000, 73(10): 840-850.

[8] Xu J X, Qu Z H. Robust iterative learning control for a class of nonlinear systems. Automatica, 1998, 34(8): 983-988.

[9] Xu J X, Tan Y, Lee T H. Iterative learning control design based on composite energy function with input saturation. Automatica, 2004, 40(8): 1371-1377.

[10] Yao B, Tomizuka M. Adaptive robust control of MIMO nonlinear systems in semi-strict feedback forms. Automatica, 2001, 37(9): 1305-1321.

[11] Hou Z S, Jin S T. Data-driven model-free adaptive control for a class of MIMO nonlinear discrete-time systems. IEEE Transactions on Neural Networks, 2011, 22(12): 2173-2188.

[12] Li X D, Tommy W S C, Cheng L L. Adaptive iterative learning control of non-linear MIMO continuous systems with iteration-varying initial error and reference trajectory. Internation-

al Journal of Systems Science,2013,44(4):786-794.

[13] Chien C J. A discrete iterative learning control for a class of nonlinear time-varying systems. IEEE Transactions on Automatic Control,1998,43(5):748-752.

[14] Hou Z S,Bu X H. Model free adaptive control with data dropouts. Expert Systems with Applications,2011,38(8):10709-10717.

第4章　线性切换系统的迭代学习控制

4.1　引　　言

近年来，控制系统的规模越来越大，表现出来的现象越来越复杂。如何对复杂的大系统进行管理、控制和优化是控制领域面临的重要问题。复杂系统除了具有较强的时变性、非线性和不确定性，还具有结构复杂、行为复杂及多子系统集成的特点，如电力系统[1]、机器人系统[2]、化工过程控制系统[3]及交通控制系统等[4]，这就导致单纯依靠连续动态系统理论已经不能完整刻画复杂系统的动态行为，为此混杂系统理论应运而生[5,6]。混杂系统体现了计算机科学与控制理论的交叉，它主要研究由连续动态子系统和离散动态子系统相互作用而构成的一类动态系统。

切换系统是一类重要的混杂系统，它可以看作由一组连续微分方程或离散差分方程子系统及作用在其中的切换规则构成。切换系统在切换的过程中，每一时刻系统的状态只符合其中一个系统的规律，即切换规则确定某一时刻系统切换到哪一个子系统，系统的状态就在相应时刻切换到相应的子系统。目前，关于切换系统的研究结果大多针对线性切换系统给出，研究内容包括可达性、可控性[7,8]、可观性[9,10]、稳定性[11,12]及控制器设计[13,14]等方面。虽然线性切换系统在上述方面取得了丰硕的研究结果，但是跟踪控制问题的研究却鲜有报道。与稳定和镇定问题相比，实现切换系统的跟踪控制相对比较困难。

需要说明的是，实际中很多可以描述成切换系统的过程对象具有较强的重复运行特征。例如，交通控制系统可以描述为切换系统，而交通控制系统在实际运行过程中存在较强的重复性，具体表现为交通流每天相同的时刻都是相似的，而拥堵也发生在同样的时段[15]。另外，化工批处理过程可被描述成切换系统，其运行过程也具有较强的重复性[16]。批处理过程包括多个不同的工序，每个工序可被描述为单独的子系统，当批处理过程批量加工产品时，整个切换系统执行重复操作。因此，ILC算法可以应用于此类切换系统的跟踪控制中。

本章研究线性切换系统的迭代学习跟踪控制问题，这里考虑的切换系统在时间域内具有任意的切换序列。首先针对连续时间切换系统设计D型ILC算法，基于压缩映射方法给出跟踪误差的收敛性条件；其次考虑离散时间切换系统，设计P型ILC算法并基于ILC系统的超向量描述给出算法的收敛性条件；最后利用仿真结果验证理论分析的正确性。

4.2 问题描述

考虑如下线性连续时间切换系统：

$$\begin{cases}\dot{x}(t)=A_{\alpha(t)}x(t)+B_{\alpha(t)}u(t)\\ y(t)=C_{\alpha(t)}x(t)\end{cases}\tag{4.1}$$

式中，$x(t)\in \mathrm{R}^n$、$u(t)\in \mathrm{R}^p$、$y(t)\in \mathrm{R}^m$ 分别为系统状态向量、输入向量和输出向量；$t\in[0,T]$为时间变量；$\alpha(t)$为时间域内的任意切换序列，其定义为 $\alpha(t)$：$(t\in[0,t])\to M=\{1,2,\cdots,m\}$，即系统参数矩阵$(A_{\alpha(t)},B_{\alpha(t)},C_{\alpha(t)})$在如下有限矩阵集合中任意取值：

$$\{(A_1,B_1,C_1),\cdots,(A_m,B_m,C_m)\}$$

当系统(4.1)在有限时间区间 $t\in[0,T]$上重复运行时可描述为

$$\begin{cases}\dot{x}_k(t)=A_{\alpha(t)}x_k(t)+B_{\alpha(t)}u_k(t)\\ y_k(t)=C_{\alpha(t)}x_k(t)\end{cases}\tag{4.2}$$

式中，k 为迭代次数。对系统(4.2)做如下假设。

假设 4.1　对于给定的期望跟踪轨迹 $y_{\mathrm{d}}(t)$，存在期望控制输入 $u_{\mathrm{d}}(t)$和期望状态 $x_{\mathrm{d}}(t)$满足：

$$\begin{cases}\dot{x}_{\mathrm{d}}(t)=A_{\alpha(t)}x_{\mathrm{d}}(t)+B_{\alpha(t)}u_{\mathrm{d}}(t)\\ y_{\mathrm{d}}(t)=C_{\alpha(t)}x_{\mathrm{d}}(t)\end{cases}\tag{4.3}$$

假设 4.2　切换系统运行的初始状态与期望初始状态是相同的，即对于所有 k，满足 $x_k(0)=x_{\mathrm{d}}(0)$。

针对满足假设 4.1 和假设 4.2 的线性切换系统(4.2)，考虑如下 D 型 ILC 算法：

$$u_{k+1}(t)=u_k(t)+\Gamma\dot{e}_k(t)\tag{4.4}$$

式中，$e_k(t)=y_{\mathrm{d}}(t)-y_k(t)$为跟踪误差；$\Gamma$ 为学习增益矩阵。

本章研究内容为，如何设计控制器学习增益矩阵 Γ，使得当迭代次数趋近于无穷大时，跟踪误差 $e_k(t)$在整个时间区间$[0,T]$内均趋近于 0。本章的证明过程会用到 λ 范数，向量函数 h：$[0,T]\to\mathrm{R}^n$ 的 λ 范数($\lambda>0$)定义为

$$\|h\|_\lambda=\sup_{t\in[0,T]}\{\mathrm{e}^{-\lambda t}\|h(t)\|\}$$

4.3 收敛性分析

为方便讨论，这里不妨假设在有限时间区间$[0,T]$内每个子系统只运行一次，且系统的切换序列为

$$\alpha(t)=i=\begin{cases}1, & t\in[0,t_1]\\ 2, & t\in(t_1,t_2]\\ \vdots & \\ m, & t\in(t_{m-1},T]\end{cases} \tag{4.5}$$

此时系统(4.2)可表示为

$$\begin{cases}\dot{x}_k(t)=A_ix_k(t)+B_iu_k(t)\\ y_k(t)=C_ix_k(t)\end{cases} \tag{4.6}$$

式中,$i=\{1,2,\cdots,m\}$。系统(4.6)的状态响应可分如下 m 个阶段给出：

$$x_k(t)=\begin{cases}\mathrm{e}^{A_1(t-t_0)}x_k(t_0)+\int_{t_0}^{t}\mathrm{e}^{A_1(t-\tau)}B_1u(\tau)\mathrm{d}\tau, & t\in[0,t_1]\\ \mathrm{e}^{A_2(t-t_1)}x_k(t_1)+\int_{t_1}^{t}\mathrm{e}^{A_2(t-\tau)}B_2u(\tau)\mathrm{d}\tau, & t\in(t_1,t_2]\\ \vdots & \\ \mathrm{e}^{A_m(t-t_{m-1})}x_k(t_{m-1})+\int_{t_{m-1}}^{t}\mathrm{e}^{A_m(t-\tau)}B_mu(\tau)\mathrm{d}\tau, & t\in(t_{m-1},T]\end{cases} \tag{4.7}$$

记 $t_0=0,t_m=T$,则式(4.7)可表示为

$$x_k(t)=\mathrm{e}^{A_i(t-t_{i-1})}x_k(t_{i-1})+\int_{t_{i-1}}^{t}\mathrm{e}^{A_i(t-\tau)}B_iu(\tau)\mathrm{d}\tau,\quad t\in(t_i,t_{i+1}];1\leqslant i\leqslant m \tag{4.8}$$

注 4.1　由式(4.7)可知切换系统的动态过程除了与初始条件和系统矩阵参数有关,还与切换的顺序和时刻有关。此外,对于整个切换系统,假设 4.1 中系统的初始条件仅对第一个子系统成立,对其他子系统均不满足,这两点使得切换系统的 ILC 与单个系统的 ILC 具有较大区别。

注 4.2　式(4.7)中系统的状态响应为假设切换序列 $\alpha(t)$ 为式(4.5)的情况下得出的。不难看出,当 $\alpha(t)$ 为其他任意切换序列时,其状态响应方程也可以表示为式(4.7)的形式,其差别在于相应时间段的系统矩阵参数不同。因此,对式(4.5)切换序列研究的结果,同样适用于其他任意切换序列的情况。

在分析系统的收敛性之前,这里首先给出如下引理。

引理 4.1　假设 $z_i\subset\mathrm{R},\delta_i\subset\mathrm{R}$ 为两个实数序列,其中 $i\in\mathrm{Z}^+$。若对于任意 $\forall i\in\mathrm{Z}^+$ 满足：

$$|z_{i+1}|\leqslant\theta_i|z_i|+|\delta_i|$$

式中,$0<\theta_i\leqslant\theta<1$,$\theta$ 为常数,则当 $\lim\limits_{i\to\infty}|\delta_i|=0$ 时有 $\lim\limits_{i\to\infty}|z_i|=0$。

证明　定义 $\tilde{\delta}\overset{\text{def}}{=}\{\tilde{\delta}_0,\cdots,\tilde{\delta}_i,\cdots\}$,其中 $\tilde{\delta}_n\overset{\text{def}}{=}\sup\{|\delta_0|,\cdots,|\delta_i|,\cdots\}$,因此有 $\tilde{\delta}_n\geqslant\tilde{\delta}_{n+1}\geqslant0$ 和 $\tilde{\delta}_n\geqslant|\delta_n|$。由 $\lim\limits_{i\to\infty}|\delta_i|=0$ 可知 $\lim\limits_{i\to\infty}\tilde{\delta}_i=0$,将 $|z_{i+1}|\leqslant\theta_i|z_i|+|\delta_i|$ 逐项展开可得

$$|z_i|\leqslant\theta^i|z_0|+\theta^{i-1}\tilde{\delta}_0+\cdots+\theta\tilde{\delta}_{i-2}+\tilde{\delta}_{i-1} \tag{4.9}$$

当 i 是奇数时，由式(4.9)可得

$$\begin{aligned}|z_i|&\leqslant\theta^{\frac{i}{2}}(|z_0|+\tilde{\delta}_0+\cdots+\tilde{\delta}_{\frac{i}{2}-1})+\tilde{\delta}_{\frac{i}{2}}(\theta^{\frac{i}{2}-1}+\cdots+\theta+1)\\&\leqslant\theta^{\frac{i}{2}}\left(|z_0|+\frac{i}{2}\tilde{\delta}_0\right)+\tilde{\delta}_{\frac{i}{2}}\frac{1-\theta^{\frac{i}{2}}}{1-\theta}\end{aligned} \tag{4.10}$$

因此 $\lim\limits_{i\to\infty}|z_i|=0$。

同样，当 i 是偶数时也可以得到 $\lim\limits_{i\to\infty}|z_i|=0$。

定理 4.1 对于满足假设 4.1 和假设 4.2 的线性切换系统(4.6)，当采用式(4.4)所示的 D 型 ILC 算法时，若学习增益矩阵满足：

$$\|I-\Gamma C_iB_i\|<1,\quad i=1,2,\cdots,m \tag{4.11}$$

则当 $k\to\infty$ 时，系统的输出 $y_k(t)$ 在 $[0,T]$ 上一致收敛于期望轨迹 $y_{\mathrm{d}}(t)$，即对于所有 t 满足 $\lim\limits_{k\to\infty}y_k(t)\to y_{\mathrm{d}}(t)$。

证明 由控制算法(4.4)可得

$$\begin{aligned}\delta u_{k+1}(t)&=u_{\mathrm{d}}(t)-u_k(t)-\Gamma\dot{e}_k(t)\\&=\delta u_k(t)-\Gamma\dot{e}_k(t)\end{aligned} \tag{4.12}$$

式中，$\delta u_k(t)=u_{\mathrm{d}}(t)-u_k(t)$。根据式(4.6)和假设 4.1 可知：

$$\begin{aligned}\dot{e}_k(t)&=C_i(\dot{x}_{\mathrm{d}}(t)-\dot{x}_k(t))\\&=C_i(A_ix_{\mathrm{d}}(t)+B_iu_{\mathrm{d}}(t)-A_ix_k(t)-B_iu_k(t))\\&=C_iA_i\delta x_k(t)+C_iB_i\delta u_k(t)\end{aligned} \tag{4.13}$$

式中，$\delta x_k(t)=x_{\mathrm{d}}(t)-x_k(t)$。

下面逐个讨论时间区间 $[0,t_1]$，$(t_1,t_2]$，…，$(t_{m-1},T]$ 内的收敛性。

当 $t\in[0,t_1]$ 时，切换系统执行第一个子系统，此时系统的状态响应方程和期望状态方程为

$$\begin{cases}x_k(t)=\mathrm{e}^{A_1(t-t_0)}x_k(t_0)+\displaystyle\int_{t_0}^{t}\mathrm{e}^{A_1(t-\tau)}B_1u(\tau)\mathrm{d}\tau\\x_{\mathrm{d}}(t)=\mathrm{e}^{A_1(t-t_0)}x_{\mathrm{d}}(0)+\displaystyle\int_{t_0}^{t}\mathrm{e}^{A_1(t-\tau)}B_1u_{\mathrm{d}}(\tau)\mathrm{d}\tau\end{cases}$$

考虑初始条件 $x_k(t_0)=x_k(0)=x_{\mathrm{d}}(0)$ 可得

$$\delta x_k(t)=\int_{t_0}^{t}\mathrm{e}^{A_1(t-\tau)}B_1u_k(\tau)\mathrm{d}\tau \tag{4.14}$$

将式(4.13)和式(4.14)代入式(4.12)可得

$$\begin{aligned}\delta u_{k+1}(t)&=\delta u_k(t)-\Gamma\dot{e}_k(t)\\&=\delta u_k(t)-\Gamma C_1A_1\delta x_k(t)-\Gamma C_1B_1\delta u_k(t)\\&=(I-\Gamma C_1B_1)\delta u_k(t)-\int_{t_0}^{t}\Gamma C_1A_1\mathrm{e}^{A_1(t-\tau)}B_1u_k(\tau)\mathrm{d}\tau\end{aligned} \tag{4.15}$$

式(4.15)两边取范数可得

$$\| \delta u_{k+1}(t) \| \leqslant \| I-\Gamma C_1 B_1 \| \| \delta u_k(t) \| + \int_{t_0}^{t} \| \Gamma C_1 A_1 \mathrm{e}^{A_1(t-\tau)} B_1 \| \| u_k(\tau) \| \mathrm{d}\tau \tag{4.16}$$

两端同时乘以 $\mathrm{e}^{-\lambda t}(t\in[0,t_1])$可得

$$\mathrm{e}^{-\lambda t} \| \delta u_{k+1}(t) \| \leqslant \| I-\Gamma C_1 B_1 \| \mathrm{e}^{-\lambda t} \| \delta u_k(t) \| + b_1 \int_{t_0}^{t} \mathrm{e}^{-\lambda(t-\tau)} \mathrm{e}^{-\lambda\tau} \| u_k(\tau) \| \mathrm{d}\tau$$

式中,$b_1=\sup\limits_{t\in[0,t_1]} \| \Gamma C_1 A_1 \mathrm{e}^{A_1 t} B_1 \|$。由 λ 范数的定义可知:

$$\| \delta u_{k+1}(t) \|_\lambda \leqslant \left| \| I-\Gamma C_1 B_1 \| + \frac{b_1(1-\mathrm{e}^{-\lambda t_1})}{\lambda} \right| \| \delta u_k(t) \|_\lambda \tag{4.17}$$

当选择足够大的 λ 时,条件(4.11)满足:

$$\left| \| I-\Gamma C_1 B_1 \| + \frac{b_1(1-\mathrm{e}^{-\lambda t_1})}{\lambda} \right| \leqslant \rho_1 < 1$$

因此根据式(4.17)可得

$$\lim_{k\to\infty} \| \delta u_{k+1}(t) \|_\lambda = 0 \tag{4.18}$$

式(4.18)意味着,如果D型ILC算法的学习增益矩阵满足 $\| I-\Gamma C_1 B_1 \| < 1$,那么对于第一个子系统在整个时间区间$[0,t_1]$上满足$\lim\limits_{k\to\infty} u_k(t)=u_{\mathrm{d}}(t)$。根据假设4.2的条件,同样可以得到在区间$[0,t_1]$上满足$\lim\limits_{k\to\infty} y_k(t)=y_{\mathrm{d}}(t)$。

当 $t\in[t_1,t_2]$时,切换系统执行第二个子系统,此时系统的状态响应方程和期望状态方程为

$$\begin{cases} x_k(t) = \mathrm{e}^{A_2(t-t_1)} x_k(t_1) + \int_{t_1}^{t} \mathrm{e}^{A_2(t-\tau)} B_2 u(\tau) \mathrm{d}\tau, & t\in[t_1,t_2] \\ x_{\mathrm{d}}(t) = \mathrm{e}^{A_2(t-t_1)} x_{\mathrm{d}}(t_1) + \int_{t_1}^{t} \mathrm{e}^{A_2(t-\tau)} B_2 u_{\mathrm{d}}(\tau) \mathrm{d}\tau, & t\in[t_1,t_2] \end{cases} \tag{4.19}$$

需要说明的是,此时式(4.19)中系统的初始状态并不满足 $x_k(t_1)=x_{\mathrm{d}}(t_1)$,$x_k(t_1)$每次迭代过程中都是变化的,其取值取决于第一个子系统的参数矩阵和切换时间 t_1。

根据式(4.19)可得

$$\delta x_k(t) = \mathrm{e}^{A_2(t-t_1)} \delta x_k(t_1) + \int_{t_1}^{t} \mathrm{e}^{A_2(t-\tau)} B_2 u_k(\tau) \mathrm{d}\tau \tag{4.20}$$

将式(4.13)和式(4.20)代入式(4.12),两边取范数可得

$$\begin{aligned} \| \delta u_{k+1}(t) \| \leqslant & \| I-\Gamma C_2 B_2 \| \| \delta u_k(t) \| \\ & + \int_{t_1}^{t} \| \Gamma C_2 A_2 \mathrm{e}^{A_2(t-\tau)} B_2 \| \| u_k(\tau) \| \mathrm{d}\tau + \| \mathrm{e}^{A_2(t-t_1)} \| \, | \delta x_k(t_1) | \end{aligned} \tag{4.21}$$

两端同时乘以 $e^{-\lambda t}(t\in(t_1,t_2])$ 可得

$$e^{-\lambda t}\|\delta u_{k+1}(t)\|\leqslant\|I-\Gamma C_2B_2\|e^{-\lambda t}\|\delta u_k(t)\|$$
$$+b_2\int_{t_1}^{t}e^{-\lambda(t-\tau)}e^{-\lambda\tau}\|u_k(\tau)\|d\tau+c_1e^{-\lambda t}|\delta x_k(t_1)| \tag{4.22}$$

式中，$b_2=\sup_{t\in[t_1,t_2]}\|\Gamma C_2A_2e^{A_2(t-\tau)}B_2\|$；$c_1=\|e^{A_2(t-t_1)}\|$。由 λ 范数的定义可知：

$$\|\delta u_{k+1}(t)\|_\lambda\leqslant\left|\|I-\Gamma C_2B_2\|+\frac{b_2(1-e^{-\lambda t_2})}{\lambda}\right|\|\delta u_k(t)\|_\lambda+c_1|\delta x_k(t_1)| \tag{4.23}$$

当选择足够大的 λ 时，条件(4.11)保证下式成立：

$$\left|\|I-\Gamma C_2B_2\|+\frac{b_2(1-e^{-\lambda t_2})}{\lambda}\right|\leqslant\rho_2<1$$

因此，根据式(4.23)可得

$$\|\delta u_{k+1}(t)\|_\lambda\leqslant\rho_2\|\delta u_k(t)\|_\lambda+c_1|\delta x_k(t_1)| \tag{4.24}$$

由在区间 $[0,t_1]$ 的证明过程可知，在整个区间 $[0,t_1]$ 上满足 $\lim_{k\to\infty}u_k(t)=u_d(t)$ 和 $\lim_{k\to\infty}y_k(t)=y_d(t)$，因此也满足 $\lim_{k\to\infty}x_k(t)=x_d(t)$，所以有 $\lim_{k\to\infty}|\delta x_k(t_1)|=0$。根据引理 4.1，由 $\lim_{k\to\infty}|\delta x_k(t_1)|=0$ 和式(4.24)可得

$$\lim_{k\to\infty}\|\delta u_{k+1}(t)\|_\lambda=0$$

上式意味着如果选择 D 型 ILC 算法的学习增益矩阵满足 $\|I-\Gamma C_2B_2\|<1$，那么对于第二个子系统在整个时间区间 $(t_1,t_2]$ 上均满足 $\lim_{k\to\infty}u_k(t)=u_d(t)$。根据假设 4.2 的条件，同样可以得到在区间 $(t_1,t_2]$ 上满足 $\lim_{k\to\infty}y_k(t)=y_d(t)$。

依此类推，同样可以证明在时间区间 $(t_2,t_3]$，…，$(t_{m-1},T]$ 上跟踪误差也是收敛的，且收敛到 0。因此，如果满足条件 $\|I-\Gamma C_iB_i\|<1(i=1,2,\cdots,m)$，那么在整个时间区间 $[0,T]$ 上均满足 $\lim_{k\to\infty}u_k(t)=u_d(t)$ 和 $\lim_{k\to\infty}y_k(t)=y_d(t)$。

注 4.3　根据定理 4.1 的证明过程可知，在 $\alpha(t)$ 为其他任意切换的序列，以及每个子系统在有限时间区间 $[0,T]$ 执行多次的情况下，定理 4.1 同样成立。因此，定理 4.1 对于具有任意切换序列的线性切换系统(4.2)是成立的。

注 4.4　条件 $\|I-\Gamma C_iB_i\|<1(i=1,2,\cdots,m)$ 要求学习增益矩阵 Γ 对于所有的子系统均满足收敛性条件，这在有些时候是很难做到的。为保证学习增益矩阵的存在性，可以选择 D 型 ILC 算法为 $u_{k+1}(t)=u_k(t)+\Gamma_i\dot{e}_k(t)$，此时定理 4.1 中的收敛性条件为 $\|I-\Gamma_iC_iB_i\|<1(i=1,2,\cdots,m)$。

注 4.5　本章仅讨论了线性连续切换系统 D 型 ILC 算法的收敛性，但研究方法同样可以拓展到 PID 型 ILC 算法和高阶 ILC 算法中。需要指出的是，本章收敛性分析是在 λ 范数意义下给出的，与其他系统的 ILC 一样，λ 范数意义下的单调收敛不能保证系统在∞范数和 2 范数意义下是单调收敛的，如 4.5 节的仿真示例。

这样的收敛过程存在一个较大的暂态分量，可能对实际系统的硬件设备造成危害。为提高迭代域上的暂态性能，本章同样可以采用指数衰减学习率或在学习率中增加高增益反馈环节的方法。

4.4　线性离散切换系统

考虑如下一类 SISO 线性离散切换系统：

$$\begin{cases} x(t+1)=A_{\alpha(t)}x(t)+B_{\alpha(t)}u(t) \\ y(t)=C_{\alpha(t)}x(t) \end{cases} \tag{4.25}$$

式中，$x(t)\in\mathrm{R}^n$、$u(t)\in\mathrm{R}$、$y(t)\in\mathrm{R}$ 分别为系统状态向量、输入向量和输出向量；$t\in[0,N]$为离散时刻；$\alpha(t)$为任意切换序列，其定义为 $\alpha(t):[0,N]\rightarrow I$，其中 $I=\{1,2,\cdots,l\}$，即在任意的离散时间，系统参数矩阵$(A_{\alpha(t)},B_{\alpha(t)},C_{\alpha(t)})$在如下有限矩阵集合中任意取值：

$$\{(A_1,B_1,C_1),(A_2,B_2,C_2),\cdots,(A_l,B_l,C_l)\}$$

当系统(4.25)在有限时间区间 $t\in[0,N]$上重复运行时，线性切换系统(4.25)可以描述为

$$\begin{cases} x_k(t+1)=A_{\alpha(t)}x_k(t)+B_{\alpha(t)}u_k(t) \\ y_k(t)=C_{\alpha(t)}x_k(t) \end{cases} \tag{4.26}$$

对系统(4.26)做如下假设。

假设 4.3　切换系统每次运行的初始状态相同，即对于所有 k 满足 $x_k(0)=x_0$，x_0 为常数。

假设 4.4　对于给定的迭代不变期望跟踪轨迹 $y_{\mathrm{d}}(t)$，存在期望控制输入 $u_{\mathrm{d}}(t)$和期望状态 $x_{\mathrm{d}}(t)$满足：

$$\begin{cases} x_{\mathrm{d}}(t+1)=A_{\alpha(t)}x_{\mathrm{d}}(t)+B_{\alpha(t)}u_{\mathrm{d}}(t) \\ y_{\mathrm{d}}(t)=C_{\alpha(t)}x_{\mathrm{d}}(t) \end{cases} \tag{4.27}$$

注意到 $\alpha(t)$在有限时间区间$[0,N]$上是任意切换序列，不失一般性，本节假设系统的切换序列为

$$\alpha(t)=i=\begin{cases} 1, & t\in[0,m_1] \\ 2, & t\in[m_1+1,m_2] \\ \vdots \\ l, & t\in[m_{l-1}+1,N] \end{cases} \tag{4.28}$$

式中，$0=m_1<m_2<\cdots<m_{l-1}<N$。切换系统(4.26)可以描述为

$$\begin{cases} x_k(t+1)=A_ix_k(t)+B_iu_k(t) \\ y_k(t)=C_ix_k(t) \end{cases} \tag{4.29}$$

式中，$i=\{1,2,\cdots,l\}$。

针对系统(4.29)，设计如下一阶 P 型 ILC 算法：

$$u_{k+1}(t)=u_k(t)+\gamma e_k(t+1) \tag{4.30}$$

式中，γ 为学习增益因子。

本章的研究内容为，如何选择学习增益因子 γ 使得当 $k\to\infty$ 时，$y_k(t)$ 能够收敛到 $y_{\mathrm{d}}(t)$。

4.4.1　包含两个子系统的切换系统

为方便起见，这里首先假设切换系统仅包含两个子系统，即切换系统(4.29)只包含 $\{(A_1,B_1,C_1),(A_2,B_2,C_2)\}$ 两种系统动态，此时切换序列 i 为

$$i=\begin{cases}1, & t\in[0,m]\\ 2, & t\in[m+1,N]\end{cases} \tag{4.31}$$

利用超向量形式定义

$$U_{1,k}=[u_k(0)\quad u_k(1)\quad \cdots\quad u_k(m-1)]^{\mathrm{T}}$$
$$Y_{1,k}=[y_k(1)\quad y_k(2)\quad \cdots\quad y_k(m)]^{\mathrm{T}}$$
$$U_{2,k}=[u_k(m)\quad u_k(m+1)\quad \cdots\quad u_k(N-1)]^{\mathrm{T}}$$
$$Y_{2,k}=[y_k(m+1)\quad y_k(m+2)\quad \cdots\quad y_k(N)]^{\mathrm{T}}$$

则具有切换序列(4.31)的切换系统(4.29)可以描述为

$$\begin{bmatrix}Y_{1,k}\\ Y_{2,k}\end{bmatrix}=\begin{bmatrix}H_1 & 0\\ 0 & H_2\end{bmatrix}\begin{bmatrix}U_{1,k}\\ U_{2,k}\end{bmatrix}+\begin{bmatrix}D_1 & 0\\ 0 & D_2\end{bmatrix}\begin{bmatrix}x_k(0)\\ x_k(m)\end{bmatrix} \tag{4.32}$$

式中

$$H_1=\begin{bmatrix}C_1B_1 & & & & \\ C_1A_1B_1 & C_1B_1 & & & \\ C_1A_1^2B_1 & C_1A_1B_1 & C_1B_1 & & \\ \vdots & \vdots & \ddots & \ddots & \\ C_1A_1^{m-1}B_1 & C_1A_1^{m-2}B_1 & \cdots & C_1A_1B_1 & C_1B_1\end{bmatrix}$$

$$H_2=\begin{bmatrix}C_2B_2 & & & & \\ C_2A_2B_2 & C_2B_2 & & & \\ C_2A_2^2B_2 & C_2A_2B_2 & C_2B_2 & & \\ \vdots & \vdots & \ddots & \ddots & \\ C_2A_2^{N-m-1}B_2 & C_2A_2^{N-m-2}B_2 & \cdots & C_2A_2B_2 & C_2B_2\end{bmatrix}$$

$$D_1=[C_1^{\mathrm{T}}\quad (C_1A_1)^{\mathrm{T}}\quad \cdots\quad (C_1A_1^{m-1})^{\mathrm{T}}]$$
$$D_2=[C_2^{\mathrm{T}}\quad (C_2A_2)^{\mathrm{T}}\quad \cdots\quad (C_2A_2^{N-m-1})^{\mathrm{T}}]$$

定理 4.2　对于具有切换序列(4.31)的线性切换系统(4.29)，当采用 ILC 算

法(4.30)时,若学习增益因子 γ 满足:

$$\| I-\gamma H_i \| < 1, \quad i=1,2 \tag{4.33}$$

则系统跟踪误差对于所有 t 满足$\lim\limits_{k\to\infty} e_k(t)=0$。

证明 定义

$$\begin{gathered}
Y_{1,\mathrm{d}}=[y_\mathrm{d}(1) \quad y_\mathrm{d}(2) \quad \cdots \quad y_\mathrm{d}(m)]^\mathrm{T} \\
Y_{2,\mathrm{d}}=[y_\mathrm{d}(m+1) \quad y_\mathrm{d}(m+2) \quad \cdots \quad y_\mathrm{d}(N)]^\mathrm{T} \\
E_{1,k}=[e_k(1) \quad e_k(2) \quad \cdots \quad e_k(m)]^\mathrm{T} \\
E_{2,k}=[e_k(m+1) \quad e_k(m+2) \quad \cdots \quad e_k(N)]^\mathrm{T}
\end{gathered}$$

则有 $E_{1,k}=Y_{1,\mathrm{d}}-Y_{1,k}$,$E_{2,k}=Y_{2,\mathrm{d}}-Y_{2,k}$。ILC 算法(4.30)可以写为如下形式:

$$U_{k+1}=U_k+\gamma E_k \tag{4.34}$$

式中,$U_k=[U_{1,k} \quad U_{2,k}]^\mathrm{T}$;$E_k=[E_{1,k} \quad E_{2,k}]^\mathrm{T}$。由式(4.32)和式(4.34)可得

$$E_{1,k+1}=(1-\gamma H_1)E_{1,k} \tag{4.35}$$

$$E_{2,k+1}=(1-\gamma H_2)E_{2,k}+D_1\Delta x_{k+1}(m) \tag{4.36}$$

式中,$\Delta x_{k+1}(m)=x_{k+1}(m)-x_k(m)$。

由式(4.35)可得,当 $\| 1-\gamma H_1 \| < 1$ 时有$\lim\limits_{k\to\infty} \| E_{1,k} \| =0$。接下来证明 $E_{2,k}$的收敛性。由$\lim\limits_{k\to\infty} \| E_{1,k} \| =0$ 可知$\lim\limits_{k\to\infty} e_k(m)=0$,从而$\lim\limits_{k\to\infty}\Delta x_{k+1}(m)=0$。由式(4.36)可知

$$\begin{aligned}
E_{2,k+1}&=(I-\gamma H_2)E_{2,k}+D_2\Delta x_{k+1}(m) \\
&=(I-\gamma H_2)^2 E_{2,k-1}+(I-\gamma H_2)D_2\Delta x_k(m)+D_2\Delta x_{k+1}(m) \\
&\ \ \vdots \\
&=(I-\gamma H_2)^k E_{2,1}+(I-\gamma H_2)^{k-1}D_2\Delta x_2(m)+\cdots \\
&\quad +(I-\gamma H_2)D_2\Delta x_k(m)+D_2\Delta x_{k+1}(m)
\end{aligned}$$

上式两端取范数可得

$$\begin{aligned}
\| E_{2,k+1} \| &\leqslant \| (I-\gamma H_2)^k \| \ \| E_{2,1} \| + \| (I-\gamma H_2)^{k-1} \| \ \| D_2\Delta x_2(m) \| +\cdots \\
&\quad + \| (I-\gamma H_2) \| \ \| D_2\Delta x_k(m) \| + \| D_2\Delta x_{k+1}(m) \| \\
&\leqslant \| I-\gamma H_2 \|^k \| E_{2,1} \| + \| D_2 \| \ \| I-\gamma H_2 \|^{k-1} |\Delta x_2(m)| +\cdots \\
&\quad + \| D_2 \| \ \| (I-\gamma H_2) \| \ |\Delta x_k(m)| + \| D_2 \| \ |\Delta x_{k+1}(m)|
\end{aligned} \tag{4.37}$$

定义 $\Delta\tilde{x}_k \overset{\mathrm{def}}{=} \sup\{|\Delta x_k(m)|, |\Delta x_{k+1}(m)|, \cdots\}$,可得 $\Delta\tilde{x}_k \geqslant \Delta\tilde{x}_{k+1} \geqslant 0$ 和 $\Delta\tilde{x}_k \geqslant |\Delta x_k|$。根据式(4.37),当 k 为偶数时

$$\begin{aligned}
\| E_{2,k+1} \| &\leqslant \| I-\gamma H_2 \|^k \| E_{2,1} \| + \| D_2 \| \ \| I-\gamma H_2 \|^{k-1} |\Delta x_2(m)| +\cdots \\
&\quad + \| D_2 \| \ \| (I-\gamma H_2) \| \ |\Delta x_k(m)| + \| D_2 \| \ |\Delta x_{k+1}(m)| \\
&\leqslant \| I-\gamma H_2 \|^k \| E_{2,1} \| + \| D_2 \| \ \| I-\gamma H_2 \|^{k-1} \Delta\tilde{x}_2 +\cdots \\
&\quad + \| D_2 \| \ \| (I-\gamma H_2) \|^{\frac{k}{2}} \Delta\tilde{x}_{\frac{k}{2}+1} + \| D_2 \| \ \| (I-\gamma H_2) \|^{\frac{k}{2}-1} \Delta\tilde{x}_{\frac{k}{2}+2} \\
&\quad +\cdots+ \| D_2 \| \ \| (I-\gamma H_2) \| \ \Delta\tilde{x}_k + \| D_2 \| \ \Delta\tilde{x}_{k+1}
\end{aligned}$$

$$
\begin{aligned}
&\leqslant \| I-\gamma H_2 \|^k \| E_{2,1} \| + \| D_2 \| \ \| I-\gamma H_2 \|^{k-1} \Delta\tilde{x}_2 + \cdots \\
&\quad + \| D_2 \| \ \| (I-\gamma H_2) \|^{\frac{k}{2}} \Delta\tilde{x}_2 + \| D_2 \| \ \| (I-\gamma H_2) \|^{\frac{k}{2}-1} \Delta\tilde{x}_{\frac{k}{2}+2} \\
&\quad + \cdots + \| D_2 \| \ \| (I-\gamma H_2) \| \Delta\tilde{x}_{\frac{k}{2}+2} + \| D_2 \| \Delta\tilde{x}_{\frac{k}{2}+2} \\
&\leqslant \| (I-\gamma H_2) \|^{\frac{k}{2}} \left(\| E_{2,1} \| + \frac{k}{2} \| D_2 \| \Delta\tilde{x}_2 \right) \\
&\quad + \Delta\tilde{x}_{\frac{k}{2}+2} \| D_2 \| \begin{pmatrix} \| (I-\gamma H_2) \|^{\frac{k}{2}-1} + \cdots \\ + \| (I-\gamma H_2) \| + 1 \end{pmatrix} \\
&= \| (I-\gamma H_2) \|^{\frac{k}{2}} \left(\| E_{2,1} \| + \frac{k}{2} \| D_2 \| \Delta\tilde{x}_2 \right) \\
&\quad + \Delta\tilde{x}_{\frac{k}{2}+2} \| D_2 \| \frac{1 - \| (I-\gamma H_2) \|^{\frac{k}{2}-1}}{1 - \| (I-\gamma H_2) \|}
\end{aligned}
$$

因此，$\lim\limits_{i\to\infty} \| E_{2,k+1} \| = 0$。类似地，当 k 为奇数时，也可以得出$\lim\limits_{i\to\infty} \| E_{2,k+1} \| = 0$。

注 4.6　$\| I-\gamma H_i \| < 1 (i=1,2)$ 意味着对所有矩阵 H_i，学习增益因子 γ 都能够满足收敛性条件，这样的 γ 有时选择起来会比较困难。为此，本章也可以选择增益变化的 ILC 算法 $u_{k+1}(t) = u_k(t) + \gamma_i e_k(t+1)$，此时定理 4.2 中的收敛条件变为 $\| I-\gamma_i H_i \| < 1 (i=1,2)$。

注 4.7　切换序列(4.31)意味着在整个区间$[0,N]$内每个子系统只激活一次，并且两个子系统的停留时间分别为$[0,m]$和$[m+1,N]$。从定理 4.1 的证明过程可以看出，切换时刻 m 可以是时间区间$[0,N]$内的任意时刻。

4.4.2　包含多个子系统的切换系统

本小节考虑切换系统包含两个以上子系统的情况，此时切换系统(4.29)在$\{(A_1,B_1,C_1),(A_2,B_2,C_2)\cdots,(A_l,B_l,C_l)\}$多个子系统之间切换，切换序列 i 可描述为

$$
i = \begin{cases} 1, & t \in [0, m_1] \\ 2, & t \in [m_1+1, m_2] \\ \vdots & \\ l, & t \in [m_{l-1}+1, N] \end{cases} \tag{4.38}
$$

式中，$0 < m_1 < m_2 < \cdots < m_{l-1} < N$。定义 $m_0 = 0$、$m_l = N$ 和如下超向量：

$$
U_{i,k} = [u_k(m_{i-1}) \quad u_k(m_{i-1}+1) \quad \cdots \quad u_k(m_i - 1)]^{\mathrm{T}}
$$

$$
Y_{i,k} = [y_k(m_{i-1}+1) \quad y_k(m_{i-1}+2) \quad \cdots \quad y_k(m_i)]^{\mathrm{T}}
$$

则系统(4.29)可以描述为如下形式：

$$
Y_{i,k} = H_i U_{i,k} + D_i x_k(m_{i-1}) \tag{4.39}
$$

式中

$$H_i=\begin{bmatrix} C_iB_i & & & & \\ C_iA_iB_i & C_iB_i & & & \\ C_iA_i^2B_i & C_iA_iB_i & C_iB_i & & \\ \vdots & \vdots & \ddots & \ddots & \\ C_iA_i^{m_i-m_{i-1}-1}B_i & C_iA_i^{m_i-m_{i-1}-2}B_i & \cdots & C_iA_iB_i & C_iB_i \end{bmatrix}$$

$$D_i=[C_i^{\mathrm{T}} \quad (C_iA_i)^{\mathrm{T}} \quad \cdots \quad (C_iA_i^{m_i-m_{i-1}-1})^{\mathrm{T}}],\quad i=1,2,\cdots,l$$

定理 4.3 对于具有切换序列(4.38)的线性切换系统(4.29)，当采用 ILC 算法(4.30)时，如果学习增益因子满足：

$$\| I-\gamma H_i \| <1,\quad i=1,2,\cdots,l \tag{4.40}$$

那么系统跟踪误差对于所有 t 满足 $\lim\limits_{k\to\infty} e_k(t)=0$。

证明 由式(4.39)可得

$$\begin{bmatrix} Y_{1,k} \\ Y_{2,k} \\ \vdots \\ Y_{l,k} \end{bmatrix}=\begin{bmatrix} H_1 & & & \\ & H_2 & & \\ & & \ddots & \\ & & & H_l \end{bmatrix}\begin{bmatrix} U_{1,k} \\ U_{2,k} \\ \vdots \\ U_{l,k} \end{bmatrix}+\begin{bmatrix} D_1 & & & \\ & D_2 & & \\ & & \ddots & \\ & & & D_l \end{bmatrix}\begin{bmatrix} x_k(0) \\ x_k(m_1) \\ \vdots \\ x_k(m_{l-1}) \end{bmatrix} \tag{4.41}$$

定义

$$Y_{i,\mathrm{d}}=[y_{\mathrm{d}}(m_{i-1}+1) \quad y_{\mathrm{d}}(m_{i-1}+2) \quad \cdots \quad y_{\mathrm{d}}(m_i)]^{\mathrm{T}}$$

$$E_{i,k}=[e_k(m_{i-1}+1) \quad e_k(m_{i-1}+2) \quad \cdots \quad e_k(m_i)]^{\mathrm{T}}$$

$$E_{i,k}=Y_{i,\mathrm{d}}-Y_{i,k},\quad i=1,2,\cdots,l$$

根据式(4.34)和式(4.41)，可得如下误差关系：

$$E_{i,k+1}=(I-\gamma H_i)E_{i,k}+D_2\Delta x_{k+1}(m_{i-1}),\quad i=1,2,\cdots,l \tag{4.42}$$

对于 $i=1$，$\Delta x_{k+1}(0)=x_{k+1}(0)-x_k(0)=0$，由式(4.42)可知：

$$E_{1,k+1}=(I-\gamma H_1)E_{1,k}$$

因此，当 $\| I-\gamma H_1 \| <1$ 时有 $\lim\limits_{k\to\infty} \| E_{1,k} \| =0$，进而得 $\lim\limits_{k\to\infty} e_k(m_1)=0$ 和 $\lim\limits_{k\to\infty}\Delta x_{k+1}(m_1)=0$。

对于 $i=2$，由式(4.42)可知

$$E_{2,k+1}=(I-\gamma H_2)E_{2,k}+D_2\Delta x_{k+1}(m_1)$$

依据定理 4.2，由条件 $\| I-\gamma H_2 \| <1$ 和 $\lim\limits_{k\to\infty}\Delta x_{k+1}(m_1)=0$ 可知 $\lim\limits_{k\to\infty} \| E_{2,k} \| =0$。依此类推，可得 $\lim\limits_{k\to\infty} \| E_{i,k} \| =0(i>2)$。

注 4.8 虽然切换序列(4.38)仅意味着在整个区间 $[0,N]$ 内系统只发生 $l-1$ 次切换并且切换时刻发生在 $t=m_i$，但从定理 4.3 的证明过程中可知，切换时刻 m_i 可以在对应的区间内任意取值，因此定理 4.3 的结果适用于时间域内任意切换的序列。

4.5 仿真示例

1. 仿真示例 1

考虑如下包含两个子系统的线性连续切换系统：

$$\begin{cases}\dot{x}_k(t)=A_{\alpha(t)}x_k(t)+B_{\alpha(t)}u_k(t),\\ y_k(t)=C_{\alpha(t)}x_k(t),\end{cases}\quad \alpha(t)=\{1,2\} \tag{4.43}$$

式中

$$A_1=\begin{bmatrix}0.8 & 0\\ 0.3 & -0.4\end{bmatrix},\quad B_1=\begin{bmatrix}1\\0\end{bmatrix},\quad C_1=[1\quad 0.5]$$

$$A_2=\begin{bmatrix}-0.6 & 0.3\\ 0.2 & 0\end{bmatrix},\quad B_2=\begin{bmatrix}0.5\\1\end{bmatrix},\quad C_2=[0.5\quad 1]$$

切换率 $\alpha(t)$ 为时间域内任意的切换序列，仿真中通过一组随机取值为 1 和 2 的序列给出，如图 4.1 所示。当 $\alpha(t)=1$ 时系统执行第一个子系统，当 $\alpha(t)=2$ 时系统执行第二个子系统。假设切换系统在区间 $t\in[0,1]$ 内重复运行，其期望输出为

$$y_{\mathrm{d}}(t)=t-t^2,\quad t\in[0,1]$$

对于切换系统(4.43)，考虑如下 D 型 ILC 算法：

$$u_{k+1}(t)=u_k(t)+0.5\dot{e}_k(t)$$

将其代入定理 4.1 的条件可得

$$\| I-\Gamma C_1B_1 \| =0.5<1,\quad \| I-\Gamma C_2B_2 \| =0.625<1$$

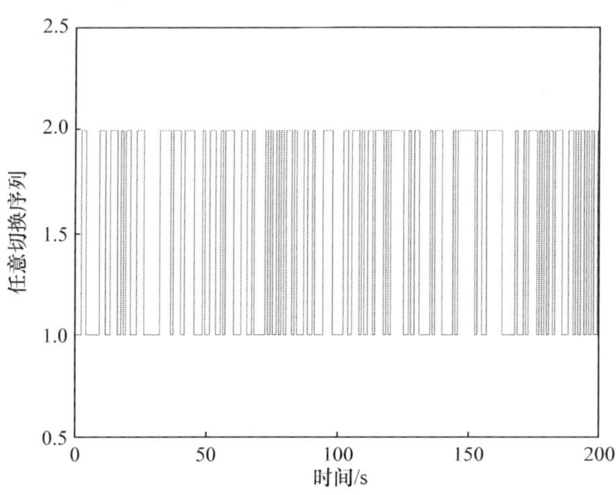

图 4.1　任意切换序列 $\alpha(t)$

仿真中取采样时间为 0.005s，设置初始条件 $x_k(0)=x_d(0)=0$，第一次迭代时的控制输入为 $u_0(t)=0$。仿真结果如图 4.2～图 4.6 所示。图 4.2 给出了 50 次迭代过程的最大跟踪误差，可以看出算法可保证跟踪误差收敛到 0，但收敛过程为渐近收敛，收敛过程中存在一个较大的暂态误差。图 4.3～图 4.5 分别给出第 5 次迭代、第 15 次迭代及第 35 次迭代的系统跟踪效果，这些仿真结果可以更详细地看出算法的收敛过程。图 4.6 给出第 40 次迭代的系统控制输入，此时控制输入与期望控制输入比较接近，这样的期望控制输入信号是其他控制方法很难得到的。因此，对于具有任意切换率的线性连续系统而言，ILC 方法可以较好地实现有限区间的跟踪控制。

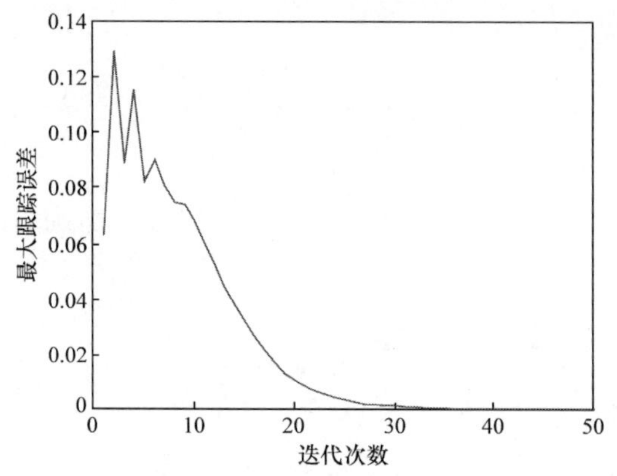

图 4.2　不同迭代次数的最大跟踪误差

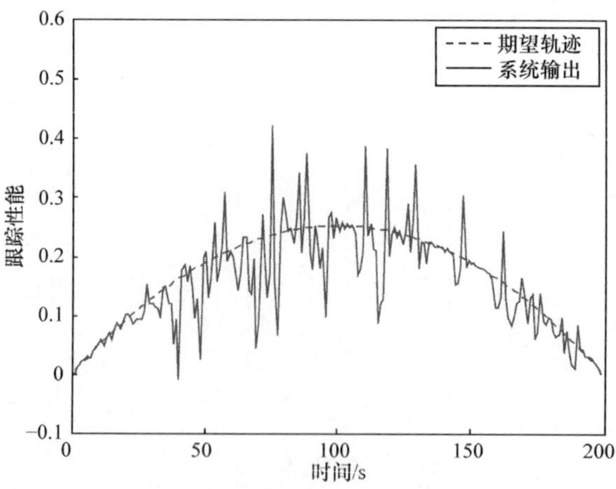

图 4.3　第 5 次迭代的系统跟踪效果

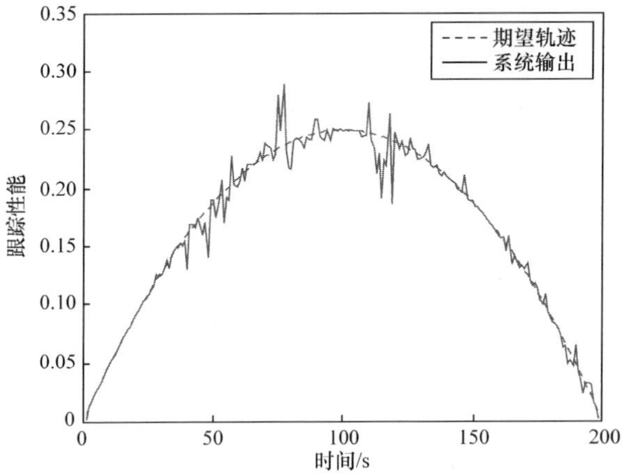

图 4.4 第 15 次迭代的系统跟踪效果

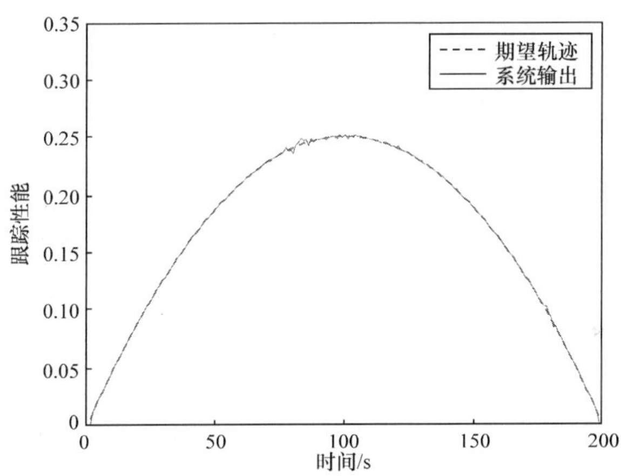

图 4.5 第 35 次迭代的系统跟踪效果

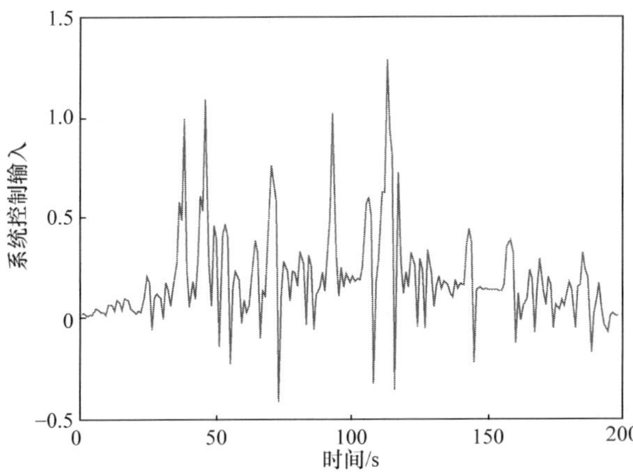

图 4.6 第 40 次迭代的系统控制输入

2. 仿真示例 2

考虑如下包含三个子系统的线性离散切换系统：

$$\begin{cases} x_k(t+1)=A_i x_k(t)+B_i u_k(t) \\ y_k(t)=C_i x_k(t) \end{cases}, \quad i=1,2,3 \tag{4.44}$$

式中

$$A_1=\begin{bmatrix} 0 & 1 \\ 0.125 & -0.2 \end{bmatrix}, \quad B_1=\begin{bmatrix} 0 \\ 1 \end{bmatrix}, \quad C_1=[0.1 \quad 1]$$

$$A_2=\begin{bmatrix} -0.25 & 1 \\ 0 & -0.3 \end{bmatrix}, \quad B_2=\begin{bmatrix} 0 \\ 1 \end{bmatrix}, \quad C_2=[-0.2 \quad 1]$$

$$A_3=\begin{bmatrix} 1 & 0 \\ 0.2 & -0.1 \end{bmatrix}, \quad B_3=\begin{bmatrix} 0 \\ 1 \end{bmatrix}, \quad C_3=[0.25 \quad 1]$$

假设切换系统在区间 $t\in[0,60]$内重复运行，其期望输出为 $y_d(t)=\sin(8(t-1)/50)+\cos(8t/50)$。对于所有迭代次数 k，设置初始条件为 $x_k(0)=0$，第一迭代过程中的控制输入设置为 $u_0(t)=0$。设计 P 型 ILC 算法 $u_{k+1}(t)=u_k(t)+0.5\cdot e_k(t+1)$，经验证可知控制增益 0.5 对于所有的子系统均满足定理 4.3 的收敛性条件。仿真中任意切换序列 $\alpha(t)$ 同样用一个随机取 1、2 和 3 的序列产生，如图 4.7 所示。当 $\alpha(t)=1$ 时子系统(A_1,B_1,C_1)激活，当 $\alpha(t)=2$ 时子系统(A_2,B_2,C_2)激活，否则子系统(A_3,B_3,C_3)激活。

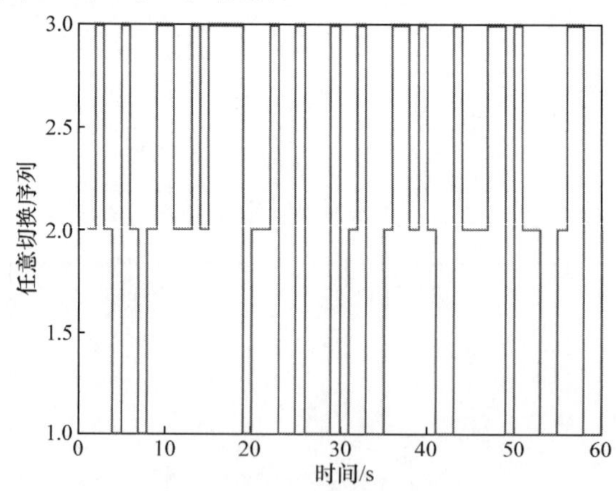

图 4.7 任意切换序列 $\alpha(t)$

图 4.8 给出了学习过程中的最大跟踪误差。可以看出，随着迭代次数的增加，跟踪误差将逐渐收敛到 0。图 4.9 给出了学习过程中的系统输出信号，当迭代次数为 40 时，系统输出已经可以较好地跟踪到期望轨迹。图 4.10 给出了整个学习过程在不同迭代次数的控制输入，可以看出第 40 次的控制输入信号很不规则，难以用其他控制算法精确逼近。

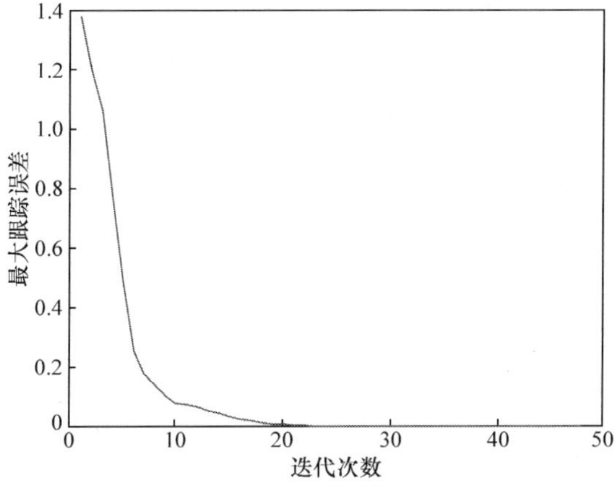

图 4.8　任意切换序列下迭代域的 $\|E_k\|_\infty$

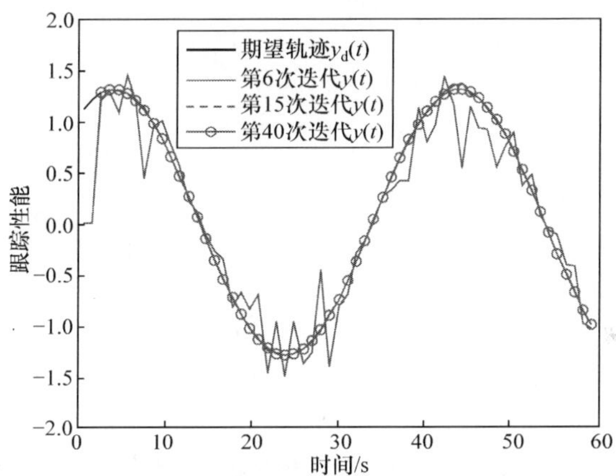

图 4.9　任意切换序列下系统的输出

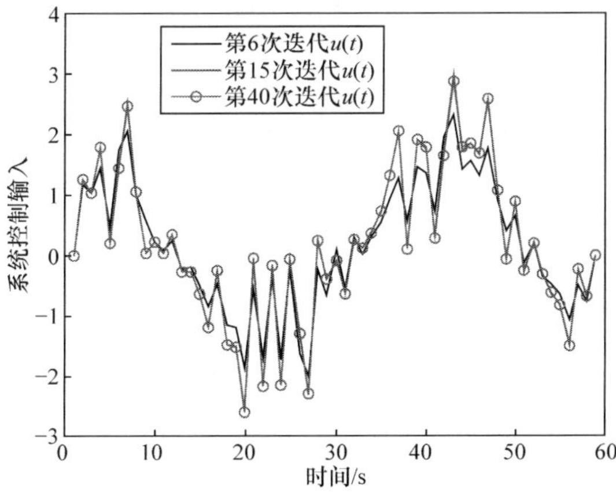

图 4.10　任意切换序列下系统的控制输入

4.6 本章小结

本章研究了一类具有任意切换序列线性切换系统的迭代学习跟踪性能，包括线性连续时间系统和线性离散时间系统，给出了 ILC 算法的收敛性条件，并在理论上严格证明了收敛性，数值仿真示例验证了所提算法的有效性。研究结果表明，对于时间域任意切换的线性系统，ILC 方法可以保证有限时间内的完全跟踪控制。由于任意切换序列只在时间域上发生变化，在迭代域上是不变的，从迭代轴上看，系统仍然是一个确定性系统，因此 ILC 方法可以较好地实现高精度跟踪控制。

参考文献

[1] Ooba T,Funahashi Y. On a common quadratic Lyapunov function for widely distant systems. IEEE Transactions on Automatic Control,2003,42(12):1697-1699.

[2] Jeon D,Tomizuka M. Learning hybrid force and position control of robot manipulators. IEEE Transactions on Robotics Automation,1993,9(4):423-431.

[3] Lennartson B,Egardt B,Tittus M. Hybrid systems in process control. IEEE Control Systems Magazine,1996,16(5):45-56.

[4] Balluchi A,Di Benedetto M D,Pinello C,et al. Hybrid control in automotive applications:The cut-off control. Automutica,1999,35(3):519-535.

[5] Levis A H,Marcus S I,Perkins W R,et al. Challenge to control: A collective view. IEEE Transactions on Automatic Control,1987,32(4):275-285.

[6] Athans M. Command and control(C2) theory:A challenge to control science. IEEE Transactions on Automatic Control,1987,32(4):286-292.

[7] Bemporad A,Ferrari-Trecate G,Morari M. Observability and controllability of piecewise affine and hybrid systems. IEEE Transactions on Automatic Control,2000,45(10):1864-1876.

[8] Cheng D Z. Controllability of switched bilinear systems. IEEE Transactions on Automatic Control,2005,50(4):511-515.

[9] Egerstedt M,Babaali M. On observability and reachability in a class of discrete-time switched linear systems//Proceedings of the 2005 America Control Conference, Portland, 2005: 1179-1180.

[10] Hespanha J P,Liberzon D,Angeli D,et al. Nonlinear norm-observability notions and stability of switched systems. IEEE Transactions on Automatic Control,2005,52(2):154-168.

[11] Branicky M S. Multiple Lyapunov functions and other analysis tools for switched and hybrid systems. IEEE Transactions on Automatic Control,1998,43(4):475-482.

[12] Liberzon D,Morse A S. Basic problems in stability and design of switched system. IEEE Control Systems Magazine,1999,19(5):59-70.

[13] Cassandras C,Pepyne D,Wardi Y. Optimal control of a class of hybrid systems. IEEE Transactions on Automatic Control,2001,46(3):398-415.

[14] Xu X P, Antsaklis P J. Optimal control of switched systems based on parameterization of the switching instants. IEEE Transactions on Automatic Control, 2004, 49(1): 2-16.

[15] Hou Z, Xu J X, Yan J. An iterative learning approach for density control of freeway traffic flow via ramp metering. Transportati on Research-Part C: Emerging Technologies, 2008, 16(1): 71-97.

[16] Gao F R, Yang Y, Shao C. Robust iterative learning control with applications to injection molding process. Chemical Engineering Science, 2002, 56(24): 7025-7034.

第5章　非线性切换系统的迭代学习控制

5.1 引　　言

第4章中研究了线性切换系统的ILC问题，分别针对线性连续时间系统和离散时间系统给出了相应的收敛性条件[1,2]。实际系统中，纯粹的线性系统是不存在的。当切换系统的某个子系统为非线性系统或包含非线性单元时，系统成为非线性切换系统。非线性的存在为切换系统的分析和控制带来很多困难，为了进行稳定性分析和控制器设计，诸多可以被线性化处理的非线性模型引入切换系统中，如Lipschitz非线性[3,4]、扇形有界非线性[5]等，然而基于近似线性化模型所提出的非线性切换系统控制方法实际中很难满足控制目标的要求。自适应控制是非线性切换控制的一种有效方法，目前已取得了一些研究成果，如文献[6]研究了一类切换部分由反馈线性化动态方程组成的非线性切换系统自适应稳定性问题，文献[7]研究了一类具有不稳定子系统的非线性参数化切换系统的自适应镇定问题，文献[8]研究了一类存在未知非对称执行器死区特性的非线性切换系统自适应跟踪控制问题，文献[9]研究了一类input-to-state稳定非线性切换系统的自适应稳定问题。

然而，已有的非线性切换系统自适应控制方法，大多是基于状态量反馈设计的，这就要求系统的状态函数信息必须精确已知。实际过程中，非线性系统的全部动力学特性很难获取得到，如何在切换系统模型信息部分未知的情况下设计跟踪控制算法，是目前切换系统需要研究的问题。另外，实际控制系统中普遍存在时滞现象，其产生的原因包括控制系统本身所固有的时滞特性、实际系统装置产生的时滞及网络传输产生的不确定通信时延。时滞现象的复杂性和不确定性给动态系统带来诸多不良影响，甚至会影响系统的稳定性。因此，分析不确定时滞对切换系统动态行为和控制性能的影响也是该领域的另一重要研究课题[10-13]。

本章研究一类非线性连续切换系统的ILC，这里仍然考虑系统具有时间域内的任意切换率，设计非线性切换系统的一种D型ILC算法，基于压缩映射方法给出算法的收敛性条件，将理论分析结果同时推广到包含未知状态时滞的非线性切换系统中，仿真结果验证设计算法的有效性。与已有非线性切换系统的控制方法相比，ILC可以在系统状态函数未知的情况下，实现有限时间区间内的完全跟踪控制。

5.2 问题描述

考虑如下非线性连续时间切换系统：

$$\begin{cases}\dot{x}(t)=f_{\alpha(t)}(x(t))+B_{\alpha(t)}(x(t))u(t)\\ y(t)=g_{\alpha(t)}(x(t))\end{cases}\tag{5.1}$$

式中，$x(t)\in \mathrm{R}^n$ 为状态向量；$u(t)\in \mathrm{R}^p$ 为输入向量；$y(t)\in \mathrm{R}^m$ 为输出向量；$\alpha(t)$：$\{1,2,\cdots\}\rightarrow\Psi=\{1,2,\cdots,m\}$ 为切换序列，m 为切换系统中子系统的个数。非线性函数向量 $f_{\alpha(t)}(\cdot)$、$g_{\alpha(t)}(\cdot)$ 和函数矩阵 $B_{\alpha(t)}(\cdot)$ 具有适当的维度。假设 $\alpha(t)$ 在时间域内任意切换，即对于任意时刻，函数 $(f_{\alpha(t)},g_{\alpha(t)},B_{\alpha(t)})$ 在有限矩阵集合 $\{(f_1,g_1,B_1),\cdots,(f_m,g_m,B_m)\}$ 内取值。

当非线性切换系统(5.1)在有限时间区间 $t\in[0,T]$ 内重复运行时，可以描述为

$$\begin{cases}\dot{x}_k(t)=f_i(x_k(t))+B_i(x_k(t))u_k(t)\\ y_k(t)=g_i(x_k(t))\\ i\in\{1,2,\cdots,m\}\end{cases}\tag{5.2}$$

式中，k 表示迭代次数。对非线性切换系统(5.2)作如下假设。

假设 5.1　在区间 $[0,T]$ 上，非线性函数

$$f_i(\cdot),B_i(\cdot),g_{ix}(\cdot)=\frac{\partial g_i(x_k(t))}{\partial x},\quad i\in\{1,2,\cdots,m\}$$

关于 $x(t)$ 满足全局 Lipschitz 条件，即对任意 $t\in[0,T]$，存在常数 k_f、k_b、k_{gx} 使得对任意 $(x_1(t),x_2(t))$ 满足：

$$\|f_i(x_1(t))-f_i(x_2(t))\|\leqslant k_f\|x_1(t)-x_2(t)\|$$
$$\|B_i(x_1(t))-B_i(x_2(t))\|\leqslant k_b\|x_1(t)-x_2(t)\|$$
$$\|g_{ix}(x_1(t))-g_{ix}(x_2(t))\|\leqslant k_{gx}\|x_1(t)-x_2(t)\|$$

假设 5.2　对于给定的期望轨迹 $y_{\mathrm{d}}(t)$，存在唯一的输入 $u_{\mathrm{d}}(t)$ 使得

$$\begin{cases}\dot{x}_{\mathrm{d}}(t)=f_i(x_{\mathrm{d}}(t))+B_i(x_{\mathrm{d}}(t))u_{\mathrm{d}}(t)\\ y_{\mathrm{d}}(t)=g_i(x_{\mathrm{d}}(t))\end{cases}$$

式中，$x_{\mathrm{d}}(t)$ 为期望状态；$u_{\mathrm{d}}(t)$ 为期望控制输入。

假设 5.3　每次迭代过程中的初始条件满足：

$$x_k(0)=x_{\mathrm{d}}(0)$$

式中，$x_{\mathrm{d}}(0)$ 为期望状态的初始值。

注 5.1　假设 5.3 是 ILC 系统的相同初始条件要求，对于切换系统而言，即使动态特性在不同子系统之间变化，在许多执行重复任务的实际系统中通常也是满

足的。例如，某一工业批处理过程由多道不同加工工序组成，则系统可被看成切换系统，不同的工序代表不同的子系统。当产品批量经过此过程处理时，即使整个过程在不同的工序间相互切换，系统运行的初始条件一般也是相同的。

针对非线性切换系统(5.2)，考虑如下 D 型 ILC 算法：

$$u_{k+1}(t)=u_k(t)+\Gamma_i\dot{e}_k(t),\quad i\in\{1,2,\cdots,m\} \tag{5.3}$$

式中，$e_k(t)=y_{\mathrm{d}}(t)-y_k(t)$为跟踪误差；$\Gamma_i$ 为要选择的学习增益矩阵。本节的研究问题为，如何选择学习增益矩阵 Γ_i，使得当 $k\to\infty$时对于所有的 t 均满足$\lim\limits_{k\to\infty}e_k(t)=0$。

为方便起见，本章对如下数学符号进行缩写：

$$g_{ix,k}\overset{\mathrm{def}}{=}\frac{\partial}{\partial x}g_i(x(t))\bigg|_{x=x_k(t)},\quad g_{ix,\mathrm{d}}\overset{\mathrm{def}}{=}\frac{\partial}{\partial x}g_i(x(t))\bigg|_{x=x_{\mathrm{d}}(t)}$$

$$f_{i,k}\overset{\mathrm{def}}{=}f_i(x_k(t)),\quad f_{i,\mathrm{d}}\overset{\mathrm{def}}{=}f_i(x_{\mathrm{d}}(t))$$

$$B_{i,k}\overset{\mathrm{def}}{=}B_i(x_k(t)),\quad B_{i,\mathrm{d}}\overset{\mathrm{def}}{=}B_i(x_{\mathrm{d}}(t))$$

5.3　收敛性分析

切换序列 $\alpha(t)$可以描述为

$$\alpha=(i_0,t_0),(i_1,t_1),(i_2,t_2),\cdots,(i_n,t_n) \tag{5.4}$$

式中，t_0 为初始时刻，默认情况下 $t_0=0$；t_n 为终端时刻，$t_n=T$；$t_1,t_2,\cdots,t_{n-1}$表示切换时刻；(i_n,t_n)表示在时间间隔 $t_{n-1}\leqslant t\leqslant t_n$ 内切换系统执行子系统 i_n。t_n-t_{n-1}表示子系统 i_n 的驻留时间。不失一般性，这里假设任意切换序列 $\alpha(t)$为

$$\alpha(t)=i=\begin{cases}1, & t\in[0,t_1]\\ 2, & t\in(t_1,t_2]\\ \vdots & \\ m, & t\in(t_{m-1},T]\end{cases} \tag{5.5}$$

上述切换序列意味着每个子系统在整个时间区间$[0,T]$内仅执行一次。本节首先针对这种特殊的切换序列给出 ILC 算法的收敛性。

定理 5.1　对于满足假设 5.1～假设 5.3 且具有切换序列(5.5)的非线性切换系统(5.2)，当采用 D 型 ILC 算法(5.3)时，若下式成立：

$$\|I-\Gamma_i g_{ix}(x(t))B_i(x(t))\|\leqslant\rho<1,\quad 0\leqslant t\leqslant T$$

则当 $k\to\infty$时，系统的输出 $y_k(t)$在$[0,T]$上一致收敛于期望轨迹 $y_{\mathrm{d}}(t)$，即对于所有 t 满足$\lim\limits_{k\to\infty}y_k(t)\to y_{\mathrm{d}}(t)$。

证明　由假设 5.2 和系统方程(5.1)可得

$$\begin{aligned}\delta\dot{x}_k(t)&=\dot{x}_{\mathrm{d}}(t)-\dot{x}_k(t)\\&=f_i(x_{\mathrm{d}}(t))-f_i(x_k(t))+B_i(x_{\mathrm{d}}(t))u_{\mathrm{d}}(t)-B_i(x_k(t))u_k(t)\end{aligned}$$

$$=f_i(x_{\mathrm{d}}(t))-f_i(x_k(t))+(B_i(x_{\mathrm{d}}(t))-B_i(x_k(t)))u_{\mathrm{d}}(t)$$
$$+B_i(x_k(t))\delta u_k(t) \tag{5.6}$$

式中，$\delta x_k(t)=x_{\mathrm{d}}(t)-x_k(t)$为状态误差。

根据式(5.3)和式(5.6)，第 $k+1$ 次的控制输入误差可以写为

$$\begin{aligned}\delta u_{k+1}(t)&=u_{\mathrm{d}}(t)-u_{k+1}(t)\\&=u_{\mathrm{d}}(t)-u_k(t)-\Gamma_i(\dot{y}_{\mathrm{d}}(t)-\dot{y}_k(t))\\&=\delta u_k(t)-\Gamma_i g_{ix,\mathrm{d}}(f_{i,\mathrm{d}}+B_{i,\mathrm{d}}u_{\mathrm{d}})+\Gamma_i g_{ix,k}(f_{i,k}+B_{i,k}u_k)\\&=(I-\Gamma_i g_{ix,k}B_{i,k})\delta u_k(t)-\Gamma_i g_{ix,\mathrm{d}}(f_{i,\mathrm{d}}+B_{i,\mathrm{d}}u_{\mathrm{d}})+\Gamma_i g_{ix,k}(f_{i,k}+B_{i,k}u_{\mathrm{d}})\end{aligned} \tag{5.7}$$

对式(5.7)两端取范数可得

$$\begin{aligned}\|\delta u_{k+1}(t)\|\leqslant&\|I-\Gamma_i g_{ix,k}B_{i,k}\|\|\delta u_k(t)\|+\|\Gamma_i\|\|g_{ix,\mathrm{d}}-g_{ix,k}\|\|f_{i,\mathrm{d}}+B_{i,\mathrm{d}}u_{\mathrm{d}}\|\\&+\|\Gamma_i\|\|g_{ix,k}\|[\|f_{i,\mathrm{d}}-f_{i,k}\|+\|B_{i,\mathrm{d}}-B_{i,k}\|u_{\mathrm{d}}]\\\leqslant&\rho\|\delta u_k(t)\|+b_\Gamma k_{gx}\|\delta x_k(t)\|b_{\mathrm{d}}+b_\Gamma b_{gx}[k_f\|\delta x_k(t)\|\\&+k_b\|\delta x_k(t)\|b_{ud}]\end{aligned} \tag{5.8}$$

式中，b_Γ、b_{gx}分别为Γ_i、$g_{ix}(x(t))$的范数上界，并且

$$b_{\mathrm{d}}\overset{\mathrm{def}}{=}\sup_{t\in[0,T]}\|f_{i,\mathrm{d}}+B_{i,\mathrm{d}}u_{\mathrm{d}}\|,\quad b_{ud}\overset{\mathrm{def}}{=}\sup_{t\in[0,T]}\|u_{\mathrm{d}}\|$$

若 $k_1\overset{\mathrm{def}}{=}b_\Gamma[k_{gx}b_{\mathrm{d}}+b_{gx}(k_f+k_b b_{ud})]$，则式(5.8)可重写为

$$\|\delta u_{k+1}(t)\|\leqslant\rho\|\delta u_k(t)\|+k_1\|\delta x_k(t)\| \tag{5.9}$$

当 $t\in[0,t_1]$时，切换系统执行第一个子系统。考虑到 $x_k(0)=x_{\mathrm{d}}(0)$，根据假设 5.2 和系统方程(5.1)可得

$$\begin{aligned}\|\delta x_k(t)\|&=\left\|x_{\mathrm{d}}(0)-x_k(0)+\int_0^t((f_{1,\mathrm{d}}+B_{1,\mathrm{d}}u_{\mathrm{d}})-(f_{1,k}+B_{1,k}u_k))\mathrm{d}\tau\right\|\\&\leqslant\int_0^t(\|f_{1,\mathrm{d}}-f_{1,k}\|+\|B_{1,\mathrm{d}}-B_{1,k}\|\|u_{\mathrm{d}}\|+\|B_{1,k}\|\|\delta u_k(t)\|)\mathrm{d}\tau\\&\leqslant\int_0^t((k_f+k_b b_{ud})\|\delta x_k(t)\|+b_B\|\delta u_k(t)\|)\mathrm{d}\tau\end{aligned} \tag{5.10}$$

式中，b_B 为 $B_i(x_k(t))$的范数上界。定义 $k_3=k_f+k_b b_{ud}$，对式(5.10)利用 Bellman-Gronwall 引理可得

$$\|\delta x_k(t)\|\leqslant\int_0^t \mathrm{e}^{k_3(t-\tau)}b_B\|\delta u_k(\tau)\|\mathrm{d}\tau,\quad t\in[0,t_1] \tag{5.11}$$

由式(5.9)和式(5.11)可得

$$\|\delta u_{k+1}(t)\|\leqslant\rho\|\delta u_k(t)\|+k_1 b_B\int_0^t \mathrm{e}^{k_3(t-\tau)}\|\delta u_k(\tau)\|\mathrm{d}\tau \tag{5.12}$$

式(5.12)两端乘以 $\mathrm{e}^{-\lambda t}$，$\kappa\overset{\mathrm{def}}{=}\max\{k_1 b_B,k_3\}$，假设 $\lambda>\kappa$ 可得

$$\mathrm{e}^{-\lambda t}\|\delta u_{k+1}(t)\|\leqslant\rho\mathrm{e}^{-\lambda t}\|\delta u_k(t)\|+\kappa\int_0^t \mathrm{e}^{-\lambda\tau}\|\delta u_k(\tau)\|\mathrm{e}^{(\kappa-\lambda)(t-\tau)}\mathrm{d}\tau \tag{5.13}$$

由于 $\|\kappa\|_\lambda=\kappa$，因此由式(5.13)可得

$$\|\delta u_{k+1}(t)\|_\lambda\leqslant\left[\rho+\frac{\kappa}{\lambda-\kappa}(1-\mathrm{e}^{(\kappa-\lambda)t_1})\right]\|\delta u_k(t)\|_\lambda$$

$$=\bar{\rho}_1\|\delta u_k(t)\|_\lambda \tag{5.14}$$

式中，$\bar{\rho}_1=\rho+\frac{\kappa}{\lambda-\kappa}(1-\mathrm{e}^{(\kappa-\lambda)t_1})$。由于 $\rho<1$，这里总能够找到 $\lambda>\kappa$ 使得 $\bar{\rho}_1<1$，因此可得 $\lim\limits_{k\to\infty}\|\delta u_k(t)\|_\lambda=0$。

相似地，由式(5.11)可得

$$\|\delta x_k(t)\|_\lambda\leqslant b_B\int_0^t\mathrm{e}^{(k_3-\lambda)(t-\tau)}\|\delta u_k(\tau)\|_\lambda\mathrm{d}\tau$$

$$\leqslant\frac{b_B}{\lambda-k_3}(1-\mathrm{e}^{(k_3-\lambda)t_1})\|\delta u_k(t)\|_\lambda$$

进而可得 $\lim\limits_{k\to\infty}\|\delta x_k(t)\|_\lambda=0$。由于 $g_1(x_k(t))$ 对于 $x_k(t)$ 满足 Lipschitz 条件，因此可得 $\lim\limits_{k\to\infty}[y_\mathrm{d}(t)-y_k(t)]=0$。

当 $t\in[t_1,t_2]$ 时，切换系统执行第二个子系统。此时系统的状态误差可表示为

$$\delta x_k(t)=\delta x_k(t_1)+\int_{t_1}^t[(f_{2,\mathrm{d}}+B_{2,\mathrm{d}}u_\mathrm{d})-(f_{2,k}+B_{2,k}u_k)]\mathrm{d}\tau \tag{5.15}$$

对式(5.15)两端取范数可得

$$\|\delta x_k(t)\|\leqslant\|\delta x_k(t_1)\|+\int_{t_1}^t[(k_f+k_b b_{u\mathrm{d}})\|\delta x_k(t)\|+b_B\|\delta u_k(t)\|]\mathrm{d}\tau \tag{5.16}$$

由 Bellman-Gronwall 引理可得

$$\|\delta x_k(t)\|\leqslant\|\delta x_k(t_1)\|+\int_{t_1}^t\mathrm{e}^{k_3(t-\tau)}b_B\|\delta u_k(\tau)\|\mathrm{d}\tau \tag{5.17}$$

结合式(5.9)和式(5.17)可得

$$\|\delta u_{k+1}(t)\|\leqslant\rho\|\delta u_k(t)\|+k_1b_B\int_{t_1}^t\mathrm{e}^{k_3(t-\tau)}\|\delta u_k(\tau)\|\mathrm{d}\tau+k_1\|\delta x_k(t_1)\| \tag{5.18}$$

式(5.18)两端同时乘以 $\mathrm{e}^{-\lambda t}$，可得

$$\|\delta u_{k+1}(t)\|_\lambda\leqslant\left(\rho+\frac{\kappa}{\lambda-\kappa}(1-\mathrm{e}^{(\kappa-\lambda)t_2})\right)\|\delta u_k(t)\|_\lambda+k_1\|\delta x_k(t_1)\|_\lambda$$

$$=\bar{\rho}_2\|\delta u_k(t)\|_\lambda+k_1\|\delta x_k(t_1)\|_\lambda \tag{5.19}$$

式中，$\bar{\rho}_2=\rho+\frac{\kappa}{\lambda-\kappa}(1-\mathrm{e}^{(\kappa-\lambda)t_2})$。由于 $\rho<1$，因此这里总能找到一个 $\lambda>\kappa$ 使得 $\bar{\rho}_2<1$。

$\delta\tilde{x}_k(t_1)\overset{\mathrm{def}}{=}\sup\{\|\delta x_k(t_1)\|_\lambda,\|\delta x_{k+1}(t_1)\|_\lambda,\cdots\}$，进而有 $\delta\tilde{x}_k(t_1)\geqslant\delta\tilde{x}_{k+1}(t_1)\geqslant0$ 和 $\delta\tilde{x}_k(t_1)\geqslant\|\delta x_k(t_1)\|_\lambda$。当 k 为偶数时，由式(5.19)可得

$$
\begin{aligned}
\|\delta u_{k+1}(t)\|_\lambda &\leqslant \bar{\rho}_2\|\delta u_k(t)\|_\lambda + k_1\|\delta x_k(t_1)\|_\lambda \\
&\leqslant \bar{\rho}_2^k\|\delta u_1(t)\|_\lambda + k_1\bar{\rho}_2^{k-1}\|\delta x_1(t_1)\|_\lambda + k_1\bar{\rho}_2^{k-2}\|\delta x_2(t_1)\|_\lambda \\
&\quad + \cdots + k_1\|\delta x_k(t_1)\|_\lambda \\
&\leqslant \bar{\rho}_2^k\|\delta u_1(t)\|_\lambda + k_1\bar{\rho}_2^{k-1}\delta\tilde{x}_1(t_1) + k_1\bar{\rho}_2^{k-2}\delta\tilde{x}_2(t_1) + \cdots + k_1\delta\tilde{x}_k(t_1) \\
&= \bar{\rho}_2^k\|\delta u_1(t)\|_\lambda + k_1\bar{\rho}_2^{k-1}\delta\tilde{x}_1(t_1) + \cdots + k_1\bar{\rho}_2^{\frac{k}{2}}\delta\tilde{x}_{\frac{k}{2}}(t_1) \\
&\quad + k_1\bar{\rho}_2^{\frac{k}{2}-1}\delta\tilde{x}_{\frac{k}{2}+1}(t_1) + \cdots + k_1\delta\tilde{x}_k(t_1) \\
&\leqslant \bar{\rho}_2^{\frac{k}{2}}\left(\|\delta u_1(t)\|_\lambda + \frac{k}{2}k_1\delta\tilde{x}_1(t_1)\right) + k_1\delta\tilde{x}_{\frac{k}{2}+1}(t_1)\left(\bar{\rho}_2^{\frac{k}{2}-1} + \bar{\rho}_2^{\frac{k}{2}-2} + \cdots + 1\right) \\
&= \bar{\rho}_2^{\frac{k}{2}}\left(\|\delta u_1(t)\|_\lambda + \frac{k}{2}k_1\delta\tilde{x}_1(t_1)\right) + k_1\delta\tilde{x}_{\frac{k}{2}+1}(t_1)\frac{1-\bar{\rho}_2^{\frac{k}{2}-1}}{1-\bar{\rho}_2}
\end{aligned} \tag{5.20}
$$

对式(5.20)两端取 $k\to\infty$ 可得

$$
\lim_{k\to\infty}\|\delta u_{k+1}(t)\|_\lambda \leqslant \lim_{k\to\infty}\bar{\rho}_2^{\frac{k}{2}}\left(\|\delta u_1(t)\|_\lambda + \frac{k}{2}k_1\delta\tilde{x}_1(t_1)\right) + k_1\lim_{k\to\infty}\left(\frac{1-\bar{\rho}_2^{\frac{k}{2}-1}}{1-\bar{\rho}_2}\delta\tilde{x}_{\frac{k}{2}+1}(t_1)\right) \tag{5.21}
$$

由 $\lim\limits_{k\to\infty}\|\delta x_k(t_1)\|_\lambda=0$ 可知 $\lim\limits_{k\to\infty}\delta\tilde{x}_k(t_1)=0$，根据引理 4.1 和式(5.21)可得 $\lim\limits_{k\to\infty}\|\delta u_k(t)\|_\lambda=0$。类似地，当 k 为奇数时，同样可得 $\lim\limits_{k\to\infty}\|\delta u_k(t)\|_\lambda=0$。

将式(5.17)两端同时乘以 $\mathrm{e}^{-\lambda t}$ 可得

$$
\|\delta x_k(t)\|_\lambda \leqslant \|\delta x_k(t_1)\|_\lambda + \frac{b_B}{\lambda-k_3}(1-\mathrm{e}^{(k_3-\lambda)t_2})\|\delta u_k(t)\|_\lambda \tag{5.22}
$$

由于 $\lim\limits_{k\to\infty}\|\delta x_k(t_1)\|_\lambda=0$，考虑到 $\lim\limits_{k\to\infty}\|\delta u_k(t)\|_\lambda=0$，因此有 $\lim\limits_{k\to\infty}\|\delta x_k(t)\|_\lambda=0$。由于 $g_2(x_k(t))$ 对于 $x_k(t)$ 满足 Lipschitz 条件，因此对于所有 $t\in[t_1,t_2]$，也可得 $\lim\limits_{k\to\infty}[y_\mathrm{d}(t)-y_k(t)]=0$。

依此类推，对 $t\in(t_2,t_3]$，$t\in(t_3,t_4]$，…，$t\in(t_{m-1},T]$ 的时间区间也能够得到 $\lim\limits_{k\to\infty}\|e_k(t)\|_\lambda=0$。因此，对于整个时间区间 $t\in[0,T]$ 满足 $\lim\limits_{k\to\infty}[y_\mathrm{d}(t)-y_k(t)]=0$。

注 5.2　从定理 5.1 的证明过程可以看出，当每个子系统在时间区间 $[0,T]$ 任意激活多次时，即 $\alpha(t)$ 为时间域内的任意切换序列时，定理 5.1 的结论同样成立。

5.4　非线性时滞切换系统

本节将定理 5.1 中的结果扩展到具有时滞的非线性切换系统中。考虑如下系统：

$$
\begin{cases}
\dot{x}_k(t) = f_i(x_k(t), x_k(t-h)) + B_i(x_k(t), x_k(t-d))u_k(t) \\
y_k(t) = g_i(x_k(t)) \\
i\in\{1,2,\cdots,m\}
\end{cases} \tag{5.23}
$$

式中，$h>0$ 和 $d>0$ 为时间延迟常数。当 $t\in[-\mu,0]$ 时有 $x_k(t)=\varphi_k(t)$，$\varphi_k(t)$ 为系统的初始函数且 $\mu=\max\{h,d\}$。对系统(5.23)做如下假设。

假设 5.4　每个子系统的驻留时间大于最大时滞时间，即对所有 $i\in\{1,2,\cdots,m\}$ 满足 $t_i-t_{i-1}>\mu$。

假设 5.5　给定期望轨迹 $y_{\rm d}(t)$，存在 $u_{\rm d}(t)$ 和 $x_{\rm d}(t)$ 满足：

$$\begin{cases}\dot{x}_{\rm d}(t)=f_i(x_{\rm d}(t),x_{\rm d}(t-h))+B_i(x_{\rm d}(t),x_{\rm d}(t-d))u_{\rm d}(t)\\ y_{\rm d}(t)=g_i(x_{\rm d}(t))\end{cases}$$

假设 5.6　在时间区间 $[0,T]$ 内，非线性函数

$$f_i(\cdot,\cdot),B_i(\cdot,\cdot),g_{ix}(\cdot),\quad i\in\{1,2,\cdots,m\}$$

关于 $x(t)$ 满足全局 Lipschitz 条件，即对任意 $t\in[0,T]$，存在常数 l_f、l_b、l_{gx} 满足：

$$\begin{aligned}&\|f_i(x_1(t),x_1(t-h))-f(x_2(t),x_2(t-h))\|\\&\quad\leqslant l_f(\|x_1(t)-x_2(t)\|+\|x_1(t-h)-x_2(t-h)\|)\\&\|B_i(x_1(t),x_1(t-d))-B_i(x_2(t),x_2(t-d))\|\\&\quad\leqslant l_b(\|x_1(t)-x_2(t)\|+\|x_1(t-d)-x_2(t-d)\|)\\&\|g_{ix}(x_1(t))-g_{ix}(x_2(t))\|\leqslant l_{gx}\|x_1(t)-x_2(t)\|\end{aligned}$$

假设 5.7　函数 $B_i(\cdot,\cdot)$ 和函数 $g_{ix}(\cdot)$ 一致有界且满足 $\|B_i(\cdot,\cdot)\|\leqslant c_B$，$\|g_{ix}(\cdot)\|\leqslant c_{gx}$。

本节的主要结论通过如下定理给出。

定理 5.2　对于具有切换序列(5.5)的非线性切换系统(5.23)，在满足假设 5.4～假设 5.7 的条件下，当采用 D 型 ILC 算法(5.3)时，如果满足：

$$\|I-\Gamma_i g_{ix}(x(t))B_i(x(t),x(t-d))\|\leqslant\rho<1,\quad 0\leqslant t\leqslant T$$

$$\varphi_k(t)=\varphi_{\rm d}(t),\quad t\in[-\mu,0]$$

式中，$\varphi_{\rm d}(t)$ 为期望初始函数，那么系统输出可以收敛到期望输出，即当 $k\to\infty$ 时，对所有时刻 t 满足 $y_k(t)\to y_{\rm d}(t)$。

证明　根据系统式(5.23)和算法(5.3)，$k+1$ 次迭代过程的控制输入误差可以写为

$$\begin{aligned}\delta u_{k+1}(t)&=u_{\rm d}(t)-u_{k+1}(t)\\&=u_{\rm d}(t)-u_k(t)-\Gamma_i(\dot{y}_{\rm d}(t)-\dot{y}_k(t))\\&=\delta u_k(t)-\Gamma_i g_{ix,{\rm d}}(f_{i,{\rm d}}+B_{i,{\rm d}}u_{\rm d})+\Gamma_i g_{ix,k}(f_{i,k}+B_{i,k}u_k)\\&=(I-\Gamma_i g_{ix,k}B_{i,k})\delta u_k(t)-\Gamma_i g_{ix,{\rm d}}(f_{i,{\rm d}}+B_{i,{\rm d}}u_{\rm d})+\Gamma_i g_{ix,k}(f_{i,k}+B_{i,k}u_{\rm d})\end{aligned}\tag{5.24}$$

对式(5.24)两端取范数可得

$$\begin{aligned}\|\delta u_{k+1}(t)\|\leqslant&\|I-\Gamma_i g_{ix,k}B_{i,k}\|\|\delta u_k(t)\|+\|\Gamma_i\|\|g_{ix,{\rm d}}-g_{ix,k}\|\|f_{i,{\rm d}}+B_{i,{\rm d}}u_{\rm d}\|\\&+\|\Gamma_i\|\|g_{ix,k}\|(\|f_{i,{\rm d}}-f_{i,k}\|+\|B_{i,{\rm d}}-B_{i,k}\|u_{\rm d})\end{aligned}$$

$$\leqslant\rho\|\delta u_k(t)\|+b_\Gamma l_{gx}\|\delta x_k(t)\|b_{\mathrm{d}}+c_{gx}l_f[\|\delta x_k(t)\|+\|\delta x_k(t-h)\|]$$
$$+b_\Gamma c_{gx}l_b[\|\delta x_k(t)\|+\|\delta x_k(t-d)\|]b_{u\mathrm{d}} \tag{5.25}$$

式中，$b_\Gamma\overset{\mathrm{def}}{=}\sup\|\Gamma_i\|$；$b_{\mathrm{d}}\overset{\mathrm{def}}{=}\sup\limits_{t\in[0,T]}\|f_{i,\mathrm{d}}+B_{i,\mathrm{d}}u_{\mathrm{d}}\|$；$b_{u\mathrm{d}}\overset{\mathrm{def}}{=}\sup\limits_{t\in[0,T]}\|u_{\mathrm{d}}\|$。

$l_1\overset{\mathrm{def}}{=}b_\Gamma[l_{gx}b_{\mathrm{d}}+c_{gx}(l_f+l_bb_{u\mathrm{d}})]$，$l_2\overset{\mathrm{def}}{=}c_{gx}l_f$，$l_3\overset{\mathrm{def}}{=}c_{gx}l_bb_{u\mathrm{d}}$，则式(5.25)可以描述为

$$\|\delta u_{k+1}(t)\|\leqslant\rho\|\delta u_k(t)\|+l_1\|\delta x_k(t)\|$$
$$+l_2\|\delta x_k(t-h)\|+l_3\|\delta x_k(t-d)\| \tag{5.26}$$

当 $t\in[0,t_1]$时，系统执行第一个子系统。考虑到 $x_k(0)=x_{\mathrm{d}}(0)$，可得

$$\begin{aligned}\|\delta x_k(t)\|&=\|x_{\mathrm{d}}(0)-x_k(0)\\&\quad+\int_0^t[(f_{1,\mathrm{d}}+B_{1,\mathrm{d}}u_{\mathrm{d}})-(f_{1,k}+B_{1,k}u_k)]\mathrm{d}\tau\|\\&\leqslant\int_0^t(\|f_{1,\mathrm{d}}-f_{1,k}\|+\|B_{1,\mathrm{d}}-B_{1,k}\|\|u_{\mathrm{d}}\|+\|B_{1,k}\|\|\delta u_k(t)\|)\mathrm{d}\tau\\&\leqslant\int_0^t[(l_f+l_bb_{u\mathrm{d}})\|\delta x_k(t)\|+l_f\|\delta x_k(t-h)\|]\mathrm{d}\tau\\&\quad+\int_0^t(l_bb_{u\mathrm{d}}\|\delta x_k(t-d)\|+c_B\|\delta u_k(t)\|)\mathrm{d}\tau\end{aligned} \tag{5.27}$$

假设 5.4 意味着 $t_1>\mu$，故对于 $t\in[0,\theta]$和 $\theta\in\{h,d\}$，可得

$$\int_0^t\|\delta x_k(\tau-\theta)\|\mathrm{d}\tau=\int_{-\theta}^{t-\theta}\|\varphi_{\mathrm{d}}(\tau)-\varphi_k(\tau)\|\mathrm{d}\tau=0 \tag{5.28}$$

对于 $t\in[\theta,t_1]$有

$$\begin{aligned}\int_0^t\|\delta x_k(\tau-\theta)\|\mathrm{d}\tau&=\int_{-\theta}^0\|\varphi_{\mathrm{d}}(\tau)-\varphi_k(\tau)\|\mathrm{d}\tau+\int_0^{t-\theta}\|\delta x_k(\tau)\|\mathrm{d}\tau\\&\leqslant\int_0^t\|\delta x_k(\tau)\|\mathrm{d}\tau\end{aligned} \tag{5.29}$$

结合式(5.28)和式(5.29)，对于所有 $t\in[0,t_1]$满足：

$$\int_0^t\|\delta x_k(\tau-\theta)\|\mathrm{d}\tau\leqslant\int_0^t\|\delta x_k(\tau)\|\mathrm{d}\tau \tag{5.30}$$

将式(5.30)代入式(5.27)可得

$$\begin{aligned}\|\delta x_k(t)\|&\leqslant\int_0^t[2(l_f+l_bb_{u\mathrm{d}})\|\delta x_k(t)\|+c_B\|\delta u_k(t)\|]\mathrm{d}\tau\\&=\int_0^t(l_4\|\delta x_k(t)\|+c_B\|\delta u_k(t)\|)\mathrm{d}\tau\end{aligned} \tag{5.31}$$

式中，$l_4=2(l_f+l_bb_{u\mathrm{d}})$。由 Bellman-Gronwall 引理可得

$$\|\delta x_k(t)\|\leqslant c_B\int_0^t\mathrm{e}^{l_4(t-\tau)}\|\delta u_k(t)\|\mathrm{d}\tau \tag{5.32}$$

将式(5.32)代入式(5.26)可得

$$\|\delta u_{k+1}(t)\|\leqslant\rho\|\delta u_k(t)\|+\bar{l}c_B\int_0^t\mathrm{e}^{l_4(t-\tau)}\|\delta u_k(t)\|\mathrm{d}\tau \tag{5.33}$$

式中，$\bar{l}=l_1+l_2+l_3$。对式(5.33)取 λ 范数可得

$$\| \delta u_{k+1}(t) \|_\lambda \leqslant \bar{\rho}_1 \ \| \delta u_k(t) \|_\lambda \tag{5.34}$$

式中，$\bar{\rho}_1=\rho+\bar{l}c_B \dfrac{1-\mathrm{e}^{(l_4-\lambda)t_1}}{\lambda-l_4}$。由于 $\rho<1$，这里能够找到一个 $\lambda>l_4$ 使得 $\bar{\rho}_1<1$，从而使得$\lim\limits_{k\to\infty}\| \delta u_k(t) \|_\lambda=0$。对 $\delta x_k(t)$和 $e_k(t)$，使用相似的方法可得

$$\| \delta x_k(t) \|_\lambda \leqslant \frac{c_B}{\lambda-l_4}(1-\mathrm{e}^{(l_4-\lambda)t_1}) \| \delta u_k(t) \|_\lambda$$

和

$$\begin{aligned}\| e_k(t) \|_\lambda &\leqslant l_{gx} \| \delta x_k(t) \|_\lambda \\ &\leqslant l_{gx} \frac{c_B}{\lambda-l_4}(1-\mathrm{e}^{(l_4-\lambda)t_1}) \| \delta u_k(t) \|_\lambda\end{aligned}$$

因此，对所有 $t\in[0,t_1]$可得$\lim\limits_{k\to\infty}y_{\mathrm{d}}(t)\to y_k(t)$。

当 $t\in(t_1,t_2]$时，系统执行第二个子系统，此时有

$$\delta x_k(t) = \delta x_k(t_1) + \int_{t_1}^{t} [(f_{2,\mathrm{d}} + B_{2,\mathrm{d}}u_{\mathrm{d}}) - (f_{2,k} + B_{2,k}u_k)]\mathrm{d}\tau \tag{5.35}$$

对式(5.35)两端取范数可得

$$\begin{aligned}\| \delta x_k(t) \| \leqslant & \| \delta x_k(t_1) \| + \int_{t_1}^{t} [(l_f + l_b b_{\mathrm{ud}}) \| \delta x_k(t) \| + l_f \| \delta x_k(t-h) \|]\mathrm{d}\tau \\ & + \int_{t_1}^{t} (l_b b_{\mathrm{ud}} \| \delta x_k(t-d) \| + c_B \| \delta u_k(t) \|)\mathrm{d}\tau\end{aligned} \tag{5.36}$$

假设 5.4 意味着 $t_2-t_1>\mu$，故对于 $t\in[t_1,t_1+\theta]$和 $\theta\in\{h,d\}$，可得

$$\int_{t_1}^{t} \| \delta x_k(\tau-\theta) \| \mathrm{d}\tau = \int_{t_1-\theta}^{t-\theta} \| \varphi_{\mathrm{d}}(\tau) - \varphi_k(\tau) \| \mathrm{d}\tau = 0 \tag{5.37}$$

由于在时间区间 $t\in[t_1+\theta,t_2]$内满足：

$$\begin{aligned}\int_{t_1}^{t} \| \delta x_k(\tau-\theta) \| \mathrm{d}\tau &= \int_{t_1-\theta}^{t_1} \| \varphi_{\mathrm{d}}(\tau) - \varphi_k(\tau) \| \mathrm{d}\tau + \int_{t_1}^{t-\theta} \| \delta x_k(\tau) \| \mathrm{d}\tau \\ &\leqslant \int_{t_1}^{t} \| \delta x_k(\tau) \| \mathrm{d}\tau\end{aligned} \tag{5.38}$$

因此对于所有 $t\in[t_1,t_2]$有

$$\int_{t_1}^{t} \| \delta x_k(\tau-\theta) \| \mathrm{d}\tau \leqslant \int_{t_1}^{t} \| \delta x_k(\tau) \| \mathrm{d}\tau \tag{5.39}$$

将式(5.39)代入式(5.36)可得

$$\| \delta x_k(t) \| \leqslant \| \delta x_k(t_1) \| + \int_{t_1}^{t} (l_4 \| \delta x_k(t) \| + c_B \| \delta u_k(t) \|)\mathrm{d}\tau \tag{5.40}$$

根据 Bellman-Gronwall 引理和式(5.40)可知

$$\| \delta x_k(t) \| \leqslant \| \delta x_k(t_1) \| + c_B\int_{t_1}^{t} \mathrm{e}^{l_4(t-\tau)} \| \delta u_k(t) \| \mathrm{d}\tau \tag{5.41}$$

将式(5.41)代入式(5.26)可得

$$\| \delta u_{k+1}(t) \| \leqslant \bar{l} \| \delta x_k(t_1) \| + \rho \| \delta u_k(t) \| + \bar{l}c_B\int_{t_1}^{t} \mathrm{e}^{l_4(t-\tau)} \| \delta u_k(t) \| \mathrm{d}\tau \tag{5.42}$$

对式(5.42)取 λ 范数可得

$$\|\delta u_{k+1}(t)\|_\lambda \leqslant \bar{l}\ \|\delta x_k(t_1)\|_\lambda + \bar{\rho}_2\ \|\delta u_k(t)\|_\lambda \tag{5.43}$$

式中，$\bar{\rho}_2=\rho+\bar{l}c_B\,\dfrac{1-\mathrm{e}^{(l_4-\lambda)t_2}}{\lambda-l_4}$。由于 $\rho<1$，因此这里总能够找到一个 $\lambda(\lambda>l_4)$ 使得 $\bar{\rho}_2<1$。

$\delta\tilde{x}_k(t_1)\overset{\text{def}}{=}\sup\{\|\delta x_k(t_1)\|_\lambda,\|\delta x_{k+1}(t_1)\|_\lambda,\|\delta x_{k+2}(t_1)\|_\lambda,\cdots\}$，进而可知 $\delta\tilde{x}_k(t_1)\geqslant\delta\tilde{x}_{k+1}(t_1)\geqslant 0$，$\delta\tilde{x}_k(t_1)\geqslant\|\delta x_k(t_1)\|_\lambda$。当 k 为偶数时，由式(5.43)可得

$$\begin{aligned}
\|\delta u_{k+1}(t)\|_\lambda &\leqslant \bar{\rho}_2\ \|\delta u_k(t)\|_\lambda+\bar{l}\ \|\delta x_k(t_1)\|_\lambda\\
&\leqslant \bar{\rho}_2^k\ \|\delta u_1(t)\|_\lambda+\bar{l}\bar{\rho}_2^{k-1}\ \|\delta x_1(t_1)\|_\lambda+\bar{l}\bar{\rho}_2^{k-2}\ \|\delta x_2(t_1)\|_\lambda\\
&\quad+\cdots+\bar{l}\ \|\delta x_k(t_1)\|_\lambda\\
&\leqslant \bar{\rho}_2^k\ \|\delta u_1(t)\|_\lambda+\bar{l}\bar{\rho}_2^{k-1}\delta\tilde{x}_1(t_1)+\bar{l}\bar{\rho}_2^{k-2}\delta\tilde{x}_2(t_1)+\cdots+\bar{l}\delta\tilde{x}_k(t_1)\\
&=\bar{\rho}_2^k\ \|\delta u_1(t)\|_\lambda+\bar{l}\bar{\rho}_2^{k-1}\delta\tilde{x}_1(t_1)+\cdots+\bar{l}\bar{\rho}_2^{\frac{k}{2}}\delta\tilde{x}_{\frac{k}{2}}(t_1)\\
&\quad+\bar{l}\bar{\rho}_2^{\frac{k}{2}-1}\delta\tilde{x}_{\frac{k}{2}+1}(t_1)+\cdots+\bar{l}\delta\tilde{x}_k(t_1)\\
&\leqslant \bar{\rho}_2^{\frac{k}{2}}\left(\|\delta u_1(t)\|_\lambda+\frac{k\bar{l}}{2}\delta\tilde{x}_1(t_1)\right)+\bar{l}\delta\tilde{x}_{\frac{k}{2}+1}(t_1)\left(\bar{\rho}_2^{\frac{k}{2}-1}+\bar{\rho}_2^{\frac{k}{2}-2}+\cdots+1\right)\\
&=\bar{\rho}_2^{\frac{k}{2}}\left(\|\delta u_1(t)\|_\lambda+\frac{k\bar{l}}{2}\delta\tilde{x}_1(t_1)\right)+\bar{l}\delta\tilde{x}_{\frac{k}{2}+1}(t_1)\frac{1-\bar{\rho}_2^{\frac{k}{2}-1}}{1-\bar{\rho}_2}
\end{aligned}\tag{5.44}$$

由式(5.44)可得

$$\lim_{k\to\infty}\|\delta u_{k+1}(t)\|_\lambda\leqslant\lim_{k\to\infty}\bar{\rho}_2^{\frac{k}{2}}\left(\|\delta u_1(t)\|_\lambda+\frac{k}{2}\bar{l}\delta\tilde{x}_1(t_1)\right)+\bar{l}\lim_{k\to\infty}\left(\frac{1-\bar{\rho}_2^{\frac{k}{2}-1}}{1-\bar{\rho}_2}\delta\tilde{x}_{\frac{k}{2}+1}(t_1)\right)\tag{5.45}$$

由 $t\in[0,t_1]$ 的推导结果可知 $\lim\limits_{k\to\infty}\|\delta x_k(t_1)\|_\lambda=0$，也就意味着 $\lim\limits_{k\to\infty}\delta\tilde{x}_k(t_1)=0$。因此，由式(5.45)可得 $\lim\limits_{k\to\infty}\|\delta u_k(t)\|_\lambda=0$。依此类推，当 k 为奇数时同样可推导出 $\lim\limits_{k\to\infty}\|\delta u_k(t)\|_\lambda=0$。

将式(5.41)两端同时乘以 $\mathrm{e}^{-\lambda t}$ 可得

$$\|\delta x_k(t)\|_\lambda\leqslant\|\delta x_k(t_1)\|_\lambda+\frac{c_B}{\lambda-l_4}\left(1-\mathrm{e}^{(l_4-\lambda)t_2}\right)\|\delta u_k(t)\|_\lambda\tag{5.46}$$

由 $\lim\limits_{k\to\infty}\|\delta x_k(t_1)\|_\lambda=0$，考虑到 $\lim\limits_{k\to\infty}\|\delta u_k(t)\|_\lambda=0$，可得 $\lim\limits_{k\to\infty}\|\delta x_k(t)\|_\lambda=0$。由于函数 $g_2(x_k(t))$ 是关于 $x_k(t)$ 的 Lipschitz 函数，因此对于 $t\in(t_1,t_2]$ 有 $\lim\limits_{k\to\infty}\|e_k(t)\|_\lambda=0$。

依此类推，对于 $t\in(t_2,t_3]$，$(t_3,t_4]$，$(t_4,t_5]$，$\cdots$，$(t_{m-1},T]$ 也能够推导出 $\lim\limits_{k\to\infty}\|e_k(t)\|_\lambda=0$。因此，对整个时间区间 $t\in[0,T]$ 满足 $\lim\limits_{k\to\infty}[y_{\mathrm{d}}(t)-y_k(t)]=0$。

注 5.3　与注 5.2 类似，从定理 5.2 的证明过程可以看出，收敛性结果也可以扩展到每个子系统执行多次的任意切换序列非线性切换系统中。

注 5.4　本章设计了非线性切换系统(5.3)所描述的 D 型 ILC 算法，它是一阶

ILC 算法，即算法的更新仅用到过去一次迭代过程的信息。同样，本章也可以设计非线性切换系统的如下高阶 ILC 算法：

$$u_{k+1}(t)=\sum_{j=1}^{\eta}(u_{k-j+1}(t)+\Gamma_i(\dot{e}_{k-j+1}(t)))$$

式中，η 为高阶 ILC 算法的阶数。利用定理 5.1 和定理 5.2 的证明过程，也可以得到高阶 ILC 算法的收敛性条件，具体过程这里略去。

5.5 仿真示例

本节通过两个数值仿真示例验证本章的理论结果。

1. 仿真示例 1

考虑以下具有两个子系统的非线性切换系统：

$$S_1:\begin{cases}\begin{bmatrix}\dot{x}_{1,k}(t)\\ \dot{x}_{2,k}(t)\end{bmatrix}=\begin{bmatrix}0.8\sin(x_{1,k}(t))\\ 0.3\mathrm{e}^{-t}\cos(x_{1,k}(t))-0.4\sin(x_{2,k}(t))\end{bmatrix}+\begin{bmatrix}1\\ 0\end{bmatrix}u_k(t)\\ y_k(t)=x_{1,k}(t)+0.5x_{2,k}(t)\end{cases}$$

$$S_2:\begin{cases}\begin{bmatrix}\dot{x}_{1,k}(t)\\ \dot{x}_{2,k}(t)\end{bmatrix}=\begin{bmatrix}-0.6\sin(x_{1,k}(t))+0.3\sin(x_{2,k}(t))\\ 0.5\mathrm{e}^{-t}\sin(x_{2,k}(t))\end{bmatrix}+\begin{bmatrix}0.5\\ 0.2\end{bmatrix}u_k(t)\\ y_k(t)=0.2x_{1,k}(t)+x_{2,k}(t)\end{cases}\tag{5.47}$$

该系统包含两个子系统 S_1 和 S_2，切换序列为时间域的随机序列。仿真中$\alpha(t)$通过一组取值为 1 和 2 的随机序列给出，如图 5.1 所示。当 $\alpha(t)=1$ 时系统(5.47)执行子系统 S_1，当 $\alpha(t)=2$ 时系统(5.47)执行子系统 S_2。系统的期望输出为

$$y_{\mathrm{d}}(t)=\sin(3\pi t)+0.3\cos(\pi t),\quad t\in[0,1]$$

设置仿真初始状态为 $x_k(0)=x_{\mathrm{d}}(0)=0$，对于所有 $t\in[0,1]$，系统采用零初始输入状态，即 $u_0(t)=0$。非线性函数 $\sin(x)$、$\cos(x)$关于 x 都满足全局 Lipschitz 条件并且对于所有 $t\in[0,1]$一致有界，g_{ix} 和 B_i 很明显也是有界的。考虑式(5.3)所示的 D 型 ILC 算法，选择学习增益为 $\Gamma_1=\Gamma_2=0.5$，计算可知：

$$g_{1x}B_1=[1\quad 0.5]\begin{bmatrix}1\\ 0\end{bmatrix}=1$$

$$g_{2x}B_2=[0.2\quad 1]\begin{bmatrix}0.5\\ 0.2\end{bmatrix}=0.3$$

进而根据定理 5.1 可得

$$\max\{\|I-\Gamma_1 g_{1x}(x(t))B_1(x(t))\|,\|I-\Gamma_2 g_{2x}(x(t))B_2(x(t))\|\}=0.85$$

仿真结果如图 5.2 所示。图 5.2(a)～(c)给出了第 5 次和第 25 次迭代过程中系统的输出轨迹和跟踪误差比较,图 5.2(d)给出了迭代域上的最大跟踪误差。可以看出,本章提出的 ILC 算法可以保证在所有时间区间 $t\in[0,1]$内切换系统的输出能完全跟踪得上期望轨迹。

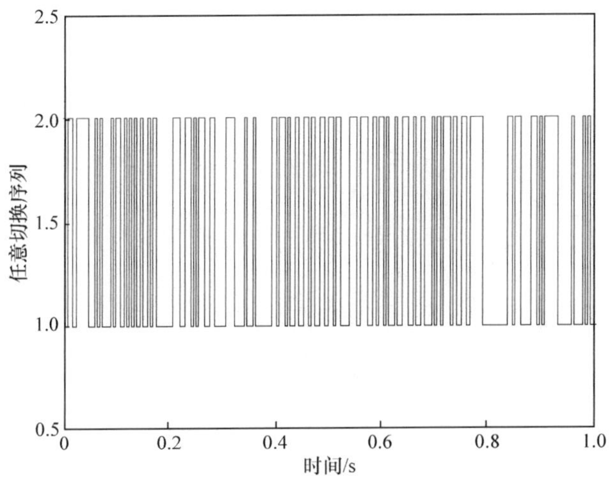

图 5.1　系统(5.47)的任意切换序列 $\alpha(t)$

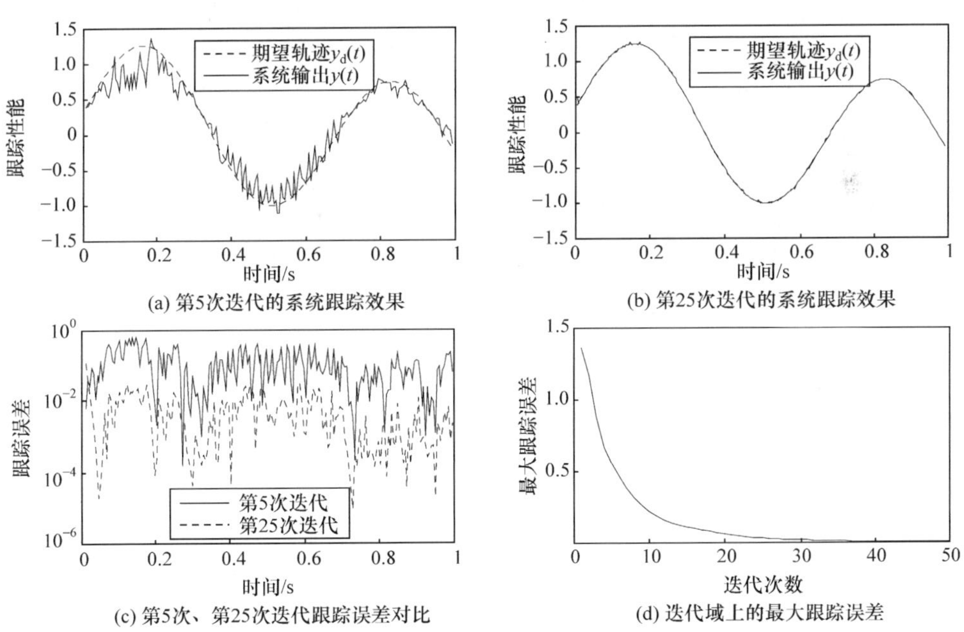

图 5.2　系统(5.47)的仿真结果图

2. 仿真示例 2

考虑如下非线性时滞切换系统：

$$
S_1:\begin{cases}\begin{bmatrix}\dot{x}_{1,k}(t)\\ \dot{x}_{2,k}(t)\end{bmatrix}=\begin{bmatrix}0.5x_{1,k}(t-h)+x_{2,k}(t)\\ 0.3x_{1,k}(t-h)+\dfrac{1}{1+x_{2,k}(t)}\end{bmatrix}\\ \qquad +\begin{bmatrix}1 & 0\\ \sin(t-d)x_{1,k}(t-d) & \cos(t-d)x_{2,k}(t-d)\end{bmatrix}\begin{bmatrix}u_{1,k}(t)\\ u_{2,k}(t)\end{bmatrix}\\ \begin{bmatrix}y_{1,k}(t)\\ y_{2,k}(t)\end{bmatrix}=\begin{bmatrix}\sin(x_{1,k}(t))+0.1x_{2,k}(t)\\ x_{2,k}(t)\end{bmatrix}\end{cases}
$$

$$
S_2:\begin{cases}\begin{bmatrix}\dot{x}_{1,k}(t)\\ \dot{x}_{2,k}(t)\end{bmatrix}=\begin{bmatrix}0.2x_{1,k}(t)+x_{2,k}(t-h)\\ 0.6x_{1,k}(t)+\dfrac{1}{0.5+x_{2,k}(t-h)}\end{bmatrix}\\ \qquad +\begin{bmatrix}1 & \cos(t-d)x_{1,k}(t-d)\\ 0 & \sin(t-d)x_{2,k}(t-d)\end{bmatrix}\begin{bmatrix}u_{1,k}(t)\\ u_{2,k}(t)\end{bmatrix}\\ \begin{bmatrix}y_{1,k}(t)\\ y_{2,k}(t)\end{bmatrix}=\begin{bmatrix}0.3x_{1,k}(t)+\cos(x_{2,k}(t))\\ x_{1,k}(t)\end{bmatrix}\end{cases}
\tag{5.48}
$$

式中，$h=d=0.1$。该切换系统同样包含两个子系统。仿真中切换序列 $\alpha(t)$ 通过一组取值为 1 和 2 的随机序列给出，如图 5.3 所示。当 $\alpha(t)=1$ 时系统(5.48)执行子系统 S_1，当 $\alpha(t)=2$ 时系统(5.48)执行子系统 S_2。同时，为了确保系统满足假设 5.4，设置每个子系统的驻留时间大于 0.1。假设系统期望轨迹为

$$
\begin{bmatrix}y_{1,\mathrm{d}}(t)\\ y_{2,\mathrm{d}}(t)\end{bmatrix}=\begin{bmatrix}t\,(1-t)^2\\ t^2(1-t)\end{bmatrix},\quad t\in[0,1]
$$

仿真中系统初始状态设置为 $x_{1,k}(t)=x_{2,k}(t)=\varphi_k(t)=t, t\in[-0.1,0]$。对于所有 $t\in[0,1]$，系统采用零初始输入状态，即 $u_{1,0}(t)=0, u_{2,0}(t)=0$。考虑式(5.3)所示的 D 型 ILC 算法，与仿真实例 5.1 相似，$g_{ix}B_i$ 是满秩矩阵。选择学习增益

$$
\Gamma_1=\Gamma_2=\begin{bmatrix}0.5 & 0\\ 0 & 0.5\end{bmatrix}
$$

很容易计算定理 5.2 中的收敛条件是满足的。仿真结果如图 5.4 和图 5.5 所示。图 5.4(a)～(c)和图 5.5(a)～(c)分别给出了第 10 次、第 20 次迭代系统输出和跟踪误差比较曲线，图 5.4(d)和图 5.5(d)给出了在迭代域上系统的最大跟踪误差。可以看出，对于含有状态时滞的非线性切换系统，ILC 算法仍然可以保证系统在有

限时间区间内完全跟踪控制。

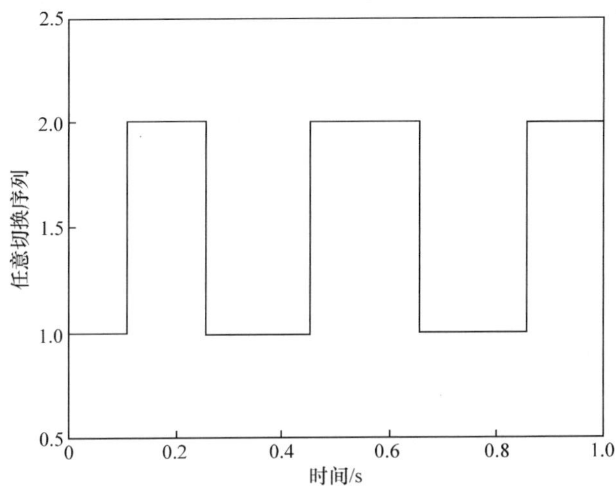

图 5.3　系统(5.48)的任意切换序列 $\alpha(t)$

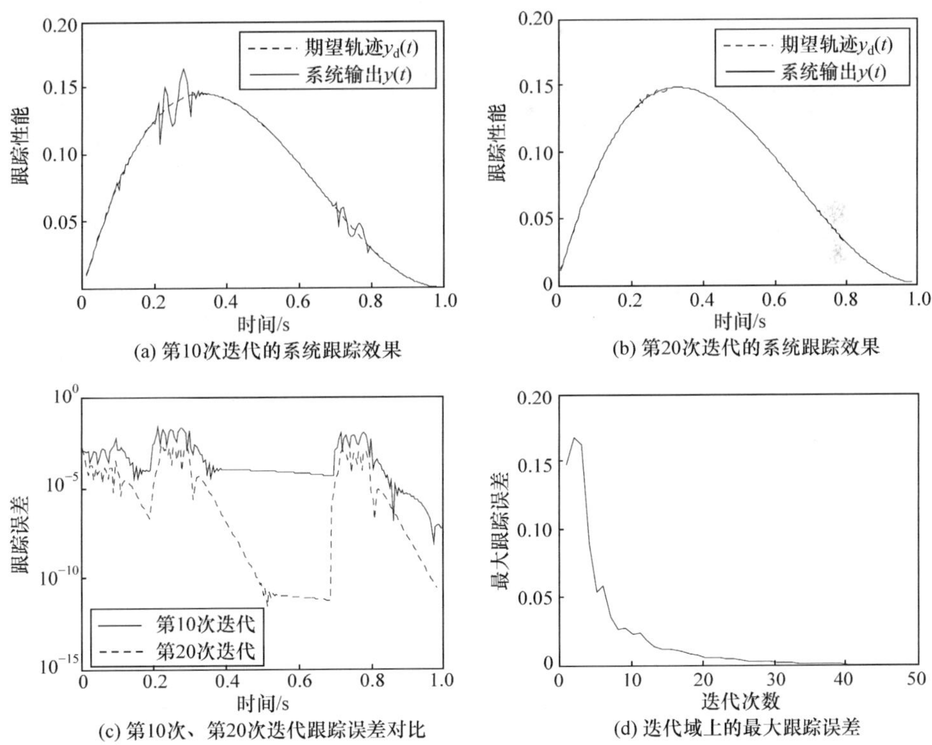

图 5.4　系统(5.48)子系统 $y_{1,k}(t)$仿真结果图

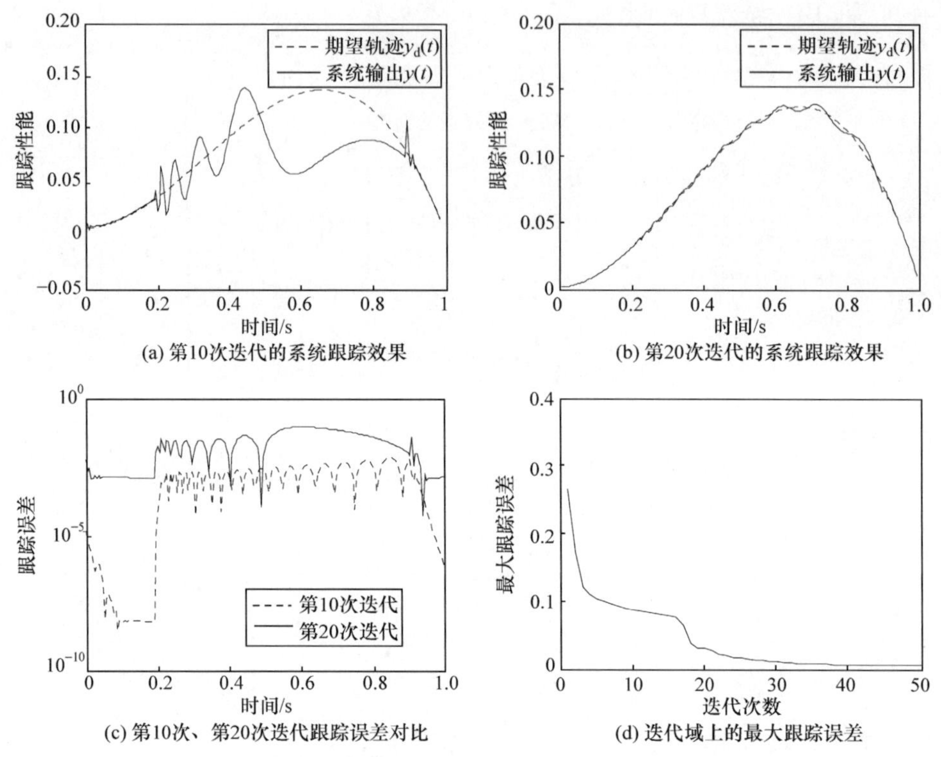

图 5.5 系统(5.48)子系统 $y_{2,k}(t)$仿真结果图

5.6 本章小结

本章讨论了一类具有任意切换序列非线性切换系统的 ILC 问题。研究结果表明，在满足某些条件下，D 型 ILC 算法可以保证切换系统在有限时间区间内对期望轨迹的完全跟踪，获得了较高精度的控制效果，这是一般时间域控制方法很难达到的。与第 4 章的研究结果类似，尽管非切换系统在时域上具有任意切换序列，但是任意切换序列在迭代域上是不变的。如果控制信号沿迭代域重复运行进行更新，那么充分利用 ILC 算法的优点最终可以获得较好的跟踪性能。仿真示例也进一步验证了该理论的有效性。

参考文献

[1] 卜旭辉，侯忠生，余发山. 一类线性连续切换系统的迭代学习控制. 控制理论与应用，2012，29(8)：1051-1056.

[2] Bu X H, Yu F S, Hou Z S, et al. Iterative learning control for a class of linear discrete-time

switched systems. Acta Automatic Sinica, 2013, 39(9): 1564-1569.

[3] Rajamani R. Observer for Lipschitz nonlinear systems. IEEE Transactions on Automatic Control, 1998, 43(3): 397-401.

[4] Chen W H, Li D X, Lu X M. Impulsive observers with variable update intervals for Lipschitz nonlinear time-delay systems. International Journal of Systems Science, 2012, 44(10): 1934-1947.

[5] Guo X G, Yang G H. Delay-dependent reliable H_∞ filtering for sector-bounded nonlinear continuous-time systems with time-varying state delays and sensor failures. International Journal of Systems Science, 2012, 43(1): 117-131.

[6] Chiang M L, Fu L C. Adaptive stabilization of a class of uncertain switched nonlinear systems with backstepping control. Automatica, 2014, 50(8): 2128-2135.

[7] Long L J, Wang Z, Zhao J. Switched adaptive control of switched nonlinearly parameterized systems with unstable subsystems. Automatica, 2015, 54: 217-228.

[8] Zhao X D, Shi P, Zheng X L, et al. Adaptive tracking control for switched stochastic nonlinear systems with unknown actuator dead-zone. Automatica, 2015, 60: 193-200.

[9] Vu L, Chatterjee D, Liberzon D. Input-to-state stability of switched systems and switching adaptive control. Automatica, 2007, 43(4): 639-646.

[10] Sun X M, Zhao J, Hill D J. Stability and L2-gain analysis for switched delay systems: A delay-dependent method. Automatica, 2006, 42(10): 1769-1774.

[11] Vu L, Morgansen K A. Stability of time-delay feedback switched linear systems. IEEE Transactions on Automatic Control, 2010, 55(10): 2385-2390.

[12] Zhang W A, Yu L. Stability analysis for discrete-time switched time-delay systems. Automatica, 2009, 45(10): 2265-2271.

[13] Yan P, Özbay H. Stability analysis of switched time delay systems. SIAM Journal on Control and Optimization, 2008, 47(2): 936-949.

第 6 章　Lifting 框架下存在数据丢失的 H_∞ 迭代学习控制设计

6.1 引　言

实际控制系统中，外部扰动是影响稳定性的重要因素之一。H_∞ 控制理论是一种抑制干扰作用的有效方法，它可以通过设计控制器增益使得扰动到输出的范数之比小于某一给定值。H_∞ 控制理论最早由加拿大学者 Zames[1] 于 1981 年提出，其基本思想是将外部扰动在被控输出上影响极小化作为控制目标，但是没有给出行之有效的解法。Doyle 等[2] 于 1989 年基于状态空间方程给出了通过求解两个代数 Riccati 方程设计 H_∞ 控制器的方法，为鲁棒控制的发展提供了重要理论基础。Iwasaki 等[3] 于 1994 年提出了利用线性矩阵不等式的方法求解系统的 H_∞ 反馈控制器，更是在很大程度上推动了 H_∞ 控制理论的发展。目前，各种基于线性矩阵不等式的软件包成功研发，使得 H_∞ 控制理论真正成为一个实用的系统分析与工程设计方法，广泛应用于控制工程中。近年来，NCS 的 H_∞ 控制问题受到了越来越多的关注，存在数据丢失、数据诱导时延及数据量化情况下的线性系统、非线性系统 H_∞ 控制研究也取得了较多理论结果[4-7]。

关于 ILC 的 H_∞ 设计问题，目前也有了一些研究结果。例如，文献[8]建立了不确定 ILC 系统的二维 Roesser 模型，基于二维系统的稳定性和 H_∞ 性能设计了一种 H_∞ 迭代学习控制器；文献[9]考虑存在迭代变化扰动和模型不确定因素的高阶 ILC 算法设计问题，利用 Lifting 方法建立了 ILC 系统的一维动态模型，定义了超向量描述下 ILC 系统的迭代域 H_∞ 性能并给出了一种最优迭代学习控制器的设计方法；文献[10]同样考虑了存在迭代变化扰动和模型不确定因素的 H_∞ ILC 设计问题，利用超向量描述方法建立了 ILC 系统的一维系统模型，定义了迭代域上的 H_∞ 性能并提出了利用迭代域界实引理求解 ILC 控制器增益的方法，其控制器增益可通过求解线性矩阵不等式得到，该结果将传统一维系统 H_∞ 控制的设计方法推广到二维 ILC 系统中。然而，实际控制系统目前已逐步由点对点控制系统过渡到 NCS，当存在数据丢失、传输时延等网络参量约束因素时，如何设计具有扰动抑制能力的 H_∞ 迭代学习控制器是非常有意义的研究问题。

本章研究具有随机数据丢失的线性离散系统 H_∞ ILC 设计问题，这里考虑的数据丢失模型与前述章节相似，可描述为满足 Bemoulli 分布的 0 或 1 随机序列。

通过超向量描述方法将上述 ILC 系统转化为迭代域的一维随机线性离散系统，给出一个满足迭代域上均方稳定和随机 H_∞ 性能指标的充分条件，该条件可将控制器设计问题转化为求解线性矩阵不等式的可行解问题。

6.2 问题描述

考虑如下带有迭代变化扰动的线性离散时不变系统：

$$y_k(t)=G(q)u_k(t)+w_k(t) \tag{6.1}$$

式中，k 为迭代次数；t 为时间变量；q 为时间前向移位因子；$y_k(t)$、$u_k(t)$、$w_k(t)$、$G(q)$分别为输出变量、输入变量、迭代变化的扰动和系统传递函数。系统在区间 $t\in[0,N]$上重复运行，且每次期望的运行轨迹为 $y_{\mathrm{d}}(t)$。假设系统每次运行的初始条件相同，则系统的超向量形式为

$$Y_k=HU_k+W_k \tag{6.2}$$

式中

$$U_k=[u_k(0) \quad u_k(1) \quad \cdots \quad u_k(N-1)]^{\mathrm{T}}$$
$$Y_k=[y_k(1) \quad y_k(2) \quad \cdots \quad y_k(N)]^{\mathrm{T}}$$
$$W_k=[w_k(1) \quad w_k(2) \quad \cdots \quad w_k(N)]^{\mathrm{T}}$$
$$H=\begin{bmatrix} h_1 & & & & \\ h_2 & h_1 & & & \\ h_3 & h_2 & h_1 & & \\ \vdots & \vdots & \ddots & \ddots & \\ h_N & h_{N-1} & \cdots & h_2 & h_1 \end{bmatrix}$$

式中，H 为一个下三角的 Toeplitz 矩阵；$h_1,h_2,\cdots,h_N$ 为系统的 Markov 参数。这里的说明与注 2.1 相同，故略去。

本章的 ILC 考虑如下一阶算法：

$$U_{k+1}=U_k+\Gamma E_k \tag{6.3}$$

式中

$$E_k=[e_k(1) \quad e_k(2) \quad \cdots \quad e_k(N)]^{\mathrm{T}}=Y_{\mathrm{d}}-Y_k$$
$$Y_{\mathrm{d}}=[y_{\mathrm{d}}(1) \quad y_{\mathrm{d}}(2) \quad \cdots \quad y_{\mathrm{d}}(N)]^{\mathrm{T}}$$

注 6.1 $\Gamma=\{\gamma_{i,j}\}$为待设计的增益矩阵，它包括如下三种情况[11]。

(1) Arimoto-like 增益：增益矩阵 Γ 为对角矩阵。

(2) 因果增益：增益矩阵 Γ 为下三角矩阵。

(3) 非因果增益：增益矩阵的上三角位置不全为 0。

下面考虑算法(6.3)中的更新率。当前控制信号 $u_{k+1}(t)$的更新用到了前一次的控制信号 $u_k(t)$和前几次的输出误差信号 $e_k(i)s, e_k(i)=y_d(i)-y_k(i)$时，根据第2章和第3章的分析可知，由于传感器和网络传输故障，输出测量数据 $y_k(i)$可能会丢失。假设控制器可以检测出测量输出 $y_k(i)$是否丢失，若 $y_k(i)$没有丢失，则按照$e_k(i)=y_d(i)-y_k(i)$计算输出误差 $e_k(i)$，若 $y_k(i)$丢失，则置 $e_k(i)=0$。因此，考虑数据丢失的影响，算法(6.3)可表示为

$$U_{k+1}=U_k+\Gamma\mathcal{M}_kE_k \tag{6.4}$$

式中

$$\mathcal{M}_k=\begin{bmatrix} m_{k,1} & & & \\ & m_{k,2} & & \\ & & \ddots & \\ & & & m_{k,N} \end{bmatrix}$$

矩阵 $\mathcal{M}_k$中元素 $m_{k,i}$的取值为 0 或 1，即 $m_{k,i}\in\{0,1\}$。$m_{k,i}=0$ 意味着 $y_k(i)$丢失，$m_{k,i}=1$ 意味着 $y_k(i)$的数据没有丢失。设

$$\text{Prob}\{m_{k,i}=1\}=\mathcal{E}\{m_{k,i}\}=\bar{m}$$

式中，$\bar{m}$ 满足 $0\leqslant\bar{m}\leqslant 1$ 且为已知。

本节研究的问题为，对于系统式(6.2)采用式(6.4)所示的 ILC 算法，如何设计控制器增益 Γ 使得系统存在数据丢失时满足如下性质：

(1) ILC 系统是稳定的。

(2) 满足迭代域上的 H_∞ 性能指标。

为求解控制器增益 Γ，本节将上述问题转化为迭代域上随机线性系统的 H_∞ 控制问题。不失一般性，这里假设 $Y_d=0$。根据式(6.2)和式(6.4)可得

$$U_{k+1}=(I-\Gamma\mathcal{M}_kH)U_k-\Gamma\mathcal{M}_kW_k \tag{6.5}$$

因此，可将式(6.2)和式(6.5)描述为如下一个随机线性系统：

$$G:\begin{cases}U_{k+1}=A_kU_k+B_kW_k\\ Y_k=CU_k+DW_k\end{cases} \tag{6.6}$$

式中，$A_k=I-\Gamma\mathcal{M}_kH$；$B_k=-\Gamma\mathcal{M}_k$；$C=H$；$D=I$。

注 6.2 若 $Y_d\neq 0$，令 $\widetilde{U}_k=U_k-T_u^{-1}R$，则通过简单的转换同样可以得到一个类似式(6.6)的系统：

$$G:\begin{cases}\widetilde{U}_{k+1}=\widetilde{A}_k\widetilde{U}_k+\widetilde{B}_kW_k\\ E_k=\widetilde{C}\widetilde{U}_k+\widetilde{D}W_k\end{cases} \tag{6.7}$$

式中，$\widetilde{A}_k=A_k$；$\widetilde{B}_k=B_k$；$\widetilde{C}=-C$；$\widetilde{D}=-D$。因此，为分析方便本章可假设 $Y_d=0$。

定义与文献[9]和[10]中相同的如下信号空间。

定义 6.1 对于一个信号向量，其迭代域上的 l_2 范数记为 $\|\cdot\|_{2^k}$，相应的信号空间记为 l_{2^k}。对于一个系统，其迭代域 H_∞ 范数的定义与 l_2 范数的定义类似，

记为 $\|\cdot\|_{\infty^k}$。

系统(6.6)中存在随机变量,但这不同于文献[9]和[10]中的确定性系统。为处理此类随机参数系统,本章引入文献[12]中随机系统均方稳定和随机 H_∞ 范数的定义。

定义 6.2　对于随机系统(6.6),若存在 $\beta>0$ 和 $0<\tau<1$,当 $W_k=0$ 时满足:

$$\mathcal{E}\{U_k^{\mathrm{T}}U_k\}<\beta\tau^k\mathcal{E}\{U_0^{\mathrm{T}}U_0\},\quad \forall k>0$$

则系统在均方意义下指数稳定。

定义 6.3　随机系统(6.6)的 H_∞ 范数定义为

$$\|G\|_{\infty^k}^2=\sup\frac{\mathcal{E}\{\|Y_k\|_{2^k}^2\}}{\mathcal{E}\{\|W_k\|_{2^k}^2\}}\tag{6.8}$$

式中

$$\|Y_k\|_{2^k}^2=\sum_{k=0}^{\infty}Y_k^{\mathrm{T}}Y_k$$

$$\|W_k\|_{2^k}^2=\sum_{k=0}^{\infty}W_k^{\mathrm{T}}W_k$$

根据定义 6.1～定义 6.3,本章可将控制器的设计问题转化为如何选择学习增益矩阵 Γ 使得随机系统(6.6)满足如下两个性能要求:

(1) 系统均方意义下指数稳定。

(2) 在零初始条件下,系统的随机 H_∞ 范数满足:

$$\|G\|_{\infty^k}^2\leqslant\gamma^2\tag{6.9}$$

式中,$\gamma>0$ 为一个常数。

注 6.3　上述问题同样可以看成一个最优 H_∞ 迭代学习控制器设计问题,即如何选择学习增益矩阵 Γ 使得式(6.9)中的 γ 最小。当 γ 为固定值时,该问题为一个次优 H_∞ 控制器设计问题。本节讨论次优 H_∞ 控制器设计问题,即 γ 为固定值的情况。

注 6.4　$E_k=Y_{\mathrm{d}}-Y_k$,当 $Y_{\mathrm{d}}=0$ 时有 $\|E_k\|_{2^k}^2=\|Y_k\|_{2^k}^2$。因此,若式(6.9)成立则意味着

$$\sup\frac{\mathcal{E}\{\|E_k\|_{2^k}^2\}}{\mathcal{E}\{\|W_k\|_{2^k}^2\}}<\gamma^2$$

上式表明,$\|W_k\|_{2^k}$ 到 $\|E_k\|_{2^k}$ 的传递函数也可保证 H_∞ 范数的性能指标。

6.3　控制器设计及收敛性分析

在给出本章主要定理之前,这里首先给出如下性质。

性质 6.1　对于式(6.6)所示的随机系统,若存在正定矩阵 P 满足:

$$\mathcal{E}\{A_k^{\mathrm{T}}PA_k\}-P<0 \tag{6.10}$$

则系统在均方意义下指数稳定。

证明 假设式(6.10)成立。由于 $P>0$,因此存在 $\kappa_1>0$ 和 $\kappa_2>0$ 满足:

$$\kappa_1 I\leqslant P\leqslant \kappa_2 I$$

式中,I 为单位矩阵。由上式可得如下不等式成立:

$$\kappa_1\mathcal{E}\{U_k^{\mathrm{T}}U_k\}\leqslant\mathcal{E}\{U_k^{\mathrm{T}}PU_k\}\leqslant\kappa_2\mathcal{E}\{U_k^{\mathrm{T}}U_k\} \tag{6.11}$$

由式(6.6)的系统方程可知:

$$\begin{aligned}\mathcal{E}\{U_{k+1}^{\mathrm{T}}PU_{k+1}\}&=\mathcal{E}\{U_k^{\mathrm{T}}A_k^{\mathrm{T}}PA_kU_k\}\\&=\mathcal{E}\{U_k^{\mathrm{T}}(A_k^{\mathrm{T}}PA_k-P)U_k\}+\mathcal{E}\{U_k^{\mathrm{T}}PU_k\}\end{aligned} \tag{6.12}$$

由于 $\mathcal{E}\{A_k^{\mathrm{T}}PA_k\}-P<0$,因此存在 $0<\kappa_3<\kappa_2$ 满足:

$$\begin{aligned}\mathcal{E}\{U_{k+1}^{\mathrm{T}}PU_{k+1}\}&\leqslant-\kappa_3\mathcal{E}\{U_k^{\mathrm{T}}U_k\}+\kappa_2\mathcal{E}\{U_k^{\mathrm{T}}PU_k\}\\&\leqslant\mathcal{E}\{U_k^{\mathrm{T}}PU_k\}-\frac{\kappa_3}{\kappa_2}\mathcal{E}\{U_k^{\mathrm{T}}PU_k\}\end{aligned} \tag{6.13}$$

根据式(6.13)可得

$$\begin{aligned}\kappa_1\mathcal{E}\{U_k^{\mathrm{T}}U_k\}&\leqslant\mathcal{E}\{U_k^{\mathrm{T}}PU_k\}\leqslant\left(1-\frac{\kappa_3}{\kappa_2}\right)\mathcal{E}\{U_{k-1}^{\mathrm{T}}PU_{k-1}\}\\&\leqslant\left(1-\frac{\kappa_3}{\kappa_2}\right)^k\mathcal{E}\{U_0^{\mathrm{T}}PU_0\}\leqslant\kappa_2\left(1-\frac{\kappa_3}{\kappa_2}\right)^k\mathcal{E}\{U_0^{\mathrm{T}}U_0\}\end{aligned} \tag{6.14}$$

式(6.14)可表述为

$$\mathcal{E}\{U_k^{\mathrm{T}}U_k\}<\beta\tau^k\mathcal{E}\{U_0^{\mathrm{T}}U_0\}$$

式中,$\beta=\dfrac{\kappa_2}{\kappa_1}$;$\tau=1-\dfrac{\kappa_3}{\kappa_2}$。由此可得,随机系统(6.6)在均方意义下指数稳定。

根据性质 6.1,这里给出如下定理。

定理 6.1 对于固定的 $\gamma>0$,若存在正定矩阵 P 满足:

$$\Phi=\begin{bmatrix}\mathcal{E}\{A_k^{\mathrm{T}}PA_k+C^{\mathrm{T}}C\}-P & \mathcal{E}\{A_k^{\mathrm{T}}PB_k+C^{\mathrm{T}}\}\\ \mathcal{E}\{B_k^{\mathrm{T}}PA_k+C\} & \mathcal{E}\{B_k^{\mathrm{T}}PB_k+I\}-\gamma^2 I\end{bmatrix}<0 \tag{6.15}$$

则随机系统(6.6)满足均方意义下的指数稳定,并可保证 H_∞ 性能指标的要求。

证明 假设式(6.15)成立,则有

$$\mathcal{E}\{A_k^{\mathrm{T}}PA_k+C^{\mathrm{T}}C\}-P<0$$

由于 $\mathcal{E}\{C^{\mathrm{T}}C\}>0$,因此有 $\mathcal{E}\{A_k^{\mathrm{T}}PA_k\}-P<0$。根据性质 6.1 可知,随机系统(6.6)满足均方意义下的指数稳定。

定义如下 Lyapunov 方程:

$$V_k=\mathcal{E}\{U_k^{\mathrm{T}}PU_k\} \tag{6.16}$$

则有

$$
\begin{aligned}
\Delta V_k &= V_{k+1} - V_k \\
&= \mathcal{E}\{U_{k+1}^{\mathrm{T}} P U_{k+1} - U_k^{\mathrm{T}} P U_k\} \\
&= \mathcal{E}\{U_k^{\mathrm{T}}(A_k^{\mathrm{T}} P A_k - P) U_k + W_k^{\mathrm{T}} B_k^{\mathrm{T}} P B_k W_k\} \\
&\quad + \mathcal{E}\{U_k^{\mathrm{T}} A_k^{\mathrm{T}} P B_k W_k + W_k^{\mathrm{T}} B_k^{\mathrm{T}} P A_k U_k\} \\
&= \mathcal{E}\left\{\begin{bmatrix} U_k^{\mathrm{T}} & W_k^{\mathrm{T}} \end{bmatrix} \begin{bmatrix} A_k^{\mathrm{T}} P A_k - P & A_k^{\mathrm{T}} P B_k \\ B_k^{\mathrm{T}} P A_k & B_k^{\mathrm{T}} P B_k \end{bmatrix} \begin{bmatrix} U_k \\ W_k \end{bmatrix}\right\}
\end{aligned} \tag{6.17}
$$

由式(6.6)的系统方程可知：

$$
\begin{aligned}
\mathcal{E}\{Y_k^{\mathrm{T}} Y_k\} &= \mathcal{E}\{(CU_k + W_k)^{\mathrm{T}}(CU_k + W_k)\} \\
&= \mathcal{E}\{U_k^{\mathrm{T}} C^{\mathrm{T}} C U_k + U_k^{\mathrm{T}} C^{\mathrm{T}} W_k + W_k^{\mathrm{T}} C U_k + W_k^{\mathrm{T}} W_k\} \\
&= \mathcal{E}\left\{\begin{bmatrix} U_k^{\mathrm{T}} & W_k^{\mathrm{T}} \end{bmatrix} \begin{bmatrix} C^{\mathrm{T}} C & C^{\mathrm{T}} \\ C & I \end{bmatrix} \begin{bmatrix} U_k \\ W_k \end{bmatrix}\right\}
\end{aligned} \tag{6.18}
$$

根据式(6.17)和式(6.18)可知

$$
\begin{aligned}
&\mathcal{E}\{Y_k^{\mathrm{T}} Y_k\} - \gamma^2 \mathcal{E}\{W_k^{\mathrm{T}} W_k\} \\
&= \mathcal{E}\{Y_k^{\mathrm{T}} Y_k\} - \gamma^2 \mathcal{E}\{W_k^{\mathrm{T}} W_k\} + \Delta V_k - \Delta V_k \\
&= \mathcal{E}\left\{\begin{bmatrix} U_k^{\mathrm{T}} & W_k^{\mathrm{T}} \end{bmatrix} \begin{bmatrix} C^{\mathrm{T}} C & C^{\mathrm{T}} \\ C & I \end{bmatrix} \begin{bmatrix} U_k \\ W_k \end{bmatrix}\right\} - \mathcal{E}\left\{\begin{bmatrix} U_k^{\mathrm{T}} & W_k^{\mathrm{T}} \end{bmatrix} \begin{bmatrix} 0 & 0 \\ 0 & \gamma^2 I \end{bmatrix} \begin{bmatrix} U_k \\ W_k \end{bmatrix}\right\} \\
&\quad + \mathcal{E}\left\{\begin{bmatrix} U_k^{\mathrm{T}} & W_k^{\mathrm{T}} \end{bmatrix} \begin{bmatrix} A_k^{\mathrm{T}} P A_k - P & A_k^{\mathrm{T}} P B_k \\ B_k^{\mathrm{T}} P A_k & B_k^{\mathrm{T}} P B_k \end{bmatrix} \begin{bmatrix} U_k \\ W_k \end{bmatrix}\right\} - \Delta V_k \\
&= \mathcal{E}\left\{\begin{bmatrix} U_k^{\mathrm{T}} & W_k^{\mathrm{T}} \end{bmatrix} \Phi \begin{bmatrix} U_k \\ W_k \end{bmatrix}\right\} - \Delta V_k
\end{aligned} \tag{6.19}
$$

由于 $\Phi<0$，因此根据式(6.19)可得

$$
\mathcal{E}\{Y_k^{\mathrm{T}} Y_k\} - \gamma^2 \mathcal{E}\{W_k^{\mathrm{T}} W_k\} \leqslant -\Delta V_k
$$

即

$$
\mathcal{E}\{Y_k^{\mathrm{T}} Y_k\} \leqslant \gamma^2 \mathcal{E}\{W_k^{\mathrm{T}} W_k\} - \Delta V_k \tag{6.20}
$$

对于 $k=1,2,\cdots,\infty$，对式(6.20)两端求和得

$$
\mathcal{E}\left\{\sum_{k=0}^{\infty} Y_k^{\mathrm{T}} Y_k\right\} \leqslant \gamma^2 \mathcal{E}\left\{\sum_{k=0}^{\infty} W_k^{\mathrm{T}} W_k\right\} + V_0 - V_\infty \tag{6.21}
$$

根据零初始条件可得

$$
\mathcal{E}\{\| Y_k \|_{2^k}^2\} \leqslant \gamma^2 \mathcal{E}\{\| W_k \|_{2^k}^2\} \tag{6.22}
$$

注 6.5　条件(6.15)中包含随机变量和数学期望因子，直接求解非常困难。特殊情况是，当所有迭代过程都不存在数据丢失时，即对于所有 k、i 满足 $m_{k,i}=1$，$\mathcal{M}_k=I$，此时条件(6.15)变为如下确定的矩阵不等式：

$$
\Phi = \begin{bmatrix} A_k^{\mathrm{T}} P A_k + C^{\mathrm{T}} C - P & A_k^{\mathrm{T}} P B_k + C^{\mathrm{T}} \\ B_k^{\mathrm{T}} P A_k + C & B_k^{\mathrm{T}} P B_k + I - \gamma^2 I \end{bmatrix} < 0 \tag{6.23}
$$

该条件为文献[10]的研究结果，文献[10]中该条件通过 Schur 补引理变换后直接转换为线性矩阵不等式进行求解。然而，条件(6.15)中包含随机变量和期望因子，不能直接求解。

定义$\bar{\mathcal{M}}=\mathcal{E}\{\mathcal{M}_k\}=\mathrm{diag}\,[\bar{m}]_{N\times N}$，$\tilde{\mathcal{M}}_k=\mathcal{M}_k-\bar{\mathcal{M}}$，则有

$$\mathcal{E}\{\tilde{\mathcal{M}}_k\}=0,\quad \mathrm{var}\{\tilde{\mathcal{M}}_k\}=\bar{m}(1-\bar{m})I=\sigma^2 I$$

令 $\mathcal{M}_k=\bar{\mathcal{M}}+\tilde{\mathcal{M}}_k$ 并将其代入矩阵 A_k、B_k 中可得

$$A_k=A+\tilde{\mathcal{M}}_kA_1,\quad B_k=B+\tilde{\mathcal{M}}_kB_1 \tag{6.24}$$

式中，$A=I-\Gamma\bar{\mathcal{M}}H$；$A_1=-\Gamma H$；$B=-\Gamma\bar{\mathcal{M}}$；$B_1=-\Gamma$。定义 $A_q=\sigma A_1$、$B_q=\sigma B_1$，则有

$$\begin{aligned}\mathcal{E}\{A_k^{\mathrm{T}}PA_k\}&=A^{\mathrm{T}}PA+A_q^{\mathrm{T}}PA_q\\ \mathcal{E}\{B_k^{\mathrm{T}}PB_k\}&=B^{\mathrm{T}}PB+B_q^{\mathrm{T}}PB_q\\ \mathcal{E}\{A_k^{\mathrm{T}}PB_k\}&=A^{\mathrm{T}}PB+A_q^{\mathrm{T}}PB_q\\ \mathcal{E}\{B_k^{\mathrm{T}}PA_k\}&=B^{\mathrm{T}}PA+B_q^{\mathrm{T}}PA_q\end{aligned} \tag{6.25}$$

将式(6.25)代入式(6.15)可得

$$\begin{aligned}&\begin{bmatrix}\mathcal{E}\{A_k^{\mathrm{T}}PA_k\}+C^{\mathrm{T}}C-P & \mathcal{E}\{A_k^{\mathrm{T}}PB_k\}+C^{\mathrm{T}}\\ \mathcal{E}\{B_k^{\mathrm{T}}PA_k\}+C & \mathcal{E}\{B_k^{\mathrm{T}}PB_k\}+I-\gamma^2 I\end{bmatrix}\\ &=\begin{bmatrix}A^{\mathrm{T}}PA+A_q^{\mathrm{T}}PA_q+C^{\mathrm{T}}C & A^{\mathrm{T}}PB+A_q^{\mathrm{T}}PB_q+C^{\mathrm{T}}\\ B^{\mathrm{T}}PA+B_q^{\mathrm{T}}PA_q+C & B^{\mathrm{T}}PB+B_q^{\mathrm{T}}PB_q+I\end{bmatrix}+\begin{bmatrix}-P & 0\\ 0 & -\gamma^2 I\end{bmatrix}\\ &=\begin{bmatrix}A^{\mathrm{T}} & A_q^{\mathrm{T}} & C^{\mathrm{T}}\\ B^{\mathrm{T}} & B_q^{\mathrm{T}} & I\end{bmatrix}\begin{bmatrix}P & 0 & 0\\ 0 & P & 0\\ 0 & 0 & I\end{bmatrix}\begin{bmatrix}A & B\\ A_q & B_q\\ C & I\end{bmatrix}+\begin{bmatrix}-P & 0\\ 0 & -\gamma^2 I\end{bmatrix}<0\end{aligned} \tag{6.26}$$

矩阵不等式(6.26)可表示为

$$\Xi^{\mathrm{T}}\Pi^{-1}\Xi+\Omega<0 \tag{6.27}$$

式中

$$\Xi^{\mathrm{T}}=\begin{bmatrix}A^{\mathrm{T}} & A_q^{\mathrm{T}} & C\\ B^{\mathrm{T}} & B_q^{\mathrm{T}} & I\end{bmatrix}$$

$$\Pi=\mathrm{diag}[P^{-1}\quad P^{-1}\quad I]$$

$$\Omega=\mathrm{diag}[-P\quad -\gamma^2 I]$$

根据 Schur 补引理[13]，矩阵不等式(6.27)等价为

$$\begin{bmatrix}-\Pi & \Xi\\ \Xi^{\mathrm{T}} & \Omega\end{bmatrix}<0 \tag{6.28}$$

定义 $P^{-1}=Q$，矩阵不等式(6.28)分别左乘、右乘 $\mathrm{diag}[I\quad I\quad I\quad Q\quad I]$得到如下矩阵不等式：

$$\left[\begin{array}{ccc:cc} -Q & & & AQ & B \\ & -Q & & A_qQ & B_q \\ & & -I & CQ & I \\ \hdashline & * & & -Q & 0 \\ & & & 0 & -\gamma^2 I \end{array}\right]<0 \tag{6.29}$$

式中，“ * ”表示对称位置上元素的转置。将 A、B、A_q、B_q、C 代入矩阵不等式(6.29)中可得

$$\left[\begin{array}{ccc:cc} -Q & & & Q-\bar{\mathcal{M}}H\Gamma Q & -\bar{\mathcal{M}}\Gamma \\ & -Q & & -\sigma H\Gamma Q & -\sigma\Gamma \\ & & -I & HQ & I \\ \hdashline & * & & -Q & 0 \\ & & & 0 & -\gamma^2 I \end{array}\right]<0 \tag{6.30}$$

矩阵中存在 ΓQ 项，该矩阵不等式不是线性的。这里对该矩阵不等式做如下转换。定义矩阵 $\overline{T}=\mathrm{diag}[P\quad P\quad I\quad P\quad I]$，矩阵不等式(6.30)分别左乘、右乘 $\overline{T}$ 得到如下矩阵不等式：

$$\left[\begin{array}{ccc:cc} -P^{\mathrm{T}}QP & & & P^{\mathrm{T}}AQP & P^{\mathrm{T}}B \\ & -P^{\mathrm{T}}QP & & P^{\mathrm{T}}A_qQT & P^{\mathrm{T}}B_q \\ & & -I & C & I \\ \hdashline & * & & -P^{\mathrm{T}}QP & 0 \\ & & & 0 & -\gamma^2 I \end{array}\right]<0 \tag{6.31}$$

式中

$$\begin{aligned} P^{\mathrm{T}}QP&=P \\ P^{\mathrm{T}}AQP&=P^{\mathrm{T}}(I-\Gamma\bar{\mathcal{M}}H)QP \\ &=P^{\mathrm{T}}QP-P^{\mathrm{T}}\Gamma\bar{\mathcal{M}}HQP \\ &=P-P\Gamma\bar{\mathcal{M}}H \\ P^{\mathrm{T}}A_qQP&=-\sigma P^{\mathrm{T}}\Gamma HQP \\ &=-\sigma P\Gamma H \\ P^{\mathrm{T}}B&=-\bar{\mathcal{M}}P\Gamma \\ P^{\mathrm{T}}B_q&=-\sigma P\Gamma \end{aligned}$$

定义 $P\Gamma=K$，可得如下线性矩阵不等式：

$$\left[\begin{array}{ccc:cc} -P & & & P-\bar{\mathcal{M}}KH & -\bar{\mathcal{M}}K \\ & -P & & -\sigma KH & -\sigma K \\ & & -I & H & I \\ \hdashline & * & & -P & 0 \\ & & & 0 & -\gamma^2 I \end{array}\right]<0 \tag{6.32}$$

至此,含有随机变量和期望因子的非线性矩阵不等式(6.23)转换为一个线性矩阵不等式。总结上述分析过程,这里给出如下定理。

定理 6.2　对于固定的 $\gamma>0$,若存在正定矩阵 P、矩阵 K 满足式(6.32)所示的线性矩阵不等式,则随机系统(6.6)具有均方意义下的指数稳定并满足 H_∞ 性能指标的要求。同时,若线性矩阵不等式(6.32)的可行解存在,则学习增益矩阵 Γ 可由下式确定:

$$\Gamma=P^{-1}K \tag{6.33}$$

注 6.6　矩阵不等式(6.32)为一个线性矩阵不等式,可通过 MATLAB 的 LMI 工具箱方便地求解。对于固定的 γ,由 $P^{-1}K$ 确定的学习增益矩阵 Γ 为次优 H_∞ 迭代学习控制器。当 γ 不固定时,在满足矩阵不等式(6.32)的约束条件下求出最小的 γ 即为系统的最优 H_∞ 性能指标,此时的控制器为最优 H_∞ 迭代学习控制器。因此,最优 H_∞ 迭代学习控制器的设计可以等效为如下凸优化问题:

$$\min_{P,K}\gamma$$

$$\text{s.t.}\quad \left[\begin{array}{ccc:cc} -P & & & P-\bar{M}KH & -\bar{M}K \\ & -P & & -\sigma KH & -\sigma K \\ & & -I & H & I \\ \hdashline & * & & -P & 0 \\ & & & 0 & -\gamma^2 I \end{array}\right]<0$$

注 6.7　本节仅讨论了存在输出测量数据丢失时 H_∞ 迭代学习控制器的设计问题,但建立的理论框架和求解方法同样适用于存在控制信号丢失和传感器延时的情况。当系统存在控制信号丢失和传感器延时时,同样可以将其转换为类似于式(6.6)的一个迭代域随机线性系统,其 H_∞ 迭代学习控制器的设计方法与本节的方法完全相同。

6.4　仿真示例

本节验证所提算法的有效性,考虑如下最小相位系统:

$$G(q)=\frac{q+0.1}{q^2+0.2q-0.125} \tag{6.34}$$

系统在时间区间 $t\in[1,10]$ 上重复运行,期望的参考轨迹为 $y_{\mathrm{d}}(t)=0$。系统的初始条件设置为对于所有 k 取 $y_k(0)=0$,第一次迭代过程的控制输入设置为 $u_0(t)=0$。假设系统存在外部迭代不重复扰动 $w_k(t)$ 且 $w_k(t)$ 为一个有界噪声信号。系统(6.34)可通过超向量方法表示为 $Y_k=HU_k+W_k$,其中 $U_k=[u_k(0)\quad\cdots\quad u_k(9)]^{\mathrm{T}}$, $Y_k=[y_k(1)\quad\cdots\quad y_k(10)]^{\mathrm{T}}$, $W_k=[w_k(1)\quad\cdots\quad w_k(10)]^{\mathrm{T}}$, H 为 Markov 参数

矩阵。

假设系统存在如下三种情况的数据丢失：

Case1：$\bar{m}=0.8$；

Case2：$\bar{m}=0.6$；

Case3：$\bar{m}=0.4$。

其中，Case1 意味着有 20%的测量输出数据丢失；Case2 意味着有 40%的测量输出数据丢失；Case3 意味着有 60%的测量输出数据丢失。考虑式(6.3)所示的 ILC 算法，给定 $\gamma=1$。由定理 6.1 可知，只要矩阵不等式(6.32)存在可行解，就存在迭代学习控制器使得系统满足 H_∞ 性能指标，同时学习增益矩阵可由式(6.33)确定。利用 MATLAB 软件的 LMI 工具箱，分别对上述三种情况的矩阵不等式进行验证，可知均存在可行解，同时学习增益矩阵 Γ 可被计算出来。仿真过程中迭代次数取 100 次，为了得到 $\mathcal{E}\{\|Y_k\|_{2^k}^2\}$ 和 $\mathcal{E}\{\|W_k\|_{2^k}^2\}$ 的估计值，仿真执行 100 次，期望值取 100 次仿真结果的平均值。为了比较该方法的有效性，本节将仿真结果同采用 Arimoto-like 的 P 型 ILC 算法相比较，结果如图 6.1～图 6.3 所示。计算三种数据丢失情况下的 H_∞ 性能指标，结果如表 6.1 所示。显然，对于存在数据丢失的三种情况，本章给出的 H_∞ 迭代学习控制器设计方法可以保证 $\|G\|_{\infty^k}^2<1$，而传统的 Arimoto-like 型 ILC 控制器却无法保证。因此，相比于 Arimoto-like 型 ILC 算法，本章的设计具有较好的扰动抑制能力。

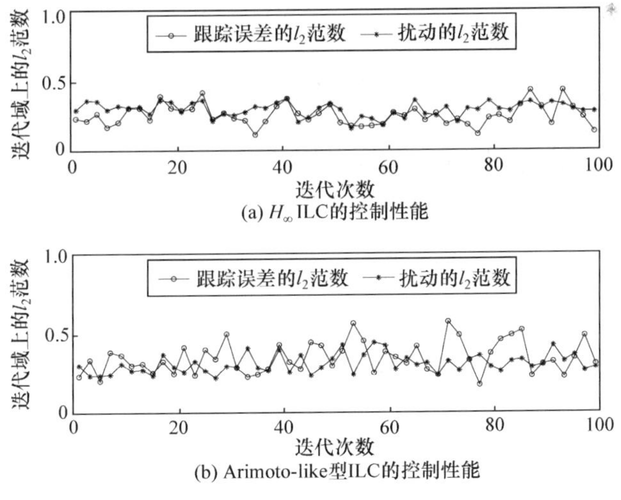

图 6.1　Case1 的仿真结果

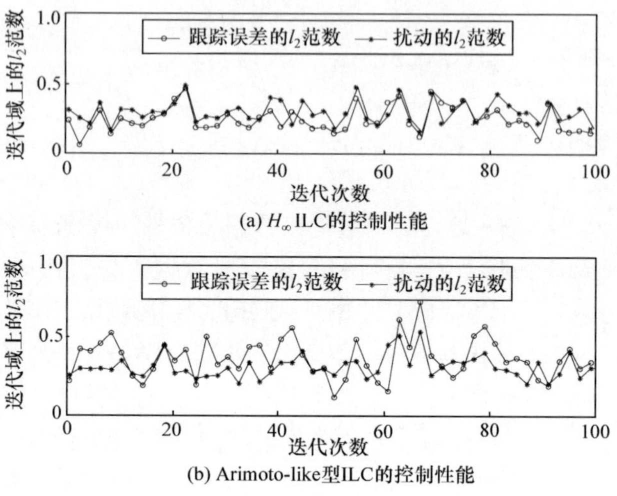

图 6.2 Case2 的仿真结果

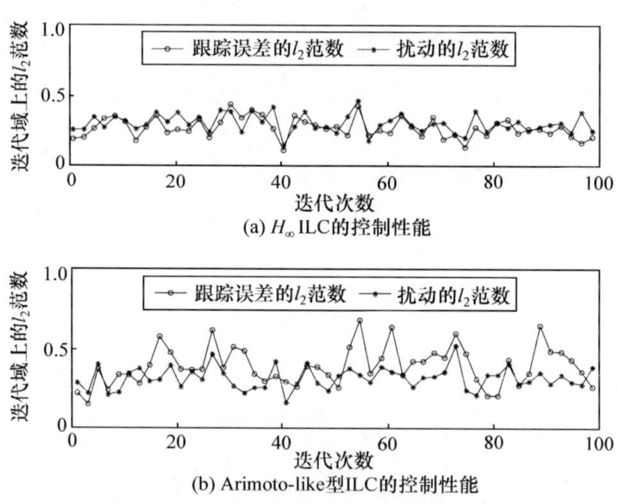

图 6.3 Case3 的仿真结果

表 6.1 不同情况下的 H_∞ 性能指标

方法	Case1	Case2	Case3
H_∞ ILC	0.82	0.87	0.95
Arimoto-like 型 ILC	1.16	1.25	1.39

6.5 本章小结

本章针对存在输出测量数据丢失和迭代变化扰动的线性离散时间系统，提出了一种 H_∞ 迭代学习控制器的设计方法。其设计思路是将沿时间域和迭代域运行的二维 ILC 系统，通过超向量方法描述为一维随机线性系统，然后给出满足随机均方稳定和迭代域 H_∞ 性能的一个充分条件，并利用该条件实现 H_∞ 迭代学习控制器的设计。仿真示例中通过与 Arimoto-like 型 ILC 算法的比较，验证了所提设计方法的有效性。

参考文献

[1] Zames G. Feedback and optimal sensitivity: Model reference transformations, multiplicative seminorms, and approximate inverse. IEEE Transactions on Automatic Control, 1981, 26(2): 301-320.

[2] Doyle J C, Glover K, Khargonekar P P, et al. State-space solutions to standard H_2 and H_∞ control problems. IEEE Transactions on Automatic Control, 1989, 34(8): 831-847.

[3] Iwasaki T, Skelton R E. All controllers for the general H_∞ control problem: LMI existence conditions and state space formulas. Automatica, 1994, 30(9): 1307-1317.

[4] Seiler P, Sengupta R. An H_∞ approach to networked control. IEEE Transactions on Automatic Control, 2005, 50(3): 356-364.

[5] Zhang W, Branicky M S, Phillips S M. Stability of networked control systems. IEEE Control Systems Magazine, 2001, 21(1): 85-99.

[6] Hespanha J P, Naghshtabrizi P, Xu Y G. A survey of recent results in networked control systems. Proceedings of the IEEE, 2007, 95(1): 138-162.

[7] Gao H J, Chen T W. Network-based H_∞ output tracking control. IEEE Transactions on Automatic Control, 2008, 53(3): 655-667.

[8] Shi J, Gao F R, Wu T J. Robust design of integrated feedback and iterative learning control of a batch process based on a 2D Roesser system. Journal of Process Control, 2005, 15(8): 907-924.

[9] Kevin M, Ahn H, Chen Y. Iteration domain H_∞-optimal iterative learning controller design. International Journal of Robust and Nonlinear Control, 2008, 18(10): 1001-1017.

[10] Meng D Y, Jia Y M, Du J P, et al. H_∞-based design approach to discrete-time learning control systems with iteration-varying disturbances//Proceedings of the 48th IEEE Conference on Decision and Control (CDC) Held Jointly with 2009 28th Chinese Control Conference, Shanghai, 2009: 4882-4887.

[11] Ahn H S, Moore K L, Chen Y Q. Stability analysis of discrete-time iterative learning control systems with interval uncertainty. Automatica, 2007, 43(5): 892-902.

[12] El Bouhtouri A, Hinrichsen D, Pritchard A. H_∞-type control for discrete-time stochastic systems. International Journal of Robust and Nonlinear Control, 1999, 13(9): 923-948.
[13] Boyd S, El Ghaoui L, Feron E, et al. Linear Matrix Inequalities in System and Control Theory. Philadelphia: SIAM, 1994.

第 7 章　二维框架下存在数据丢失的迭代学习控制设计

7.1 引　　言

ILC 系统的动态沿时间域和迭代域两个方向运行，属于典型的二维系统。因此，利用二维系统模型来研究 ILC 的收敛性理论和控制器设计方法引起了越来越多的关注。文献[1]最早利用二维模型来研究 ILC 系统的收敛性，其基本思想为建立 ILC 系统的二维模型，通过分析二维系统的稳定性给出 ILC 系统的收敛性条件。文献[2]在文献[1]的基础上给出一种 P 型 ILC 算法的收敛性条件，该条件与压缩映射方法得到的收敛性条件一致。此外，文献[2]还构造了一种同时利用系统状态信息和误差信息的 ILC 算法，该方法可以兼顾状态反馈控制和迭代学习前馈控制的优点，实现系统的快速收敛。文献[3]针对线性连续时间系统，提出了同样的 ILC 构造方法。需要说明的是，这种利用系统状态信息设计 ILC 的方法要求系统状态矩阵信息必须已知，属于模型依赖的 ILC 设计。与压缩映射 ILC 算法相比，这种 ILC 设计增加了对系统模型的依赖，但状态信息的使用可以带来其他优点，如单调收敛[4,5]、最优化设计[6,7]、鲁棒设计[8-10]等。

二维系统的鲁棒控制研究目前也取得了丰富的理论成果[11,12]，利用这些已有成果，ILC 系统的模型不确定性、时滞不确定性及迭代变化扰动不确定性分析均可转化为不确定二维系统的鲁棒性分析和鲁棒控制设计问题。文献[8]针对存在迭代变化不确定因素的线性离散系统，给出了一个二维模型下鲁棒 ILC 设计的基本框架，通过定义不同的系统稳定性，得到了一系列满足二维系统稳定的线性矩阵不等式条件，基于这些条件可实现 ILC 增益矩阵的设计。在此框架下，鲁棒 ILC 的设计结果可以推广至时滞不确定系统、仿射非线性系统及高阶 PI 型 ILC 算法的系统中[13-15]。

然而，上述基于二维系统理论的 ILC 分析与设计方法均未考虑网络参量约束的影响。按照之前章节的描述，当系统因网络传输限制存在随机数据丢失现象时，系统将由原来的确定性系统变为随机系统，文献[1]～[10]基于二维确定系统模型建立的 ILC 系统分析和设计方法无法推广到网络参量约束下的 ILC 系统中。鉴于此，本章借鉴已有二维随机系统的研究结果，给出系统存在数据丢失情况下的一种 ILC 设计方法。

与之前章节的 ILC 算法不同，本章算法的设计中同时利用状态信息和跟踪误差信息，并假设这两种信息通过不同的数据包传递且均存在数据丢失现象，这里的数据丢失仍然采用取值为 0 和 1 的 Bernoulli 随机序列描述。首先建立 ILC 系统的二维 Roesser 模型，定义系统的均方渐近稳定性；然后构造二维 Lyapunov 泛函，给出一个系统满足均方渐近稳定的线性矩阵不等式充分条件，基于该条件可通过求取线性矩阵不等式的可行解得到 ILC 的设计结果；最后考虑系统存在未建模动态的鲁棒 ILC 设计问题。

7.2 问题描述

考虑如下线性离散系统：

$$\begin{cases} x(t+1,k)=Ax(t,k)+Bu(t,k) \\ y(t,k)=Cx(t,k) \end{cases} \tag{7.1}$$

式中，k 代表迭代次数；t 代表时间变量；$x(t,k)$、$u(t,k)$、$y(t,k)$ 分别为系统状态变量、输入变量和输出变量；A、B、C 为具有合适维数的系统参数矩阵。$x(0,k)=x_{0k}$ 表示系统第 k 次迭代的初始条件。系统在区间 $t\in[0,N]$ 内重复运行，且每次运行的期望轨迹均为 $y_{\rm d}(t)$。

考虑如下 ILC 算法：

$$u(t,k+1)=u(t,k)+K_1(x(t,k+1)-x(t,k))+K_2e(t+1,k) \tag{7.2}$$

式中，$e(t,k)=y_{\rm d}(t)-y(t,k)$ 为跟踪误差。可以看出，与之前章节的 ILC 算法不同，这里在构造 ILC 算法时使用了系统的状态信息，关于这种构造方法的特点已在 7.1 节中进行了论述。

假设上述系统和 ILC 算法在网络环境下执行，其运行框图如图 7.1 所示。为方便研究，本章仅考虑数据丢失存在于传感器到控制器一侧。假设数据 $x(t,k+1)-x(t,k)$ 和 $y(t+1,k)$ 通过两条独立的信道传输至控制器，且控制器可以检测出这些数据是否存在丢失。若数据 $x(t,k+1)-x(t,k)$ 丢失，则设置控制器的更新项 $x(t,k+1)-x(t,k)$ 为 0；若数据 $y(t+1,k)$ 丢失，则设置控制器的更新项 $e(t+1,k)$ 为 0。因此，考虑数据丢失的情况下，ILC 算法(7.2)可描述为

$$\begin{aligned} u(t,k+1)=&u(t,k)+K_1\alpha(t+1,k)(x(t,k+1)-x(t,k)) \\ &+K_2\beta(t+1,k)e(t+1,k) \end{aligned} \tag{7.3}$$

式中，$\alpha(t,k)$ 和 $\beta(t,k)$ 为取值是 0 和 1 的 Bernoulli 随机变量且相互独立，其统计特性如下：

$$\text{Prob}\{\alpha(t,k)=1\}=\mathcal{E}\{\alpha(t,k)\}=\bar{\alpha}$$
$$\text{Prob}\{\beta(t,k)=1\}=\mathcal{E}\{\beta(t,k)\}=\bar{\beta}$$

式中，$\bar{\alpha}$、$\bar{\beta}$ 为已知常数且满足 $0\leqslant\bar{\alpha}$、$\bar{\beta}\leqslant1$；$\mathcal{E}\{\cdot\}$ 为数学期望因子。

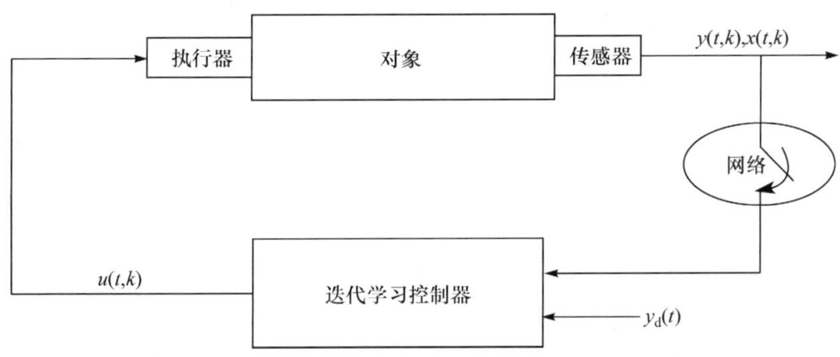

图 7.1　网络环境下的 ILC 系统框图

可以看出，由式(7.1)和式(7.3)组成的 ILC 系统在本质上是一个沿时间轴 t 和迭代轴 k 两个方向运行的二维系统，因此本章可以根据已有的二维系统理论[2,3,16]，建立该 ILC 系统的二维模型。

由式(7.1)和式(7.3)可得

$$\begin{aligned}&e(t,k+1)-e(t,k)\\&=y(t,k)-y(t,k+1)\\&=CAx(t-1,k)+CBu(t-1,k)-CAx(t-1,k+1)-CBu(t-1,k+1)\\&=-CA\eta(t,k)-CB[K_1\alpha(t,k)\eta(t,k)+K_2\beta(t,k)e(t,k)]\end{aligned}\tag{7.4}$$

式中，$\eta(t,k)=x(t-1,k+1)-x(t-1,k)$。

由式(7.1)和式(7.3)还可以得到

$$\begin{aligned}\eta(t+1,k)&=x(t,k+1)-x(t,k)\\&=Ax(t-1,k+1)+Bu(t-1,k+1)-Ax(t-1,k)-Bu(t-1,k)\\&=A\eta(t,k)+B[K_1\alpha(t,k)\eta(t,k)+K_2\beta(t,k)e(t,k)]\end{aligned}\tag{7.5}$$

将式(7.4)和式(7.5)改写为如下形式：

$$\begin{aligned}\begin{bmatrix}\eta(t+1,k)\\e(t,k+1)\end{bmatrix}&=\begin{bmatrix}A&0\\-CA&I\end{bmatrix}\begin{bmatrix}\eta(t,k)\\e(t,k)\end{bmatrix}+\begin{bmatrix}B\\-CB\end{bmatrix}[K_1\quad K_2]\begin{bmatrix}\alpha(t,k)\eta(t,k)\\\beta(t,k)e(t,k)\end{bmatrix}\\&=\begin{bmatrix}A+BK_1\alpha(t,k)&BK_2\beta(t,k)\\-CA-CBK_1\alpha(t,k)&I-CBK_2\beta(t,k)\end{bmatrix}\begin{bmatrix}\eta(t,k)\\e(t,k)\end{bmatrix}\end{aligned}\tag{7.6}$$

定义 $X^{\mathrm{h}}(t,k)=\eta(t,k)$，$X^{\mathrm{v}}(t,k)=e(t,k)$，则式(7.6)可以写成

$$\begin{bmatrix}X^{\mathrm{h}}(t+1,k)\\X^{\mathrm{v}}(t,k+1)\end{bmatrix}=\begin{bmatrix}A+BK_1\alpha(t,k)&BK_2\beta(t,k)\\-CA-CBK_1\alpha(t,k)&I-CBK_2\beta(t,k)\end{bmatrix}\begin{bmatrix}X^{\mathrm{h}}(t,k)\\X^{\mathrm{v}}(t,k)\end{bmatrix}\tag{7.7}$$

至此，存在数据丢失的 ILC 系统(7.1)和(7.3)转化为一个典型的二维 Roesser 系统(7.7)。可以看出，若二维系统是稳定的，则 ILC 系统的跟踪误差是收敛的。随机变量 $\alpha(t,k)$、$\beta(t,k)$的引入使系统(7.7)成为二维随机系统，在进行 ILC 的算法设计之前本章首先给出一个二维随机系统的稳定条件。

7.3 二维随机系统稳定性分析

本节中假设系统矩阵、ILC 增益矩阵及数据丢失概率 $\bar{\alpha}$、$\bar{\beta}$ 已知，利用这些已知信息首先给出二维系统的一个稳定性条件。

记二维系统的状态为

$$X(t,k)=[X^{\mathrm{h}}(t,k)^{\mathrm{T}} \quad X^{\mathrm{v}}(t,k)^{\mathrm{T}}]^{\mathrm{T}}$$

边界条件为

$$X_{0,0}=[X^{\mathrm{h}}(0,0)^{\mathrm{T}}\ X^{\mathrm{h}}(0,1)^{\mathrm{T}}\ X^{\mathrm{h}}(0,2)^{\mathrm{T}}\ \cdots\ X^{\mathrm{v}}(0,0)^{\mathrm{T}}\ X^{\mathrm{v}}(1,0)^{\mathrm{T}}\ X^{\mathrm{v}}(2,0)^{\mathrm{T}}\ \cdots]^{\mathrm{T}}$$

本节首先给出如下二维系统边界条件的假设和稳定性定义。

假设 7.1 二维系统(7.7)的边界条件满足：

$$\lim_{N\to\infty}\mathcal{E}\Big\{\sum_{i=0}^{N}[\,\|X^{\mathrm{h}}(0,i)\|^2+\|X^{\mathrm{v}}(i,0)\|^2]\Big\}<\infty$$

定义 7.1(均方渐近稳定) 在零输入情况下，如果二维系统(7.7)对任意初始边界条件 $\mathcal{E}\{\|X_{0,0}\|^2\}<\infty$ 均满足 $\lim\limits_{t+k\to\infty}\mathcal{E}\{\|X(t,k)\|^2\}=0$，那么系统(7.7)是均方渐近稳定的。

定义 $\tilde{\alpha}(t,k)=\alpha(t,k)-\bar{\alpha}$，$\tilde{\beta}(t,k)=\beta(t,k)-\bar{\beta}$，则

$$\mathcal{E}\{\tilde{\alpha}(t,k)\}=0,\quad \mathcal{E}\{\tilde{\alpha}(t,k)\tilde{\alpha}(t,k)\}=\bar{\alpha}(1-\bar{\alpha})$$

$$\mathcal{E}\{\tilde{\beta}(t,k)\}=0,\quad \mathcal{E}\{\tilde{\beta}(t,k)\tilde{\beta}(t,k)\}=\bar{\beta}(1-\bar{\beta})$$

同时，二维系统(7.7)可以写成

$$\begin{bmatrix}X^{\mathrm{h}}(t+1,k)\\X^{\mathrm{v}}(t,k+1)\end{bmatrix}=(\bar{A}_1+\tilde{\alpha}(t,k)\bar{A}_2+\tilde{\beta}(t,k)\bar{A}_3)\begin{bmatrix}X^{\mathrm{h}}(t,k)\\X^{\mathrm{v}}(t,k)\end{bmatrix} \tag{7.8}$$

式中

$$\bar{A}_1=\begin{bmatrix}A+\bar{\alpha}BK_1 & \bar{\beta}BK_2\\-CA-\bar{\alpha}CBK_1 & I-\bar{\beta}CBK_2\end{bmatrix}$$

$$\bar{A}_2=\begin{bmatrix}BK_1 & 0\\-CBK_1 & 0\end{bmatrix},\quad \bar{A}_3=\begin{bmatrix}0 & BK_2\\0 & -CBK_2\end{bmatrix}$$

定理 7.1 考虑系统(7.8)，假设矩阵 $\bar{A}_1$、$\bar{A}_2$、$\bar{A}_3$ 是已知的。如果存在正定矩阵 P_1、P_2 满足：

$$\bar{A}_1^{\mathrm{T}}P\bar{A}_1+\theta_1^2\bar{A}_2^{\mathrm{T}}P\bar{A}_2+\theta_2^2\bar{A}_3^{\mathrm{T}}P\bar{A}_3-P<0$$

那么系统是均方渐近稳定的。式中，$P\overset{\mathrm{def}}{=}\mathrm{diag}\{P_1,P_2\}>0$，$\theta_1^2=\bar{\alpha}(1-\bar{\alpha})$，$\theta_2^2=\bar{\beta}(1-\bar{\beta})$。

证明 定义

$$W_1=\mathcal{E}\left\{\begin{bmatrix}X^{\mathrm{h}}(t+1,k)\\X^{\mathrm{v}}(t,k+1)\end{bmatrix}^{\mathrm{T}}P\begin{bmatrix}X^{\mathrm{h}}(t+1,k)\\X^{\mathrm{v}}(t,k+1)\end{bmatrix}\middle|\,\tilde{x}\right\}$$

$$W_2=\tilde{x}^{\mathrm{T}}P\tilde{x}$$

式中，$\tilde{x}=\begin{bmatrix}X^{\mathrm{h}}(t,k)\\X^{\mathrm{v}}(t,k)\end{bmatrix}$。

考虑如下性能指标：

$$J\overset{\mathrm{def}}{=}W_1-W_2$$

将系统(7.8)代入上式所示的性能指标，考虑 $\tilde{\alpha}(t,k)$、$\tilde{\beta}(t,k)$ 的相互独立性及与 $X^{\mathrm{h}}(t,k)$ 和 $X^{\mathrm{v}}(t,k)$ 的独立性可得

$$\begin{aligned}J&=\mathcal{E}\left\{\begin{bmatrix}X^{\mathrm{h}}(t+1,k)\\X^{\mathrm{v}}(t,k+1)\end{bmatrix}^{\mathrm{T}}P\begin{bmatrix}X^{\mathrm{h}}(t+1,k)\\X^{\mathrm{v}}(t,k+1)\end{bmatrix}\middle|\,\tilde{x}\right\}-\tilde{x}^{\mathrm{T}}P\tilde{x}\\&=\tilde{x}^{\mathrm{T}}\boldsymbol{\Psi}\tilde{x}\end{aligned}$$

式中，$\boldsymbol{\Psi}=\overline{A}_1^{\mathrm{T}}P\overline{A}_1+\theta_1^2\overline{A}_2^{\mathrm{T}}P\overline{A}_2+\theta_2^2\overline{A}_3^{\mathrm{T}}P\overline{A}_3-P$。

因为 $\boldsymbol{\Psi}<0$，所以对于所有 $\tilde{x}\neq 0$ 有

$$\frac{W_1-W_2}{W_2}=-\frac{\tilde{x}^{\mathrm{T}}(-\boldsymbol{\Psi})\tilde{x}}{\tilde{x}^{\mathrm{T}}P\tilde{x}}\leqslant-\frac{\lambda_{\min}(-\boldsymbol{\Psi})}{\lambda_{\max}(P)}=\delta-1\tag{7.9}$$

式中，$\delta=1-\dfrac{\lambda_{\min}(-\boldsymbol{\Psi})}{\lambda_{\max}(P)}$。由于$\dfrac{\lambda_{\min}(-\boldsymbol{\Psi})}{\lambda_{\max}(P)}>0$，因此 $\delta<1$。由式(7.9)可得

$$\delta\geqslant\frac{W_1}{W_2}>0$$

因此，$\delta\in(0,1)$并且独立于 $\tilde{x}$，故可得 $W_1\leqslant\delta W_2$，对其两边取期望可得

$$\mathcal{E}\left\{\begin{bmatrix}X^{\mathrm{h}}(t+1,k)\\X^{\mathrm{v}}(t,k+1)\end{bmatrix}^{\mathrm{T}}P\begin{bmatrix}X^{\mathrm{h}}(t+1,k)\\X^{\mathrm{v}}(t,k+1)\end{bmatrix}\right\}\leqslant\delta\mathcal{E}\left\{\begin{bmatrix}X^{\mathrm{h}}(t,k)\\X^{\mathrm{v}}(t,k)\end{bmatrix}^{\mathrm{T}}P\begin{bmatrix}X^{\mathrm{h}}(t,k)\\X^{\mathrm{v}}(t,k)\end{bmatrix}\right\}\tag{7.10}$$

即

$$\begin{aligned}&\mathcal{E}\{X^{\mathrm{h}}(t+1,k)^{\mathrm{T}}P_1X^{\mathrm{h}}(t+1,k)+X^{\mathrm{v}}(t,k+1)^{\mathrm{T}}P_2X^{\mathrm{v}}(t,k+1)\}\\&\leqslant\delta\mathcal{E}\{X^{\mathrm{h}}(t,k)^{\mathrm{T}}P_1X^{\mathrm{h}}(t,k)+X^{\mathrm{v}}(t,k)^{\mathrm{T}}P_2X^{\mathrm{v}}(t,k)\}\end{aligned}$$

将式(7.10)中的 k 从 0 到 i 展开，并令 $t=i+1-k$，可得

$$\begin{aligned}&\mathcal{E}\{X^{\mathrm{v}}(i+1,0)^{\mathrm{T}}P_2X^{\mathrm{v}}(i+1,0)\}=\mathcal{E}\{X^{\mathrm{v}}(i+1,0)^{\mathrm{T}}P_2X^{\mathrm{v}}(i+1,0\}\\&\quad\mathcal{E}\{X^{\mathrm{h}}(i+1,0)^{\mathrm{T}}P_1X^{\mathrm{h}}(i+1,0)+X^{\mathrm{v}}(i,1)^{\mathrm{T}}P_2X^{\mathrm{v}}(i,1)\}\\&\leqslant\delta\mathcal{E}\{X^{\mathrm{h}}(i,0)^{\mathrm{T}}P_1X^{\mathrm{h}}(i,0)+X^{\mathrm{v}}(i,0)^{\mathrm{T}}P_2X^{\mathrm{v}}(i,0)\}\\&\quad\mathcal{E}\{X^{\mathrm{h}}(i,1)^{\mathrm{T}}P_1X^{\mathrm{h}}(i,1)+X^{\mathrm{v}}(i-1,2)^{\mathrm{T}}P_2X^{\mathrm{v}}(i-1,2)\}\\&\leqslant\delta\mathcal{E}\{X^{\mathrm{h}}(i-1,1)^{\mathrm{T}}P_1X^{\mathrm{h}}(i-1,1)+X^{\mathrm{v}}(i-1,1)^{\mathrm{T}}P_2X^{\mathrm{v}}(i-1,1)\}\\&\quad\mathcal{E}\{X^{\mathrm{h}}(i-1,2)^{\mathrm{T}}P_1X^{\mathrm{h}}(i-1,2)+X^{\mathrm{v}}(i-2,3)^{\mathrm{T}}P_2X^{\mathrm{v}}(i-2,3)\}\\&\leqslant\delta\mathcal{E}\{X^{\mathrm{h}}(i-2,2)^{\mathrm{T}}P_1X^{\mathrm{h}}(i-2,2)+X^{\mathrm{v}}(i-2,2)^{\mathrm{T}}P_2X^{\mathrm{v}}(i-2,2)\}\end{aligned}$$

$$\vdots$$

$$\begin{aligned}&\mathcal{E}\{X^{\mathrm{h}}(1,i)^{\mathrm{T}}P_1X^{\mathrm{h}}(1,i)+X^{\mathrm{v}}(0,i+1)^{\mathrm{T}}P_2X^{\mathrm{v}}(0,i+1)\}\\&\leqslant\delta\mathcal{E}\{X^{\mathrm{h}}(0,i)^{\mathrm{T}}P_1X^{\mathrm{h}}(0,i)+X^{\mathrm{v}}(0,i)^{\mathrm{T}}P_2X^{\mathrm{v}}(0,i)\}\\&\mathcal{E}\{X^{\mathrm{h}}(0,i+1)^{\mathrm{T}}P_1X^{\mathrm{h}}(0,i+1)\}=\mathcal{E}\{X^{\mathrm{h}}(0,i+1)^{\mathrm{T}}P_1X^{\mathrm{h}}(0,i+1)\}\end{aligned}\tag{7.11}$$

式(7.11)两端分别累加可得

$$\begin{aligned}&\mathcal{E}\Big\{\sum_{j=0}^{i+1}[X^{\mathrm{h}}(i+1-j,j)^{\mathrm{T}}P_1X^{\mathrm{h}}(i+1-j,j)+X^{\mathrm{v}}(i+1-j,j)^{\mathrm{T}}P_2X^{\mathrm{v}}(i+1-j,j)]\Big\}\\&\leqslant\delta\mathcal{E}\Big\{\sum_{j=0}^{i}[X^{\mathrm{h}}(i-j,j)^{\mathrm{T}}P_1X^{\mathrm{h}}(i-j,j)+X^{\mathrm{v}}(i-j,j)^{\mathrm{T}}P_2X^{\mathrm{v}}(i-j,j)]\Big\}\\&\quad+\mathcal{E}\{X^{\mathrm{v}}(i+1,0)^{\mathrm{T}}P_2X^{\mathrm{v}}(i+1,0)\}+\mathcal{E}\{X^{\mathrm{h}}(i+1,0)^{\mathrm{T}}P_1X^{\mathrm{h}}(i+1,0)\}\end{aligned}$$

进一步可得

$$\begin{aligned}&\mathcal{E}\Big\{\sum_{j=0}^{i+1}[X^{\mathrm{h}}(i+1-j,j)^{\mathrm{T}}P_1X^{\mathrm{h}}(i+1-j,j)+X^{\mathrm{v}}(i+1-j,j)^{\mathrm{T}}P_2X^{\mathrm{v}}(i+1-j,j)]\Big\}\\&\leqslant\delta^{i+1}\mathcal{E}\{X^{\mathrm{h}}(0,0)^{\mathrm{T}}P_1X^{\mathrm{h}}(0,0)+X^{\mathrm{v}}(0,0)^{\mathrm{T}}P_2X^{\mathrm{v}}(0,0)\}\\&\quad+\mathcal{E}\Big\{\sum_{j=0}^{i}\delta^{j}[X^{\mathrm{v}}(i+1-j,0)^{\mathrm{T}}P_2X^{\mathrm{v}}(i+1-j,0)+X^{\mathrm{h}}(0,i+1-j)^{\mathrm{T}}P_1X^{\mathrm{h}}(0,i+1-j)]\Big\}\\&=\mathcal{E}\Big\{\sum_{j=0}^{i+1}\delta^{j}[X^{\mathrm{v}}(i+1-j,0)^{\mathrm{T}}P_2X^{\mathrm{v}}(i+1-j,0)+X^{\mathrm{h}}(0,i+1-j)^{\mathrm{T}}P_1X^{\mathrm{h}}(0,i+1-j)]\Big\}\end{aligned}$$

因此

$$\begin{aligned}&\mathcal{E}\Big\{\sum_{j=0}^{i+1}\|X(i+1-j,j)\|^2\Big\}\\&\leqslant\kappa\sum_{j=0}^{i+1}\delta^{j}\mathcal{E}\{\|X^{\mathrm{v}}(i+1-j,0)\|^2+\|X^{\mathrm{h}}(0,i+1-j)\|^2\}\end{aligned}\tag{7.12}$$

式中，$\kappa:=\dfrac{\lambda_{\max}(P)}{\lambda_{\min}(P)}$。定义 $\chi_i:=\sum\limits_{j=0}^{i}\|X(i-j,j)\|^2$，在式(7.12)的基础上进一步可得

$$\begin{aligned}&\mathcal{E}\{\chi_0\}\leqslant\kappa\mathcal{E}\{\|X^{\mathrm{v}}(0,0)\|^2+\|X^{\mathrm{h}}(0,0)\|^2\}\\&\mathcal{E}\{\chi_1\}\leqslant\kappa[\delta\mathcal{E}\{\|X^{\mathrm{v}}(0,0)\|^2+\|X^{\mathrm{h}}(0,0)\|^2\}+\mathcal{E}\{\|X^{\mathrm{v}}(1,0)\|^2+\|X^{\mathrm{h}}(0,1)\|^2\}]\\&\mathcal{E}\{\chi_2\}\leqslant\kappa[\delta^2\mathcal{E}\{\|X^{\mathrm{v}}(0,0)\|^2+\|X^{\mathrm{h}}(0,0)\|^2\}+\delta\mathcal{E}\{\|X^{\mathrm{v}}(1,0)\|^2+\|X^{\mathrm{h}}(0,1)\|^2\}\\&\qquad\quad+\mathcal{E}\{\|X^{\mathrm{v}}(2,0)\|^2+\|X^{\mathrm{h}}(0,2)\|^2\}]\\&\qquad\qquad\vdots\\&\mathcal{E}\{\chi_N\}\leqslant\kappa[\delta^N\mathcal{E}\{\|X^{\mathrm{v}}(0,0)\|^2+\|X^{\mathrm{h}}(0,0)\|^2\}+\delta^{N-1}\mathcal{E}\{\|X^{\mathrm{v}}(1,0)\|^2+\|X^{\mathrm{h}}(0,1)\|^2\}\\&\qquad\quad+\cdots+\mathcal{E}\{\|X^{\mathrm{v}}(N,0)\|^2+\|X^{\mathrm{h}}(0,N)\|^2\}]\end{aligned}$$

上式两端分别累加可得

$$\begin{aligned}
\sum_{i=0}^{N}\mathcal{E}\{\chi_i\}\leqslant&\kappa(1+\delta+\cdots+\delta^N)\mathcal{E}\{\|X^{\mathrm{v}}(0,0)\|^2+\|X^{\mathrm{h}}(0,0)\|^2\}\\
&+\kappa(1+\delta+\cdots+\delta^{N-1})\mathcal{E}\{\|X^{\mathrm{v}}(1,0)\|^2+\|X^{\mathrm{h}}(0,1)\|^2\}\\
&+\cdots+\kappa\mathcal{E}\{\|X^{\mathrm{v}}(N,0)\|^2+\|X^{\mathrm{h}}(0,N)\|^2\}\\
\leqslant&\kappa(1+\delta+\cdots+\delta^N)\mathcal{E}\{\|X^{\mathrm{v}}(0,0)\|^2+\|X^{\mathrm{h}}(0,0)\|^2\}\\
&+\kappa(1+\delta+\cdots+\delta^N)\mathcal{E}\{\|X^{\mathrm{v}}(1,0)\|^2+\|X^{\mathrm{h}}(0,1)\|^2\}\\
&+\cdots+\kappa(1+\delta+\cdots+\delta^N)\mathcal{E}\{\|X^{\mathrm{v}}(N,0)\|^2+\|X^{\mathrm{h}}(0,N)\|^2\}\\
=&\kappa\frac{1-\delta^{N+1}}{1-\delta}\mathcal{E}\left\{\sum_{i=0}^{N}[\|X^{\mathrm{v}}(i,0)\|^2+\|X^{\mathrm{h}}(0,i)\|^2]\right\}
\end{aligned}\tag{7.13}$$

根据假设 7.1 可知不等式(7.13)右边是有界的，这意味着$\lim_{i\to\infty}\mathcal{E}\{\chi_i\}=0$，即$\lim_{t+k\to\infty}\mathcal{E}\{\|X(t,k)\|^2\}=0$。因此，二维随机系统(7.8)是均方渐近稳定的。

注 7.1　定理 7.1 给出了二维随机系统均方渐近稳定的一个充分条件，当 ILC 系统不存在数据丢失，即$\bar{\alpha}=\bar{\beta}=1$时，定理 7.1 中的充分条件变为

$$\bar{A}_1^{\mathrm{T}}P\bar{A}_1-P<0$$

该条件为文献[17]中确定二维离散系统的稳定性条件，因此本章得到的稳定性条件更具有一般性。

7.4　迭代学习控制器设计

本节将给出一种利用定理 7.1 的稳定性条件，实现迭代学习控制增益矩阵 K_1、K_2 设计的方法，这里 ILC 的设计需要系统矩阵 A、B、C 全部已知。

引理 7.1(Schur 补引理)　假设 W、L、V 是给定的适维矩阵，其中 W 和 V 是正定对称矩阵，$L^{\mathrm{T}}VL-W<0$ 成立的条件为当且仅当

$$\begin{bmatrix}-W & L^{\mathrm{T}}\\ L & -V^{-1}\end{bmatrix}<0$$

或

$$\begin{bmatrix}-V^{-1} & L\\ L^{\mathrm{T}} & -W\end{bmatrix}<0$$

成立。

定理 7.2　对于二维随机系统(7.8)，如果存在正定矩阵 Q_1、Q_2，矩阵 M_1 和 M_2 满足如下矩阵不等式：

$$\begin{bmatrix} -Q_1 & 0 & 0 & 0 & 0 & 0 & A+\bar{\alpha}BM_1 & \bar{\beta}BM_2 \\ & -Q_2 & 0 & 0 & 0 & 0 & -CA-\bar{\alpha}CBM_1 & I-\bar{\beta}CBM_2 \\ & & -Q_1 & 0 & 0 & 0 & \theta_1 BM_1 & 0 \\ & & & -Q_2 & 0 & 0 & -\theta_1 CBM_1 & 0 \\ & & & & -Q_1 & 0 & 0 & \theta_2 BM_2 \\ & & * & & & -Q_2 & 0 & -\theta_2 CBM_2 \\ & & & & & & -Q_1 & 0 \\ & & & & & & & -Q_2 \end{bmatrix}<0 \tag{7.14}$$

那么二维随机系统(7.8)是均方渐近稳定的,此时 ILC 的学习增益矩阵可以设计为

$$K_1=M_1Q_1^{-1},\quad K_2=M_2Q_2^{-1}$$

证明 定理 7.1 中的条件可以写成如下形式:

$$[\overline{A}_1^{\mathrm{T}}P \quad \theta_1\overline{A}_2^{\mathrm{T}}P \quad \theta_2\overline{A}_3^{\mathrm{T}}P]\begin{bmatrix} P & & \\ & P & \\ & & P \end{bmatrix}^{-1}\begin{bmatrix} P\overline{A}_1 \\ \theta_1 P\overline{A}_2 \\ \theta_2 P\overline{A}_3 \end{bmatrix}-P<0 \tag{7.15}$$

根据引理 7.1,不等式(7.15)等价于如下形式:

$$\begin{bmatrix} -P & 0 & 0 & P\overline{A}_1 \\ & -P & 0 & \theta_1 P\overline{A}_2 \\ & * & -P & \theta_2 P\overline{A}_3 \\ & & & -P \end{bmatrix}<0$$

将矩阵 $\overline{A}_1$、$\overline{A}_2$、$\overline{A}_3$ 的表达式代入上式可得

$$\begin{bmatrix} -P_1 & 0 & 0 & 0 & 0 & 0 & P_1A+P_1\bar{\alpha}BK_1 & \bar{\beta}P_1BK_2 \\ & -P_2 & 0 & 0 & 0 & 0 & -P_2CA-\bar{\alpha}P_2CBK_1 & P_2-\bar{\beta}P_2CBK_2 \\ & & -P_1 & 0 & 0 & 0 & \theta_1 P_1BK_1 & 0 \\ & & & -P_2 & 0 & 0 & -\theta_1 P_2CBK_1 & 0 \\ & & & & -P_1 & 0 & 0 & \theta_2 P_1BK_2 \\ & & * & & & -P_2 & 0 & -\theta_2 P_2CBK_2 \\ & & & & & & -P_1 & 0 \\ & & & & & & & -P_2 \end{bmatrix}<0 \tag{7.16}$$

定义 $Q_1=P_1^{-1}$、$Q_2=P_2^{-1}$,对式(7.16)分别左乘和右乘 $\mathrm{diag}(Q_1,Q_2,Q_1,Q_2,Q_1,Q_2,Q_1,Q_2)$得

$$
\begin{bmatrix}
-Q_1 & 0 & 0 & 0 & 0 & 0 & AQ_1+\bar{\alpha}BK_1Q_1 & \bar{\beta}BK_2Q_2 \\
 & -Q_2 & 0 & 0 & 0 & 0 & -CAQ_1-\bar{\alpha}CBK_1Q_1 & Q_2-\bar{\beta}CBK_2Q_2 \\
 & & -Q_1 & 0 & 0 & 0 & \theta_1 BK_1Q_1 & 0 \\
 & & & -Q_2 & 0 & 0 & -\theta_1 CBK_1Q_1 & 0 \\
 & & & & -Q_1 & 0 & 0 & \theta_2 BK_2Q_2 \\
 & & * & & & -Q_2 & 0 & -\theta_2 CBK_2Q_2 \\
 & & & & & & -Q_1 & 0 \\
 & & & & & & & -Q_2
\end{bmatrix}<0
$$

令 $K_1Q_1=M_1$、$K_2Q_2=M_2$，可得式(7.14)。

注 7.2　定理 7.2 给出了二维离散系统(7.8)的一个均方渐近稳定 LMI 条件，如果该条件的可行解存在，那么系统是均方渐近稳定的，且满足可行解的矩阵 Q_1、Q_2、M_1、M_2 可以用于构造 ILC 的增益矩阵。

7.5　鲁棒迭代学习控制器设计

考虑如下具有不确定扰动项的离散时间系统：

$$
\begin{cases}
x(t+1,k)=(A+\Delta A)x(t,k)+(B+\Delta B)u(t,k) \\
y(t,k)=Cx(t,k)
\end{cases}
$$

式中，ΔA 和 ΔB 表示矩阵 A 和 B 的不确定扰动项，其表达式为

$$
\Delta A=E\Sigma F_1,\quad \Delta B=E\Sigma F_2
$$

式中，E、F_1、F_2 为已知的实矩阵，代表不确定扰动项的结构；Σ 代表系统的不确定扰动，满足 $\Sigma^{\mathrm{T}}\Sigma\leqslant I$。

根据 7.2 节中二维随机模型的建立方法，此时的二维随机系统(7.8)变为

$$
\begin{aligned}
\begin{bmatrix} X^{\mathrm{h}}(t+1,k) \\ X^{\mathrm{v}}(t,k+1) \end{bmatrix} &= \begin{bmatrix} (A+\Delta A)+\bar{\alpha}(B+\Delta B)K_1 & \bar{\beta}(B+\Delta B)K_2 \\ -C(A+\Delta A)-\bar{\alpha}C(B+\Delta B)K_1 & I-\bar{\beta}C(B+\Delta B)K_2 \end{bmatrix}\begin{bmatrix} X^{\mathrm{h}}(t,k) \\ X^{\mathrm{v}}(t,k) \end{bmatrix} \\
&\quad +\tilde{\alpha}(t,k)\begin{bmatrix} (B+\Delta B)K_1 & 0 \\ -C(B+\Delta B)K_1 & 0 \end{bmatrix}\begin{bmatrix} X^{\mathrm{h}}(t,k) \\ X^{\mathrm{v}}(t,k) \end{bmatrix} \\
&\quad +\tilde{\beta}(t,k)\begin{bmatrix} 0 & (B+\Delta B)K_2 \\ 0 & -C(B+\Delta B)K_2 \end{bmatrix}\begin{bmatrix} X^{\mathrm{h}}(t,k) \\ X^{\mathrm{v}}(t,k) \end{bmatrix}
\end{aligned} \tag{7.17}
$$

引理 7.2　假设 Σ_1、Σ_2 是具有适当维数的矩阵或者向量，对于任意标量 $\varepsilon>0$ 和适维矩阵 Δ 满足 $\Delta\Delta^{\mathrm{T}}\leqslant I$，则如下不等式成立：

$$
\Sigma_1\Delta\Sigma_2+\Sigma_2^{\mathrm{T}}\Delta^{\mathrm{T}}\Sigma_1^{\mathrm{T}}\leqslant\varepsilon\Sigma_1\Sigma_1^{\mathrm{T}}+\varepsilon^{-1}\Sigma_2^{\mathrm{T}}\Sigma_2
$$

定理 7.3　对于二维随机系统(7.17)，如果存在正定矩阵 Q_1、Q_2，矩阵 M_1、M_2 和标量 $\varepsilon>0$ 满足如下线性矩阵不等式：

$$
\begin{bmatrix}
\Xi_1 & 0 & 0 & 0 & 0 & 0 & AQ_1+\bar{\alpha}BM_1 & \bar{\beta}BM_2 & 0 & 0 & 0 \\
 & \Xi_2 & 0 & 0 & 0 & 0 & -CAQ_1-\bar{\alpha}CBM_1 & Q_2-\bar{\beta}CBM_2 & 0 & 0 & 0 \\
 & & \Xi_1 & 0 & 0 & 0 & \theta_1 BM_1 & 0 & 0 & 0 & 0 \\
 & & & \Xi_2 & 0 & 0 & -\theta_1 CBM_1 & 0 & 0 & 0 & 0 \\
 & & & & \Xi_1 & 0 & 0 & \theta_2 BM_2 & 0 & 0 & 0 \\
 & & & & & \Xi_2 & 0 & -\theta_2 CBM_2 & 0 & 0 & 0 \\
 & & & & & & -Q_1 & 0 & (F_1Q_1+\bar{\alpha}F_2M_1)^{\mathrm{T}} & \theta_1\ (F_2M_1)^{\mathrm{T}} & 0 \\
 & & & & & & & -Q_2 & \bar{\beta}\,(F_2M_2)^{\mathrm{T}} & 0 & \theta_2\ (F_2M_2)^{\mathrm{T}} \\
 & & & * & & & & & -\varepsilon I & 0 & 0 \\
 & & & & & & & & & -\varepsilon I & 0 \\
 & & & & & & & & & & -\varepsilon I
\end{bmatrix}<0
$$

那么系统(7.17)是均方渐近稳定的，式中，$\Xi_1=-Q_1+\varepsilon EE^{\mathrm{T}}$，$\Xi_2=-Q_2+\varepsilon CE\cdot(CE)^{\mathrm{T}}$。当上述线性矩阵不等式存在可行解时，ILC 增益矩阵可以设计为

$$K_1=M_1Q_1^{-1},\quad K_2=M_2Q_2^{-1}$$

证明 根据定理 7.2 可得，如果不确定二维随机系统(7.17)是均方渐近稳定的，那么存在正定矩阵 Q_1、Q_2，矩阵 M_1 和 M_2 满足如下线性矩阵不等式：

$$
\begin{bmatrix}
-Q_1 & 0 & 0 & 0 & 0 & 0 & (A+\Delta A)Q_1+\bar{\alpha}(B+\Delta B)M_1 & \bar{\beta}(B+\Delta B)M_2 \\
 & -Q_2 & 0 & 0 & 0 & 0 & -C(A+\Delta A)Q_1-\bar{\alpha}C(B+\Delta B)M_1 & Q_2-\bar{\beta}C(B+\Delta B)M_2 \\
 & & -Q_1 & 0 & 0 & 0 & \theta_1(B+\Delta B)M_1 & 0 \\
 & & & -Q_2 & 0 & 0 & -\theta_1 C(B+\Delta B)M_1 & 0 \\
 & & & & -Q_1 & 0 & 0 & \theta_2(B+\Delta B)M_2 \\
 & & * & & & -Q_2 & 0 & -\theta_2 C(B+\Delta B)M_2 \\
 & & & & & & -Q_1 & 0 \\
 & & & & & & & -Q_2
\end{bmatrix}<0
\tag{7.18}
$$

将式(7.18)写成如下形式：

$$
\begin{aligned}
&\Pi+\begin{bmatrix} E \\ -CE \\ 0_{6\times 1}\end{bmatrix}\Sigma\begin{bmatrix}0_{1\times 6} & F_1Q_1+\bar{\alpha}F_2M_1 & \bar{\beta}F_2M_2\end{bmatrix} \\
&+\left(\begin{bmatrix} E \\ -CE \\ 0_{6\times 1}\end{bmatrix}\Sigma\begin{bmatrix}0_{1\times 6} & F_1Q_1+\bar{\alpha}F_2M_1 & \bar{\beta}F_2M_2\end{bmatrix}\right)^{\mathrm{T}} \\
&+\begin{bmatrix} 0 \\ 0 \\ E \\ -CE \\ 0_{4\times 1}\end{bmatrix}\Sigma\begin{bmatrix}0_{1\times 6} & \theta_1 F_2M_1 & 0\end{bmatrix}+\left(\begin{bmatrix} 0 \\ 0 \\ E \\ -CE \\ 0_{4\times 1}\end{bmatrix}\Sigma\begin{bmatrix}0_{1\times 6} & \theta_1 F_2M_1 & 0\end{bmatrix}\right)^{\mathrm{T}}
\end{aligned}
$$

$$
+\begin{bmatrix} 0_{4\times 1} \\ E \\ -CE \\ 0 \\ 0 \end{bmatrix}\Sigma\begin{bmatrix} 0_{1\times 6} & 0 & \theta_2 F_2 M_2 \end{bmatrix}+\left(\begin{bmatrix} 0_{4\times 1} \\ E \\ -CE \\ 0 \\ 0 \end{bmatrix}\Sigma\begin{bmatrix} 0_{1\times 6} & 0 & \theta_2 F_2 M_2 \end{bmatrix}\right)^{\mathrm{T}}<0
$$

式中

$$
\boldsymbol{\Pi}=\begin{bmatrix}
-\boldsymbol{Q}_1 & 0 & 0 & 0 & 0 & 0 & A\boldsymbol{Q}_1+\bar{\alpha}BM_1 & \bar{\beta}BM_2 \\
 & -\boldsymbol{Q}_2 & 0 & 0 & 0 & 0 & -CA\boldsymbol{Q}_1-\bar{\alpha}CBM_1 & \boldsymbol{Q}_2-\bar{\beta}CBM_2 \\
 & & -\boldsymbol{Q}_1 & 0 & 0 & 0 & \theta_1 BM_1 & 0 \\
 & & & -\boldsymbol{Q}_2 & 0 & 0 & -\theta_1 CBM_1 & 0 \\
 & & & & -\boldsymbol{Q}_1 & 0 & 0 & \theta_2 BM_2 \\
 & & * & & & -\boldsymbol{Q}_2 & 0 & -\theta_2 CBM_2 \\
 & & & & & & -\boldsymbol{Q}_1 & 0 \\
 & & & & & & & -\boldsymbol{Q}_2
\end{bmatrix}
$$

利用引理 7.2 可得，存在一个标量 $\varepsilon>0$ 使得下式成立：

$$
\begin{aligned}
&\boldsymbol{\Pi}+\varepsilon\begin{bmatrix} E \\ -CE \\ 0_{6\times 1} \end{bmatrix}\begin{bmatrix} E^{\mathrm{T}} & -(CE)^{\mathrm{T}} & 0_{1\times 6} \end{bmatrix} \\
&+\varepsilon^{-1}\begin{bmatrix} 0_{6\times 1} \\ (F_1\boldsymbol{Q}_1+\bar{\alpha}F_2M_1)^{\mathrm{T}} \\ \bar{\beta}(F_2M_2)^{\mathrm{T}} \end{bmatrix}\begin{bmatrix} 0_{1\times 6} & F_1\boldsymbol{Q}_1+\bar{\alpha}F_2M_1 & \bar{\beta}F_2M_2 \end{bmatrix} \\
&+\varepsilon\begin{bmatrix} 0 \\ 0 \\ E \\ -CE \\ 0_{4\times 1} \end{bmatrix}\begin{bmatrix} 0 & 0 & E^{\mathrm{T}} & -(CE)^{\mathrm{T}} & 0_{1\times 4} \end{bmatrix}+\varepsilon^{-1}\begin{bmatrix} 0_{6\times 1} \\ \theta_1(F_2M_1)^{\mathrm{T}} \\ 0 \end{bmatrix}\begin{bmatrix} 0_{1\times 6} & \theta_1 F_2M_1 & 0 \end{bmatrix} \\
&+\varepsilon\begin{bmatrix} 0_{4\times 1} \\ E \\ -CE \\ 0 \\ 0 \end{bmatrix}\begin{bmatrix} 0_{1\times 4} & E^{\mathrm{T}} & -(CE)^{\mathrm{T}} & 0 & 0 \end{bmatrix}+\varepsilon^{-1}\begin{bmatrix} 0_{6\times 1} \\ 0 \\ \theta_2(F_2M_2)^{\mathrm{T}} \end{bmatrix}\begin{bmatrix} 0_{1\times 6} & 0 & \theta_2 F_2M_2 \end{bmatrix}<0
\end{aligned}
\tag{7.19}
$$

矩阵不等式(7.19)可进一步写为

$$\begin{bmatrix} \Xi_1 & 0 & 0 & 0 & 0 & 0 & A+\bar{\alpha}BM_1 & \bar{\beta}BM_2 \\ & \Xi_2 & 0 & 0 & 0 & 0 & -CA-\bar{\alpha}CBM_1 & I-\bar{\beta}CBM_2 \\ & & \Xi_1 & 0 & 0 & 0 & \theta_1 BM_1 & 0 \\ & & & \Xi_2 & 0 & 0 & -\theta_1 CBM_1 & 0 \\ & & & & \Xi_1 & 0 & 0 & \theta_2 BM_2 \\ & & * & & & \Xi_2 & 0 & -\theta_2 CBM_2 \\ & & & & & & -Q_1 & 0 \\ & & & & & & & -Q_2 \end{bmatrix}$$

$$+\varepsilon^{-1}\begin{bmatrix} 0_{6\times 1} & 0_{6\times 1} & 0_{6\times 1} \\ (F_1Q_1+\bar{\alpha}F_2M_1)^{\mathrm{T}} & \theta_1(F_2M_1)^{\mathrm{T}} & 0 \\ \bar{\beta}(F_2M_2)^{\mathrm{T}} & 0 & \theta_2(F_2M_2)^{\mathrm{T}} \end{bmatrix}\begin{bmatrix} 0_{1\times 6} & F_1Q_1+\bar{\alpha}F_2M_1 & \bar{\beta}F_2M_2 \\ 0_{1\times 6} & \theta_1 F_2M_1 & 0 \\ 0_{1\times 6} & 0 & \theta_2 F_2M_2 \end{bmatrix}<0 \tag{7.20}$$

根据 Schur 补引理,矩阵不等式(7.20)等价于定理 7.2 中的条件。

7.6 仿真示例

考虑如下 SISO 线性系统:

$$\begin{cases} x(k,t+1)=\left(\begin{bmatrix} 1.58 & -0.59 \\ 1 & 0 \end{bmatrix}+\Delta A\right)x(k,t)+\left(\begin{bmatrix} 1 \\ 0 \end{bmatrix}+\Delta B\right)u(k,t) \\ y(k,t)=[1.69 \quad -1.42]x(k,t) \end{cases}$$

式中,ΔA 和 ΔB 为非重复的不确定参数扰动。仿真中,为简单起见,假设它们是仅随迭代次数变化的,取值如下:

$$E=\begin{bmatrix} 0.1 & 0.1 \\ 0 & 0 \end{bmatrix},\quad F_1=\begin{bmatrix} 1 & 0 \\ 0 & 1 \end{bmatrix},\quad F_2=\begin{bmatrix} 0.05 \\ 0.05 \end{bmatrix}$$

$$\Sigma=\begin{bmatrix} \xi_1(k) & 0 \\ 0 & \xi_2(k) \end{bmatrix},\quad |\xi_1(k)|<1,\quad |\xi_2(k)|<1$$

$\xi_1(k)$和 $\xi_2(k)$在$[-1,1]$内随机取值。系统的期望跟踪轨迹为

$$y_{\mathrm{d}}(t)=\begin{cases} \sin(0.01\pi t), & 1\leqslant t<200 \\ 1, & 200\leqslant t<300 \\ 4-0.01t, & 300\leqslant t<400 \end{cases}$$

假设系统分别存在如下两种情况的数据丢失:

Case1:$\bar{\alpha}=\bar{\beta}=0.85$;

Case2:$\bar{\alpha}=\bar{\beta}=0.75$。

Case1 表示有 15%的数据丢失，Case2 表示有 25%的数据丢失。对于所有迭代过程 k，系统的初始条件设置为 $x_1(0,k)=x_2(0,k)=0$。根据定理 7.3，可计算得到两种不同数据丢失情况下的控制器增益，其中 Case1 的控制器增益为 $K_1=[-1.43\quad 0.37]$、$K_2=0.07$，Case2 的控制器增益为 $K_1=[-1.82\quad 0.45]$、$K_2=0.058$。Case1 的仿真结果如图 7.2 和图 7.3 所示。图 7.2 为迭代域上的最大跟踪误差，图 7.3 为第 5 次、第 10 次、第 50 次迭代过程的系统跟踪效果。可以看出，受数据丢失的影响，在初始迭代过程中系统输出与期望轨迹存在较大的跟踪误差，但随着迭代次数的增加，跟踪误差越来越小。因此，本章所提出的 ILC 设计方法在系统存在数据丢失时对迭代变化的未建模动态具有较好的鲁棒性。

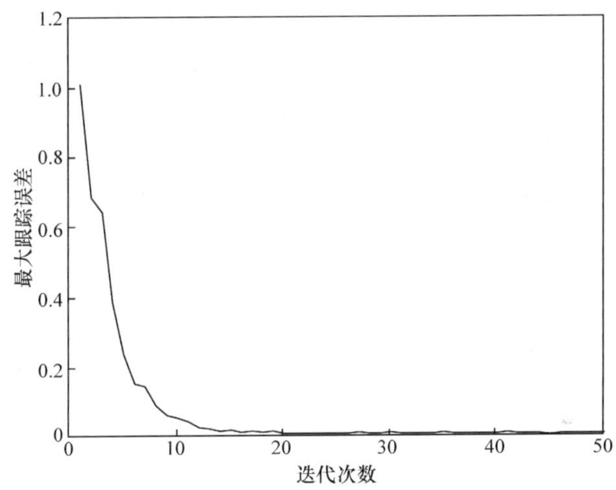

图 7.2　Case1 仿真结果：迭代域上的最大跟踪误差

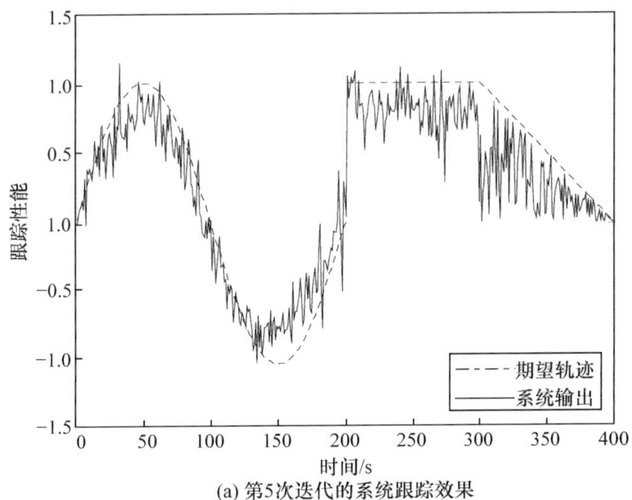

(a) 第5次迭代的系统跟踪效果

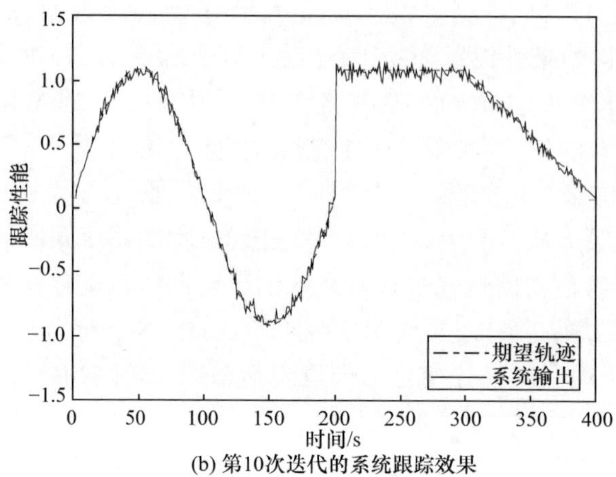

(b) 第10次迭代的系统跟踪效果

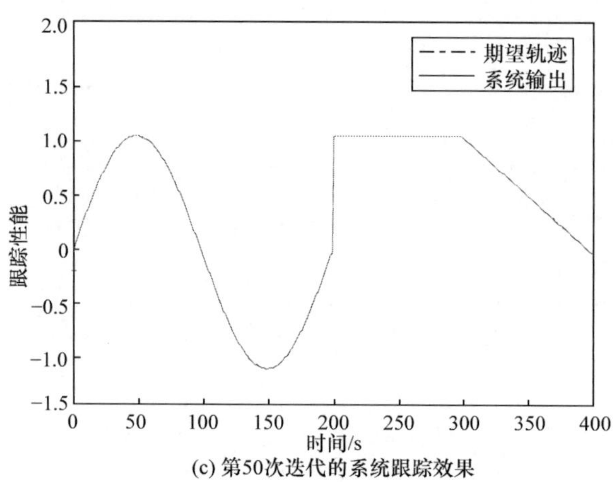

(c) 第50次迭代的系统跟踪效果

图 7.3 Case1 仿真结果

为揭示数据丢失对本章设计方法的影响，本节给出了 Case2 的仿真结果。图 7.4 为迭代域上的最大跟踪误差，图 7.5 为第 5 次、第 10 次、第 50 次迭代过程的系统跟踪效果。仿真结果表明，此时的 ILC 仍然可以保证跟踪误差的收敛性。但随着数据丢失程度的增加，系统的收敛速度将变慢，同时误差的收敛上界也会增大。

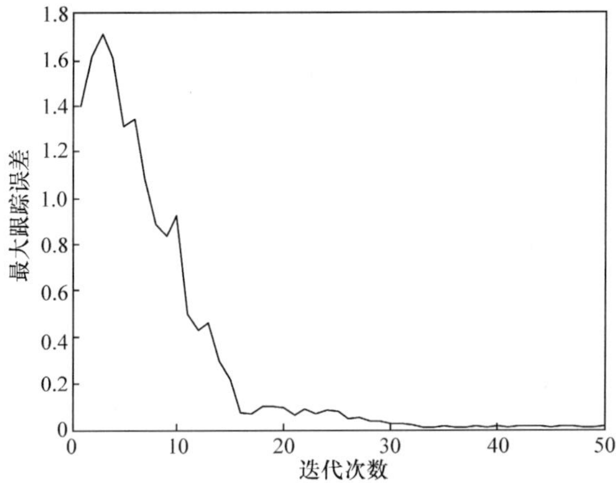

图 7.4　Case2 仿真结果:迭代域上的最大跟踪误差

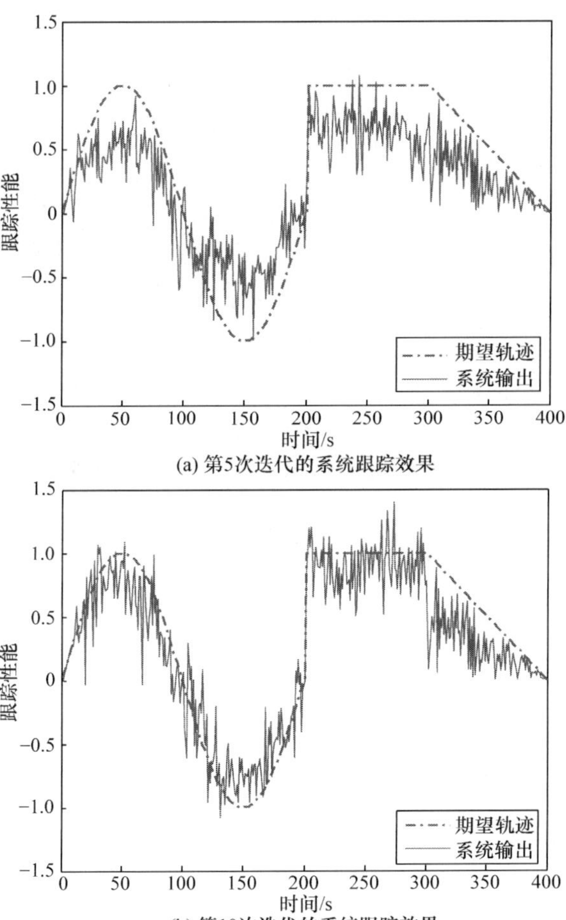

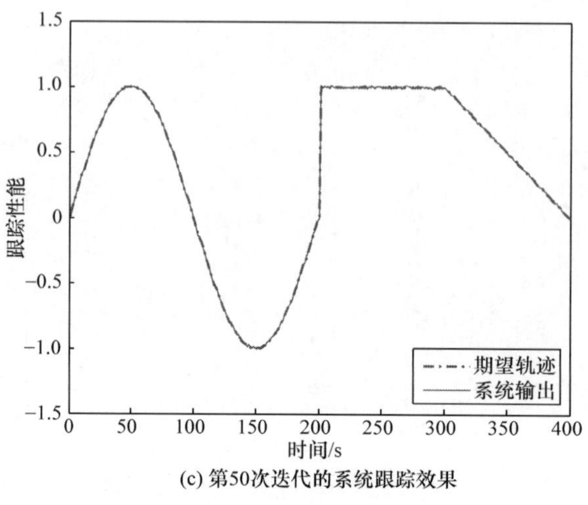

(c) 第50次迭代的系统跟踪效果

图 7.5 Case2 仿真结果

7.7 本章小结

本章研究了存在数据丢失时 ILC 系统的设计问题，这里算法的构造考虑同时利用系统状态信息和跟踪误差信息的情况，并假设这两种不同的数据均存在丢失的情况。建立了 ILC 系统的随机二维模型，将 ILC 算法的设计问题转化为二维随机系统的均方渐近稳定问题。给出了二维系统的一个均方渐近稳定充分条件，并基于该条件通过求取线性矩阵不等式的可行解实现了 ILC 的算法设计。本章的设计方法还进一步推广到包含迭代变化不确定系统的鲁棒 ILC 设计中。通过理论推导过程不难看出，基于本章框架，ILC 的其他问题如网络延迟、H_∞ 设计等同样可以讨论。

参考文献

[1] Geng Z, Carroll R, Xie J H. Two-dimensional model and algorithm analysis for a class of iterative learning control systems. International Journal of Control, 1990, 52(4): 833-862.

[2] Kurek J E, Zaremba M B. Iterative learning control synthesis based on 2-D system theory. IEEE Transactions on Automatic Control, 1993, 38(1): 121-125.

[3] Chow T W S, Fang Y. An iterative learning control method for continuous-time systems based on 2-D system theory. IEEE Transactions on Circuits and Systems-Part I: Fundamental Theory and Applications, 1998, 45(6): 683-689.

[4] Meng D Y, Jia Y M, Du J P, et al. Robust iterative learning control design for uncertain time-delay systems based on a performance index. IET Control Theory and Applications, 2010,

4(5):759-772.

[5] Meng D Y, Jia Y M, Du J P, et al. Robust design of a class of time-delay iterative learning control systems with initial shifts. IEEE Transactions on Circuits and Systems-Part I: Regular Papers, 2009, 56(8): 1744-1757.

[6] Saab S S. A discrete-time stochastic learning control algorithm. IEEE Transactions on Automatic Control, 2001, 46(6): 877-887.

[7] Hladowski L, Galkowski K, Cai Z L, et al. Experimentally supported 2D systems based iterative learning control law design for error convergence and performance. Control Engineering Practice, 2010, 18(4): 339-348.

[8] Shi J, Gao F R, Wu T J. Robust design of integrated feedback and iterative learning control of a batch process based on a 2D Roesser system. Journal of Process Control, 2005, 15(8): 907-924.

[9] Liu T, Gao F R. Robust two-dimensional iterative learning control for batch processes with state delay and time-varying uncertainties. Chemical Engineering Science, 2010, 65(23): 6134-6144.

[10] Wang L M, Mo S Y, Zhou D H, et al. Delay-range-dependent robust 2D iterative learning control for batch processes with state delay and uncertainties. Journal of Process Control, 2013, 23(5): 715-730.

[11] Rogers E, Galkowski K, Owens D H. Control Systems Theory and Applications for Linear Repetitive Processes. Berlin: Springer-Verlag, 2007.

[12] Du C L. H_∞ Control and Filtering of Two-Dimensional Systems. New York: Springer-Verlag, 2002.

[13] Liu T, Gao F R. Robust two-dimensional iterative learning control for batch processes with state delay and time-varying uncertainties. Chemical Engineering Science, 2010, 65(23): 6134-6144.

[14] Liu T, Wang Y. A synthetic approach for robust constrained iteration learning control of piece affine batch processes. Automatica, 2012, 48(11): 2762-2775.

[15] Wang Y Q, Yang Y N, Zhao Z. Robust stability analysis for an enhanced ILC-based PI controller. Journal of Process Control, 2013, 23(2): 201-214.

[16] Li X D, Chow T W S, Ho J K L. 2-D system theory based iterative learning control for linear continuous systems with time delays. IEEE Transactions on Circuits and Systems-Part I: Regular Papers, 2005, 52(7): 1421-1430.

[17] Du C, Xie L, Zhang C. H_∞ control and robust stabilization of two-dimensional systems in Roesser models. Automatica, 2011, 37(2): 205-211.

第 8 章　存在数据丢失的线性时滞系统迭代学习控制设计

8.1 引　　言

第 7 章研究了二维框架下存在数据丢失的线性离散系统的迭代学习控制器设计问题，本章考虑系统存在时滞的情况。5.1 节的论述已经指出，时滞现象广泛存在于控制系统中，其产生的原因包括控制系统本身固有的时滞特性、实际系统装置产生的时滞及网络传输产生的不确定通信时延。时滞现象的复杂性和不确定性给动态系统带来诸多不良影响，甚至会影响系统的稳定性。因此，分析不确定时滞对控制系统动态行为和控制性能的影响及如何利用或消除这种影响成为该领域的研究热点。目前，国内外学者提出了用时域法、频域法和代数法等多种方法研究不确定时滞系统的分析和控制问题。关于时滞系统的研究进展，可参见综述性文献[1]和[2]。

时滞系统的 ILC 目前也取得了一定的研究结果，文献[3]和[4]最早研究一类含有状态时滞和输入时滞线性系统的 ILC 问题，提出了一种利用跟踪误差时滞信号的 ILC 算法并给出了收敛性条件。文献[5]针对存在固定时滞的间歇过程，提出了一种带有 Smith 估计器的 ILC 算法，并在频域条件下给出了算法的收敛性分析。文献[6]针对一类包含状态时滞的高相对度非线性系统，提出一种与时滞无关的 ILC 算法。文献[7]建立了包含输入时滞线性系统和状态时滞线性系统的二维模型，并基于二维系统稳定性理论给出了 ILC 的收敛性条件。文献[8]提出了一种具有内模控制结构的 ILC 算法，并在频域下给出了算法的收敛性条件。文献[9]在二维系统框架下讨论了包含状态时滞不确定线性系统的 ILC 问题，根据二维系统界实引理，给出一种单调收敛迭代学习控制器的设计方法。

本章研究时滞系统存在数据丢失时的 ILC 设计问题，这里仍然采用第 7 章中的 ILC 算法结构，但采用不同的数据丢失模型。所讨论的系统为变时滞情况，并假设时滞的上下界已知。建立 ILC 系统的二维动态模型，给出二维时滞系统的一个均方渐近稳定条件，通过该条件实现迭代学习控制器的设计。研究结果表明，对于存在数据丢失的时变时滞系统，所提出的算法仍然可以保证跟踪误差的收敛性，但数据丢失的存在降低了系统的收敛速度，这与之前章节中其他类型系统的 ILC 结果类似。

8.2　问题描述

考虑如下具有时变时滞的线性离散系统：

$$\begin{cases} x(t+1,k)=(A+\Delta A)x(t,k)+(A_d+\Delta A_d)x(t-d(t),k)+Bu(t,k) \\ y(t,k)=Cx(t,k) \\ x(0,k)=x_{0k} \end{cases} \tag{8.1}$$

式中，k 表示迭代次数；t 表示离散时间；$x(t,k)$、$u(t,k)$ 和 $y(t,k)$ 分别为状态变量、输入变量和输出变量；A、A_d、B、C 为适维系统参数矩阵；x_{0k} 表示系统在第 k 次迭代的初始条件；$d(t)$ 为时变时滞且满足

$$d_{\mathrm{m}}\leqslant d(t)\leqslant d_{\mathrm{M}}$$

式中，d_{m} 和 d_{M} 分别表示时滞的下限和上限；ΔA 和 ΔA_d 分别表示矩阵 A 和 A_d 的不确定扰动且可以表示为

$$\Delta A=E\Sigma F_1,\quad \Delta A_d=E\Sigma F_2$$

式中，E、F_1、F_2 表示不确定扰动项的结构；Σ 表示系统的不确定扰动且满足 $\Sigma^{\mathrm{T}}\Sigma\leqslant I$。

对于系统(8.1)，考虑如下 ILC 算法：

$$u(t,k+1)=u(t,k)+\Delta u(t,k) \tag{8.2}$$

式中，$\Delta u(t,k)$ 为待设计的 ILC 更新率。

定义 $e(t,k)=y_{\mathrm{d}}(t)-y(t,k)$，$\eta(t,k)=x(t-1,k+1)-x(t-1,k)$。由式(8.1)和式(8.2)可得

$$\begin{bmatrix}\eta(t+1,k)\\ e(t,k+1)\end{bmatrix}=\widetilde{A}\begin{bmatrix}\eta(t,k)\\ e(t,k)\end{bmatrix}+\widetilde{A}_d\begin{bmatrix}\eta(t-d(t),k)\\ e(t,k-h(k))\end{bmatrix}+\overline{B}\Delta u(t-1,k) \tag{8.3}$$

式中

$$\widetilde{A}=\overline{A}+\Delta\overline{A},\quad \widetilde{A}_d=(\overline{A}_d+\Delta\overline{A}_d)$$

$$\overline{A}=\begin{bmatrix}A & 0\\ -CA & I\end{bmatrix},\quad \overline{A}_d=\begin{bmatrix}A_d & 0\\ -CA_d & 0\end{bmatrix},\quad \overline{B}=\begin{bmatrix}B\\ -CB\end{bmatrix}$$

$$\Delta\overline{A}=\overline{E}\Sigma\overline{F}_1,\quad \Delta\overline{A}_d=\overline{E}\Sigma\overline{F}_2$$

$$\overline{E}=\begin{bmatrix}E\\ -CE\end{bmatrix},\quad \overline{F}_1=[F_1\quad 0],\quad \overline{F}_2=[F_2\quad 0]$$

$h(k)$ 为新的时滞变量，满足 $h_{\mathrm{m}}\leqslant h(k)\leqslant h_{\mathrm{M}}$，$h_{\mathrm{m}}$ 和 h_{M} 分别表示时滞的下限和上限；$e(t,k-h(k))$ 为引入的新变量，其目的是将系统(8.1)表示为具有时滞的一般二维系统。

考虑第 7 章中的 ILC 算法：

$$\Delta u(t-1,k)=K\begin{bmatrix}x(t-1,k+1)-x(t-1,k)\\e(t,k)\end{bmatrix}\tag{8.4}$$

式中，$K=[K_1\quad K_2]$为待设计的控制器增益矩阵。

本章仅考虑数据丢失发生在传感器到控制器的一侧，与第 7 章中的数据丢失模型不同，这里假设数据 $x(t,k+1)$、$x(t,k)$、$e(t,k)$被打包成一个数据包从传感器传输到控制器，并假设控制器可以检测数据是否丢失。如果数据存在丢失，那么令 $\Delta u(t,k)=0$，此时 $u(t,k+1)=u(t,k)$。若数据没有丢失，则 $\Delta u(t,k)$按照更新率(8.4)计算。此时，ILC 更新率可以描述为

$$\Delta u(t-1,k)=\alpha(t,k)K\begin{bmatrix}x(t-1,k+1)-x(t-1,k)\\e(t,k)\end{bmatrix}\tag{8.5}$$

式中，$\alpha(t,k)$是取值为 0 和 1 且满足 Bernoulli 分布的随机变量。

$$\begin{aligned}&\text{Prob}\{\alpha(t,k)=1\}=\mathcal{E}\{\alpha(t,k)\}=\alpha\\&\mathcal{E}\{\alpha^2(t,k)\}=\alpha(1-\alpha)\end{aligned}\tag{8.6}$$

式中，α 为已知常数且满足 $0\leqslant\alpha\leqslant1$。

根据式(8.3)和式(8.5)可得

$$\begin{bmatrix}\eta(t+1,k)\\e(t,k+1)\end{bmatrix}=(\widetilde{A}+\alpha(t,k)\bar{B}K)\begin{bmatrix}\eta(t,k)\\e(t,k)\end{bmatrix}+\widetilde{A}_d\begin{bmatrix}\eta(t-d(t),k)\\e(t,k-h(k))\end{bmatrix}\tag{8.7}$$

定义 $x^{\mathrm{h}}(i,j)=\eta(t,k)$，$x^{\mathrm{v}}(i,j)=e(t,k)$，系统(8.7)可以写为如下 Roesser 模型：

$$\begin{bmatrix}x^{\mathrm{h}}(i+1,j)\\x^{\mathrm{v}}(i,j+1)\end{bmatrix}=(\widetilde{A}+\alpha(i,j)\bar{B}K)\begin{bmatrix}x^{\mathrm{h}}(i,j)\\x^{\mathrm{v}}(i,j)\end{bmatrix}+\widetilde{A}_d\begin{bmatrix}x^{\mathrm{h}}(i-d(i),j)\\x^{\mathrm{v}}(i,j-h(j))\end{bmatrix}\tag{8.8}$$

同时，相应的边界条件定义如下：

$$\begin{aligned}&x^{\mathrm{h}}(i,j)=\rho_{ij},\quad\forall\,0\leqslant j<r_1;-d_{\mathrm{M}}\leqslant i<0\\&x^{\mathrm{v}}(i,j)=\sigma_{ij},\quad\forall\,0\leqslant i<r_2;-h_{\mathrm{M}}\leqslant j<0\\&\rho_{00}=\sigma_{00}\end{aligned}\tag{8.9}$$

式中，$r_1<\infty$和 $r_2<\infty$为正整数；ρ_{ij} 和 σ_{ij} 为已知向量。

至此，本章的 ILC 设计问题已转化为二维时滞系统的稳定问题，即如何设计迭代学习控制器参数增益矩阵 K，使得二维时滞系统(8.8)是稳定的。

8.3　二维时滞系统均方稳定

本节首先给出如下引理，然后利用该引理给出二维时滞系统的一个均方稳定条件。

引理 8.1[10]　对于任意变量 $\delta(t)\in\mathrm{R}^n$，两个正整数 κ_0、κ_1 和矩阵 $0<R\in\mathrm{R}^{n\times n}$，有如下不等式成立：

$$-(\kappa_1-\kappa_0+1)\sum_{t=\kappa_0}^{\kappa_1}\delta^{\mathrm{T}}(t)R\delta(t)\leqslant-\sum_{t=\kappa_0}^{\kappa_1}\delta^{\mathrm{T}}(t)R\sum_{t=\kappa_0}^{\kappa_1}\delta(t)$$

定理 8.1　对于二维时滞系统(8.8)，给定正整数 d_{m}、d_{M}、h_{m}、h_{M}，如果存在正定对称矩阵 $P=\begin{bmatrix}P^{\mathrm{h}} & 0\\ 0 & P^{\mathrm{v}}\end{bmatrix}$、$Q=\begin{bmatrix}Q^{\mathrm{h}} & 0\\ 0 & Q^{\mathrm{v}}\end{bmatrix}$、$M=\begin{bmatrix}M^{\mathrm{h}} & 0\\ 0 & M^{\mathrm{v}}\end{bmatrix}$和 $G=\begin{bmatrix}G^{\mathrm{h}} & 0\\ 0 & G^{\mathrm{v}}\end{bmatrix}$使得如下矩阵不等式成立：

$$\begin{bmatrix}\psi_1 & 0 & G & (\widetilde{A}+\alpha\bar{B}K)^{\mathrm{T}}P & \theta(\bar{B}K)^{\mathrm{T}}P & [(\widetilde{A}+\alpha\bar{B}K)^{\mathrm{T}}-I]G & \theta(\bar{B}K)^{\mathrm{T}}G\\ & -Q & & \widetilde{A}_d^{\mathrm{T}}P & 0 & \widetilde{A}_d^{\mathrm{T}}G & 0\\ & & -M-G & 0 & 0 & 0 & 0\\ & & & -P & 0 & 0 & 0\\ & & * & & -P & 0 & 0\\ & & & & & -H^{-2}G & 0\\ & & & & & & -H^{-2}G\end{bmatrix}<0 \tag{8.10}$$

那么系统是均方渐近稳定的，式中

$$\psi_1=-P+M+DQ+Q-G,\quad D=\begin{bmatrix}(d_{\mathrm{M}}-d_{\mathrm{m}})I & 0\\ 0 & (h_{\mathrm{M}}-h_{\mathrm{m}})I\end{bmatrix}$$

$$H=\begin{bmatrix}d_{\mathrm{M}}I & 0\\ 0 & h_{\mathrm{M}}I\end{bmatrix},\quad \theta^2=\alpha(1-\alpha)$$

证明　定义 $\tilde{\alpha}_{i,j}=\alpha(i,j)-\alpha$，则

$$\mathcal{E}\{\tilde{\alpha}_{i,j}\}=0,\quad \mathcal{E}\{\tilde{\alpha}_{i,j}\tilde{\alpha}_{i,j}\}=\alpha(1-\alpha)$$

定义

$$x_d(i,j)=\begin{bmatrix}x^{\mathrm{h}}(i-d(i),j)\\ x^{\mathrm{v}}(i,j-h(j))\end{bmatrix},\quad x_{\mathrm{M}}(i,j)=\begin{bmatrix}x^{\mathrm{h}}(i-d_{\mathrm{M}},j)\\ x^{\mathrm{v}}(i,j-h_{\mathrm{M}})\end{bmatrix}$$

$$\delta^{\mathrm{h}}(r,j)=x^{\mathrm{h}}(r+1,j)-x^{\mathrm{h}}(r,j),\quad \delta^{\mathrm{v}}(i,t)=x^{\mathrm{v}}(i,t+1)-x^{\mathrm{v}}(i,t)$$

$$\varphi(i,j)=[x^{\mathrm{T}}(i,j)\quad x_d^{\mathrm{T}}(i,j)\quad x_{\mathrm{M}}^{\mathrm{T}}(i,j)]^{\mathrm{T}}$$

$$\varpi(i,j)=(x^{\mathrm{h}}(i,j),x^{\mathrm{h}}(i-1,j),\cdots,x^{\mathrm{h}}(i-d(i),j),x^{\mathrm{v}}(i,j),\\ x^{\mathrm{v}}(i,j-1),\cdots,x^{\mathrm{v}}(i,j-h(j)))$$

考虑如下 Lyapunov 函数：

$$V(x(i,j))=V^{\mathrm{h}}(x^{\mathrm{h}}(i,j))+V^{\mathrm{v}}(x^{\mathrm{v}}(i,j))$$

式中

$$V^{\mathrm{h}}(x^{\mathrm{h}}(i,j))=\sum_{k=1}^{5}V_k^{\mathrm{h}}(x^{\mathrm{h}}(i,j))$$

$$V_1^{\mathrm{h}}(x^{\mathrm{h}}(i,j))=x^{\mathrm{h}}(i,j)^{\mathrm{T}}P^{\mathrm{h}}x^{\mathrm{h}}(i,j)$$

$$V_2^{\mathrm{h}}(x^{\mathrm{h}}(i,j))=\sum_{r=i-d(i)}^{i-1}x^{\mathrm{h}}(r,j)^{\mathrm{T}}Q^{\mathrm{h}}x^{\mathrm{h}}(r,j)$$

$$
\begin{aligned}
V_3^{\mathrm{h}}(x^{\mathrm{h}}(i,j)) &= \sum_{r=i-d_{\mathrm{M}}}^{i-1} x^{\mathrm{h}}(r,j)^{\mathrm{T}} M^{\mathrm{h}} x^{\mathrm{h}}(r,j) \\
V_4^{\mathrm{h}}(x^{\mathrm{h}}(i,j)) &= \sum_{s=-d_{\mathrm{M}}}^{-d_{\mathrm{m}}} \sum_{r=i+s}^{i-1} x^{\mathrm{h}}(r,j)^{\mathrm{T}} Q^{\mathrm{h}} x^{\mathrm{h}}(r,j) \\
V_5^{\mathrm{h}}(x^{\mathrm{h}}(i,j)) &= d_{\mathrm{M}} \sum_{s=-d_{\mathrm{M}}}^{-1} \sum_{r=i+s}^{i-1} \delta^{\mathrm{h}}(r,j)^{\mathrm{T}} G^{\mathrm{h}} \delta^{\mathrm{h}}(r,j) \\
V^{\mathrm{v}}(x^{\mathrm{v}}(i,j)) &= \sum_{k=1}^{5} V_k^{\mathrm{v}}(x^{\mathrm{v}}(i,j)) \\
V_1^{\mathrm{v}}(x^{\mathrm{v}}(i,j)) &= x^{\mathrm{v}}(i,j)^{\mathrm{T}} P^{\mathrm{v}} x^{\mathrm{v}}(i,j) \\
V_2^{\mathrm{v}}(x^{\mathrm{v}}(i,j)) &= \sum_{t=j-h(j)}^{j-1} x^{\mathrm{v}}(i,t)^{\mathrm{T}} Q^{\mathrm{v}} x^{\mathrm{v}}(i,t) \\
V_3^{\mathrm{v}}(x^{\mathrm{v}}(i,j)) &= \sum_{t=j-h_{\mathrm{M}}}^{j-1} x^{\mathrm{v}}(i,t)^{\mathrm{T}} M^{\mathrm{v}} x^{\mathrm{v}}(i,t) \\
V_4^{\mathrm{v}}(x^{\mathrm{v}}(i,j)) &= \sum_{s=-h_{\mathrm{M}}}^{-h_{\mathrm{m}}} \sum_{t=j+s}^{j-1} x^{\mathrm{v}}(i,t)^{\mathrm{T}} Q^{\mathrm{v}} x^{\mathrm{v}}(i,t) \\
V_5^{\mathrm{v}}(x^{\mathrm{v}}(i,j)) &= h_{\mathrm{M}} \sum_{s=-h_{\mathrm{M}}}^{-1} \sum_{t=j+s}^{j-1} \delta^{\mathrm{v}}(i,t)^{\mathrm{T}} G^{\mathrm{v}} \delta^{\mathrm{v}}(i,t)
\end{aligned}
\tag{8.11}
$$

上述函数中的 P^{h}、P^{v}、Q^{h}、Q^{v}、M^{h}、M^{v}、G^{h}、G^{v} 均为正定矩阵。

进一步考虑如下性能指标：

$$
\begin{aligned}
J &\overset{\mathrm{def}}{=} \mathcal{E}\{\Delta V(x(i,j) \mid \varpi(i,j)\} \\
&= \mathcal{E}\left\{ \begin{pmatrix} V^{\mathrm{h}}(x^{\mathrm{h}}(i+1,j)) - V^{\mathrm{h}}(x^{\mathrm{h}}(i,j)) \\ +V^{\mathrm{v}}(x^{\mathrm{v}}(i,j+1)) - V^{\mathrm{v}}(x^{\mathrm{v}}(i,j)) \end{pmatrix} \middle| \varpi(i,j) \right\} \\
&= \mathcal{E}\left\{ \left(\sum_{k=1}^{5} \Delta V_k^{\mathrm{h}}(x^{\mathrm{h}}(i,j)) + \sum_{k=1}^{5} \Delta V_k^{\mathrm{v}}(x^{\mathrm{v}}(i,j)) \right) \middle| \varpi(i,j) \right\}
\end{aligned}
\tag{8.12}
$$

将式(8.8)代入式(8.12)可得

$$
\begin{aligned}
&\mathcal{E}\{\Delta V_1^{\mathrm{h}}(x^{\mathrm{h}}(i,j)) \mid \varpi(i,j)\} \\
&= \mathcal{E}\{x^{\mathrm{h}}(i+1,j)^{\mathrm{T}} P^{\mathrm{h}} x^{\mathrm{h}}(i+1,j) \mid \varpi(i,j)\} - x^{\mathrm{h}}(i,j)^{\mathrm{T}} P^{\mathrm{h}} x^{\mathrm{h}}(i,j)
\end{aligned}
\tag{8.13}
$$

$$
\begin{aligned}
&\mathcal{E}\{\Delta V_2^{\mathrm{h}}(x^{\mathrm{h}}(i,j)) \mid \varpi(i,j)\} \\
&= \mathcal{E}\left\{ \left(\sum_{r=i+1-d(i+1)}^{i} x^{\mathrm{h}}(r,j)^{\mathrm{T}} Q^{\mathrm{h}} x^{\mathrm{h}}(r,j) - \sum_{r=i-d(i)}^{i} x^{\mathrm{h}}(r,j)^{\mathrm{T}} Q^{\mathrm{h}} x^{\mathrm{h}}(r,j) \right) \middle| \varpi(i,j) \right\} \\
&\leqslant \mathcal{E}\Bigg\{ \Bigg(x^{\mathrm{h}}(i,j)^{\mathrm{T}} Q^{\mathrm{h}} x^{\mathrm{h}}(i,j) - x_d^{\mathrm{h}}(i,j)^{\mathrm{T}} Q^{\mathrm{h}} x_d^{\mathrm{h}}(i,j) \\
&\quad + \sum_{r=i+1-d_{\mathrm{M}}}^{i-d_{\mathrm{m}}} x^{\mathrm{h}}(r,j)^{\mathrm{T}} Q^{\mathrm{h}} x^{\mathrm{h}}(r,j) \Bigg) \Bigg| \varpi(i,j) \Bigg\}
\end{aligned}
\tag{8.14}
$$

$$
\begin{aligned}
&\mathcal{E}\{\Delta V_3^{\mathrm{h}}(x^{\mathrm{h}}(i,j)) \mid \varpi(i,j)\} \\
&= \mathcal{E}\{(x^{\mathrm{h}}(i,j)^{\mathrm{T}} M^{\mathrm{h}} x^{\mathrm{h}}(i,j) - x_{\mathrm{M}}^{\mathrm{h}}(i,j)^{\mathrm{T}} M^{\mathrm{h}} x_{\mathrm{M}}^{\mathrm{h}}(i,j)) \mid \varpi(i,j)\}
\end{aligned}
\tag{8.15}
$$

$$\begin{aligned}&\mathcal{E}\{\Delta V_4^{\mathrm{h}}(x^{\mathrm{h}}(i,j))\mid\varpi(i,j)\}\\&=\mathcal{E}\Big\{\Big((d_{\mathrm{M}}-d_{\mathrm{m}})x^{\mathrm{h}}(i,j)^{\mathrm{T}}Q^{\mathrm{h}}x^{\mathrm{h}}(i,j)-\sum_{r=i+1-d_{\mathrm{M}}}^{i-d_{\mathrm{m}}}x^{\mathrm{h}}(r,j)^{\mathrm{T}}Q^{\mathrm{h}}x^{\mathrm{h}}(r,j)\Big)\Big|\varpi(i,j)\Big\}\end{aligned}\tag{8.16}$$

$$\begin{aligned}&\mathcal{E}\{\Delta V_5^{\mathrm{h}}(x^{\mathrm{h}}(i,j))\mid\varpi(i,j)\}\\&=\mathcal{E}\Big\{\Big(d_{\mathrm{M}}^2\delta^{\mathrm{h}}(i,j)^{\mathrm{T}}G^{\mathrm{h}}\delta^{\mathrm{h}}(i,j)-d_{\mathrm{M}}\sum_{r=i-d_{\mathrm{M}}}^{i-1}\delta^{\mathrm{h}}(r,j)^{\mathrm{T}}G^{\mathrm{h}}\delta^{\mathrm{h}}(r,j)\Big)\Big|\varpi(i,j)\Big\}\end{aligned}\tag{8.17}$$

和

$$\begin{aligned}&\mathcal{E}\{\Delta V_1^{\mathrm{v}}(x^{\mathrm{v}}(i,j))\mid\varpi(i,j)\}\\&=\mathcal{E}\{x^{\mathrm{v}}(i,j+1)^{\mathrm{T}}P^{\mathrm{v}}x^{\mathrm{v}}(i,j+1)\mid\varpi(i,j)\}-x^{\mathrm{v}}(i,j)^{\mathrm{T}}P^{\mathrm{v}}x^{\mathrm{v}}(i,j)\end{aligned}\tag{8.18}$$

$$\begin{aligned}&\mathcal{E}\{\Delta V_2^{\mathrm{v}}(x^{\mathrm{v}}(i,j))\mid\varpi(i,j)\}\\&=\mathcal{E}\Big\{\Big(\sum_{t=j+1-d(j+1)}^{j}x^{\mathrm{v}}(i,t)^{\mathrm{T}}Q^{\mathrm{v}}x^{\mathrm{v}}(i,t)-\sum_{t=j-h(j)}^{j-1}x^{\mathrm{v}}(i,t)^{\mathrm{T}}Q^{\mathrm{v}}x^{\mathrm{v}}(i,t)\Big)\Big|\varpi(i,j)\Big\}\\&\leqslant\mathcal{E}\Big\{\Big(x^{\mathrm{v}}(i,j)^{\mathrm{T}}Q^{\mathrm{v}}x^{\mathrm{v}}(i,j)x^{\mathrm{v}}(i,j)^{\mathrm{T}}-x_d^{\mathrm{v}}(i,j)^{\mathrm{T}}Q^{\mathrm{v}}x_d^{\mathrm{v}}(i,j)\\&\qquad+\sum_{t=j+1-h_{\mathrm{M}}}^{j-h_{\mathrm{m}}}x^{\mathrm{v}}(i,t)^{\mathrm{T}}Q^{\mathrm{v}}x^{\mathrm{v}}(i,t)\Big)\Big|\varpi(i,j)\Big\}\end{aligned}\tag{8.19}$$

$$\begin{aligned}&\mathcal{E}\{\Delta V_3^{\mathrm{v}}(x^{\mathrm{v}}(i,j))\mid\varpi(i,j)\}\\&=\mathcal{E}\{(x^{\mathrm{v}}(i,j)^{\mathrm{T}}M^{\mathrm{v}}x^{\mathrm{v}}(i,j)-x_{\mathrm{M}}^{\mathrm{v}}(i,j)^{\mathrm{T}}M^{\mathrm{v}}x_{\mathrm{M}}^{\mathrm{v}}(i,j))\mid\varpi(i,j)\}\end{aligned}\tag{8.20}$$

$$\begin{aligned}&\mathcal{E}\{\Delta V_4^{\mathrm{v}}(x^{\mathrm{v}}(i,j))\mid\varpi(i,j)\}\\&=\mathcal{E}\Big\{\Big((h_{\mathrm{M}}-h_{\mathrm{m}})x^{\mathrm{v}}(i,j)^{\mathrm{T}}Q^{\mathrm{v}}x^{\mathrm{v}}(i,j)-\sum_{t=j+1-h_{\mathrm{M}}}^{j-h_{\mathrm{m}}}x^{\mathrm{v}}(i,t)^{\mathrm{T}}Q^{\mathrm{v}}x^{\mathrm{v}}(i,t)\Big)\Big|\varpi(i,j)\Big\}\end{aligned}\tag{8.21}$$

$$\begin{aligned}&\mathcal{E}\{\Delta V_5^{\mathrm{v}}(x^{\mathrm{v}}(i,j))\mid\varpi(i,j)\}\\&=\mathcal{E}\Big\{\Big(h_{\mathrm{M}}^2\delta^{\mathrm{v}}(i,j)^{\mathrm{T}}G^{\mathrm{v}}\delta^{\mathrm{v}}(i,j)-h_{\mathrm{M}}\sum_{t=j-d_{\mathrm{M}}}^{j-1}\delta^{\mathrm{v}}(i,t)^{\mathrm{T}}G^{\mathrm{v}}\delta^{\mathrm{v}}(i,t)\Big)\Big|\varpi(i,j)\Big\}\end{aligned}\tag{8.22}$$

对于式(8.17)和式(8.22)，根据引理 8.1 可知

$$\begin{aligned}&\mathcal{E}\{\Delta V_5^{\mathrm{h}}(x^{\mathrm{h}}(i,j))\mid\varpi(i,j)\}\\&\leqslant\mathcal{E}\Big\{\Big(d_{\mathrm{M}}^2\delta^{\mathrm{h}}(i,j)^{\mathrm{T}}G^{\mathrm{h}}\delta^{\mathrm{h}}(i,j)-\sum_{r=i-d_{\mathrm{M}}}^{i-1}\delta^{\mathrm{h}}(r,j)^{\mathrm{T}}G^{\mathrm{h}}\sum_{r=i-d_{\mathrm{M}}}^{i-1}\delta^{\mathrm{h}}(r,j)\Big)\Big|\varpi(i,j)\Big\}\\&=\mathcal{E}\left\{\left[\begin{array}{l}d_{\mathrm{M}}^2(x^{\mathrm{h}}(i+1,j)-x^{\mathrm{h}}(i,j)^{\mathrm{T}}G^{\mathrm{h}}(x^{\mathrm{h}}(i+1,j)-x^{\mathrm{h}}(i,j))\\-(x^{\mathrm{h}}(i,j)-x_{\mathrm{M}}^{\mathrm{h}}(i,j))^{\mathrm{T}}G^{\mathrm{h}}(x^{\mathrm{h}}(i,j)-x_{\mathrm{M}}^{\mathrm{h}}(i,j))\end{array}\right]\Bigg|\varpi(i,j)\right\}\end{aligned}\tag{8.23}$$

和

$$\begin{aligned}&\mathcal{E}\{\Delta V_5^{\mathrm{v}}(x^{\mathrm{v}}(i,j))\mid\varpi(i,j)\}\\&\leqslant\mathcal{E}\Big\{\Big(h_{\mathrm{M}}^2\delta^{\mathrm{v}}(i,j)^{\mathrm{T}}G^{\mathrm{v}}\delta^{\mathrm{v}}(i,j)-\sum_{t=j-d_{\mathrm{M}}}^{j-1}\delta^{\mathrm{v}}(i,t)^{\mathrm{T}}G^{\mathrm{v}}\sum_{t=j-d_{\mathrm{M}}}^{j-1}\delta^{\mathrm{v}}(i,t)\Big)\,\Big|\,\varpi(i,j)\Big\}\\&=\mathcal{E}\left\{\left.\begin{pmatrix}h_{\mathrm{M}}^2(x^{\mathrm{v}}(i,j+1)-x^{\mathrm{v}}(i,j))^{\mathrm{T}}G^{\mathrm{v}}(x^{\mathrm{v}}(i,j+1)-x^{\mathrm{v}}(i,j))\\-(x^{\mathrm{v}}(i,j)-x_{\mathrm{M}}^{\mathrm{v}}(i,j))^{\mathrm{T}}M^{\mathrm{v}}(x^{\mathrm{v}}(i,j)-x_{\mathrm{M}}^{\mathrm{v}}(i,j))\end{pmatrix}\right|\varpi(i,j)\right\}\end{aligned}\tag{8.24}$$

由于$\tilde{\alpha}_{i,j}$和$x(i,j)$、$x_d(i,j)$相互独立，因此可得

$$\begin{aligned}&\mathcal{E}\{(x^{\mathrm{h}}(i+1,j)^{\mathrm{T}}P^{\mathrm{h}}x^{\mathrm{h}}(i+1,j))\mid\varpi(i,j)\}+\mathcal{E}\{(x^{\mathrm{v}}(i,j+1)^{\mathrm{T}}P^{\mathrm{v}}x^{\mathrm{v}}(i,j+1))\mid\varpi(i,j)\}\\&=\mathcal{E}\left\{\left.\begin{pmatrix}x^{\mathrm{h}}(i+1,j)\\x^{\mathrm{v}}(i,j+1)\end{pmatrix}^{\mathrm{T}}P\begin{pmatrix}x^{\mathrm{h}}(i+1,j)\\x^{\mathrm{v}}(i,j+1)\end{pmatrix}\right|\varpi(i,j)\right\}\\&=\mathcal{E}\left\{\left.\begin{bmatrix}x(i,j)\\x_d(i,j)\end{bmatrix}^{\mathrm{T}}\left(\begin{matrix}\begin{bmatrix}(\tilde{A}+\alpha\bar{B}K)^{\mathrm{T}}&\theta(\bar{B}K)^{\mathrm{T}}\\\tilde{A}_d^{\mathrm{T}}&0\\0&0\end{bmatrix}\begin{bmatrix}P&0\\0&P\end{bmatrix}\\\begin{bmatrix}(\tilde{A}+\alpha\bar{B}K)&\tilde{A}_d&0\\\theta\bar{B}K&0&0\end{bmatrix}\end{matrix}\right)\begin{bmatrix}x(i,j)\\x_d(i,j)\end{bmatrix}\right|\varpi(i,j)\right\}\end{aligned}\tag{8.25}$$

从式(8.17)到式(8.24)，分别考虑式(8.25)的结果，可以得到

$$J\leqslant\mathcal{E}\{\varphi^{\mathrm{T}}(i,j)\psi\varphi(i,j)\mid\varpi(i,j)\}$$

式中

$$\psi=\begin{bmatrix}\psi_1&0&G\\ *&-Q&0\\ *&*&-M-G\end{bmatrix}+\Lambda_1^{\mathrm{T}}\begin{bmatrix}P&0\\0&P\end{bmatrix}\Lambda_1+\Lambda_2^{\mathrm{T}}\begin{bmatrix}H^2G&0\\0&H^2G\end{bmatrix}\Lambda_2\tag{8.26}$$

式中，$\Lambda_1=\begin{bmatrix}(\tilde{A}+\alpha\bar{B}K)&\tilde{A}_d&0\\\theta\bar{B}K&0&0\end{bmatrix}$；$\Lambda_2=\begin{bmatrix}(\tilde{A}+\alpha\bar{B}K)-I&\tilde{A}_d&0\\\theta\bar{B}K&0&0\end{bmatrix}$。

通过 Schur 补引理可知式(8.10)等价于$\psi<0$，因此

$$\mathcal{E}\{(V^{\mathrm{h}}(x^{\mathrm{h}}(i+1,j))-V^{\mathrm{h}}(x^{\mathrm{h}}(i,j))+V^{\mathrm{v}}(x^{\mathrm{v}}(i,j+1))-V^{\mathrm{v}}(x^{\mathrm{v}}(i,j)))\mid\varpi(i,j)\}<0\tag{8.27}$$

对式(8.27)两边取数学期望可得

$$\mathcal{E}\{V^{\mathrm{h}}(x^{\mathrm{h}}(i+1,j))+V^{\mathrm{v}}(x^{\mathrm{v}}(i,j+1))\}\leqslant\mathcal{E}\{V^{\mathrm{h}}(x^{\mathrm{h}}(i,j))+V^{\mathrm{v}}(x^{\mathrm{v}}(i,j))\}\tag{8.28}$$

将式(8.28)两边对i、j分别从N到0和从0到N展开并累加，同时考虑边界条件(8.9)可得

$$\mathcal{E}\begin{Bmatrix}V^{\mathrm{h}}(x^{\mathrm{h}}(1,N))+V^{\mathrm{v}}(x^{\mathrm{v}}(0,N+1))+V^{\mathrm{h}}(x^{\mathrm{h}}(2,N-1))\\+V^{\mathrm{v}}(x^{\mathrm{v}}(1,N))+\cdots+V^{\mathrm{h}}(x^{\mathrm{h}}(N+1,0))+V^{\mathrm{v}}(x^{\mathrm{v}}(N,1))\end{Bmatrix}$$

$$
\begin{aligned}
&= \sum_{i+j=N+1} \mathcal{E}\{V^{\mathrm{h}}(x^{\mathrm{h}}(i,j))\} + \sum_{i+j=N+1} \mathcal{E}\{V^{\mathrm{v}}(x^{\mathrm{v}}(i,j))\} = \sum_{i+j=N+1} \mathcal{E}\left\{V\left(\begin{bmatrix} x^{\mathrm{h}}(i,j) \\ x^{\mathrm{v}}(i,j) \end{bmatrix}\right)\right\} \\
&\leqslant \mathcal{E}\left\{V\left(\begin{bmatrix} x^{\mathrm{h}}(0,N) \\ x^{\mathrm{v}}(0,N) \end{bmatrix}\right) + \cdots + V\left(\begin{bmatrix} x^{\mathrm{h}}(N,0) \\ x^{\mathrm{v}}(N,0) \end{bmatrix}\right)\right\} = \sum_{i+j=N} \mathcal{E}\left\{V\left(\begin{bmatrix} x^{\mathrm{h}}(i,j) \\ x^{\mathrm{v}}(i,j) \end{bmatrix}\right)\right\}
\end{aligned} \tag{8.29}
$$

显然，Lyapunov 函数的总和逐渐减小，进而根据文献[11]可得

$$\lim_{i+j\to\infty} \mathcal{E}\{\|x(i,j)\|^2\} = 0$$

根据上式，由定义 7.1 可知二维随机系统(8.8)是均方渐近稳定的。

注 8.1　定理 8.1 给出了二维不确定时滞系统(8.8)存在数据丢失时的一个均方渐近稳定条件。若传输过程中没有数据丢失，则 $\alpha=1$ 和 $\theta=0$，定理 8.1 中的条件变为文献[12]和[13]中二维确定时滞系统的稳定条件。因此，定理 8.1 的稳定性条件更具有一般性。

8.4　迭代学习控制器设计

定理 8.1 在假设控制器增益矩阵 K 已知的情况下，给出了一个系统均方渐近稳定的条件。本节基于该定理，通过系统矩阵 A、A_d、B、E、F_1、F_2 和参数 α 给出一个可行的控制器增益 K 设计结果。

引理 8.2[14]　U、V、Σ 和 W 是给定适维矩阵且 $W=W^{\mathrm{T}}$，对于所有 $\Sigma^{\mathrm{T}}\Sigma\leqslant I$，不等式 $W+U\Sigma V+V^{\mathrm{T}}\Sigma^{\mathrm{T}}U^{\mathrm{T}}<0$ 成立的条件为，当且仅当存在 $\varepsilon>0$ 使得 $W+\varepsilon^{-1}UU^{\mathrm{T}}+\varepsilon V^{\mathrm{T}}V<0$ 成立。

定理 8.2　给定正整数 d_{m}、d_{M}、h_{m}、h_{M}，如果存在正定对称矩阵 $L=\begin{bmatrix} L^{\mathrm{h}} & 0 \\ 0 & L^{\mathrm{v}} \end{bmatrix}$、$S=\begin{bmatrix} S^{\mathrm{h}} & 0 \\ 0 & S^{\mathrm{v}} \end{bmatrix}$、$M_1=\begin{bmatrix} M_1^{\mathrm{h}} & 0 \\ 0 & M_1^{\mathrm{v}} \end{bmatrix}$、$M_2=\begin{bmatrix} M_2^{\mathrm{h}} & 0 \\ 0 & M_2^{\mathrm{v}} \end{bmatrix}$和 $X=\begin{bmatrix} X^{\mathrm{h}} & 0 \\ 0 & X^{\mathrm{v}} \end{bmatrix}$，矩阵 Y 和正标量 ε 满足如下矩阵不等式：

$$
\begin{bmatrix}
\Theta_{11} & \Theta_{12} & \Theta_{13} & \Theta_{14} \\
 & \Theta_{22} & 0 & 0 \\
 & * & \Theta_{33} & 0 \\
 & & & \Theta_{44}
\end{bmatrix} < 0
$$

式中

$$
\Theta_{11} = \begin{bmatrix} \widetilde{\psi}_1 & 0 & X \\ * & -S & 0 \\ * & * & -M_2-X \end{bmatrix}, \quad
\Theta_{12} = \begin{bmatrix} L\widetilde{A}^{\mathrm{T}}+\alpha Y^{\mathrm{T}}\overline{B}^{\mathrm{T}} & \theta Y^{\mathrm{T}}\overline{B}^{\mathrm{T}} \\ L\widetilde{A}_d^{\mathrm{T}} & 0 \\ 0 & 0 \end{bmatrix}
$$

$$
\Theta_{13} = \begin{bmatrix} L\widetilde{A}^{\mathrm{T}}+\alpha Y^{\mathrm{T}}\overline{B}^{\mathrm{T}}-L & \theta Y^{\mathrm{T}}\overline{B}^{\mathrm{T}} \\ L\widetilde{A}_d^{\mathrm{T}} & 0 \\ 0 & 0 \end{bmatrix}, \quad
\Theta_{14} = \begin{bmatrix} L\overline{F}_1^{\mathrm{T}} \\ L\overline{F}_2^{\mathrm{T}} \\ 0 \end{bmatrix}
$$

$$\Theta_{22}=\begin{bmatrix}\varepsilon\bar{E}^{\mathrm{T}}\bar{E}-L & 0\\ 0 & \varepsilon\bar{E}^{\mathrm{T}}\bar{E}-L\end{bmatrix},\quad \Theta_{33}=\begin{bmatrix}\varepsilon\bar{E}^{\mathrm{T}}\bar{E}-H^{-2}X & 0\\ 0 & \varepsilon\bar{E}^{\mathrm{T}}\bar{E}-H^{-2}X\end{bmatrix}$$

$$\Theta_{44}=-\varepsilon I$$

$$\tilde{\psi}_1=-L+M_1+DS+S-LX^{-1}L$$

那么二维时滞系统(8.8)是均方渐近稳定的，此时，ILC 的增益矩阵可以选择为 $K=YL^{-1}$。

证明　不等式(8.10)左乘和右乘 $\mathrm{diag}\{L,L,G^{-1},L,L,G^{-1},G^{-1}\}$，利用 Schur 补引理并令 $L=P^{-1}$，可得

$$\begin{bmatrix}\tilde{\psi}_1 & 0 & L & L\tilde{A}^{\mathrm{T}}+\alpha Y^{\mathrm{T}}\bar{B}^{\mathrm{T}} & \theta Y^{\mathrm{T}}\bar{B}^{\mathrm{T}} & L\tilde{A}^{\mathrm{T}}+\alpha Y^{\mathrm{T}}\bar{B}^{\mathrm{T}}-L & \theta Y^{\mathrm{T}}\bar{B}^{\mathrm{T}}\\ & -S & 0 & L\tilde{A}_d^{\mathrm{T}} & 0 & L\tilde{A}_d^{\mathrm{T}} & 0\\ & & -M_2-X & 0 & 0 & 0 & 0\\ & & & -L & 0 & 0 & 0\\ & * & & & -L & 0 & 0\\ & & & & & -H^{-2}G^{-1} & 0\\ & & & & & & -H^{-2}G^{-1}\end{bmatrix}<0 \tag{8.30}$$

不等式(8.30)可以写成如下形式：

$$\begin{bmatrix}\tilde{\psi}_1 & 0 & L & L\bar{A}^{\mathrm{T}}+\alpha Y^{\mathrm{T}}\bar{B}^{\mathrm{T}} & \theta Y^{\mathrm{T}}\bar{B}^{\mathrm{T}} & L\bar{A}^{\mathrm{T}}+\alpha Y^{\mathrm{T}}\bar{B}^{\mathrm{T}}-L & \theta Y^{\mathrm{T}}\bar{B}^{\mathrm{T}}\\ & -S & 0 & L\bar{A}_d^{\mathrm{T}} & 0 & L\bar{A}_d^{\mathrm{T}} & 0\\ & & -M_2-X & 0 & 0 & 0 & 0\\ & & & -L & 0 & 0 & 0\\ & * & & & -L & 0 & 0\\ & & & & & -H^{-2}G^{-1} & 0\\ & & & & & & -H^{-2}G^{-1}\end{bmatrix}$$

$$+\begin{bmatrix}L\bar{F}_1^{\mathrm{T}}\\ L\bar{F}_2^{\mathrm{T}}\\ 0\\ 0\\ 0\\ 0\\ 0\end{bmatrix}\Sigma^{\mathrm{T}}\begin{bmatrix}0\\ 0\\ 0\\ \bar{E}\\ 0\\ \bar{E}\\ 0\end{bmatrix}^{\mathrm{T}}+\left(\begin{bmatrix}L\bar{F}_1^{\mathrm{T}}\\ L\bar{F}_2^{\mathrm{T}}\\ 0\\ 0\\ 0\\ 0\\ 0\end{bmatrix}\Sigma^{\mathrm{T}}\begin{bmatrix}0\\ 0\\ 0\\ \bar{E}\\ 0\\ \bar{E}\\ 0\end{bmatrix}^{\mathrm{T}}\right)^{\mathrm{T}}<0 \tag{8.31}$$

根据引理 8.2，式(8.31)成立的充分条件为当且仅当存在标量 $\varepsilon>0$ 使得下式成立：

$$
\begin{bmatrix}
\tilde{\psi}_1 & 0 & L & L\bar{A}^{\mathrm{T}}+\alpha Y^{\mathrm{T}}\bar{B}^{\mathrm{T}} & \theta Y^{\mathrm{T}}\bar{B}^{\mathrm{T}} & L\bar{A}^{\mathrm{T}}+\alpha Y^{\mathrm{T}}\bar{B}^{\mathrm{T}}-L & \theta Y^{\mathrm{T}}\bar{B}^{\mathrm{T}} \\
 & -S & 0 & L\bar{A}_d^{\mathrm{T}} & 0 & L\bar{A}_d^{\mathrm{T}} & 0 \\
 & & -M_2-X & 0 & 0 & 0 & 0 \\
 & & & \varepsilon\bar{E}^{\mathrm{T}}\bar{E}-L & 0 & 0 & 0 \\
 & & * & & \varepsilon\bar{E}^{\mathrm{T}}\bar{E}-L & 0 & 0 \\
 & & & & & \varepsilon\bar{E}^{\mathrm{T}}\bar{E}-H^{-2}G^{-1} & 0 \\
 & & & & & & \varepsilon\bar{E}^{\mathrm{T}}\bar{E}-H^{-2}G^{-1}
\end{bmatrix}
+\varepsilon^{-1}\begin{bmatrix} L\bar{F}_1^{\mathrm{T}} \\ L\bar{F}_2^{\mathrm{T}} \\ 0 \\ 0 \\ 0 \\ 0 \\ 0 \end{bmatrix}
\begin{bmatrix} \bar{F}_1 L & \bar{F}_2 L & 0 & 0 & 0 & 0 & 0 \end{bmatrix}<0 \tag{8.32}
$$

根据 Schur 补引理可知，不等式(8.32)等价于定理 8.2 中的矩阵不等式。

注 8.2　由于 $\tilde{\psi}_1$ 中存在 $LX^{-1}L$，因此定理 8.2 中的条件不再是非线性矩阵不等式，无法直接使用 LMI 工具箱来获得可行解。此时，可以利用文献[15]和[16]中根据迭代算法求解非线性矩阵不等式凸优化问题的方法获得控制器增益的可行解。

8.5　仿真示例

本节通过注塑过程的控制问题验证本章所提 ILC 设计方法的有效性。注塑过程是一个典型的重复过程，其中关键过程变量重复遵循某些特征以确保产品质量[17]。注射速度是填充阶段的关键变量，其通过操纵液压阀的开度来控制。注塑速度控制的状态空间方程可表示如下：

$$
\begin{cases}
x(k,t+1)=(A+\Delta A)x(k,t)+(A_d+\Delta A_d)x(k,t-d(t))+Bu(k,t) \\
y(k,t)=Cx(k,t)
\end{cases}
$$

式中，$A=\begin{bmatrix}1.58 & -0.59\\ 1 & 0\end{bmatrix}$，$B=\begin{bmatrix}1\\0\end{bmatrix}$，$C=[1.69\quad -1.42]$，$\Delta A=E\Sigma F_1$ 和 $\Delta A_d=E\Sigma F_2$ 表示不确定参数扰动，各变量取值为

$$
E=\begin{bmatrix}0.1 & 0.1\\ 0 & 0\end{bmatrix},\quad F_1=\begin{bmatrix}1 & 0\\ 0 & 1\end{bmatrix},\quad F_2=\begin{bmatrix}0.05 & 0\\ 0 & 0.05\end{bmatrix}
$$

$$
\Sigma=\begin{bmatrix}\xi_1 & 0\\ 0 & \xi_2\end{bmatrix},\quad |\xi_1|<1,\quad |\xi_2|<1
$$

仿真中，$\xi_1(k)$和$\xi_2(k)$在区间[−1,1]内随机取值。考虑如下期望跟踪轨迹：

$$y_{\mathrm{d}}(t)=\begin{cases}0.2+0.0025t, & t\leqslant 40\\ 0.3, & 40<t\leqslant 300\\ 0.3+0.0025(t-300), & 300<t\leqslant 380\\ 0.5, & 380<t\leqslant 800\end{cases}$$

仿真中，时滞的上下界设置为$0.5\leqslant d(t)\leqslant 4$和$0.1\leqslant h(k)\leqslant 2$，系统初始条件选择为$x_1(0,k)=x_2(0,k)=0$，$u(t,0)=0$。

分别考虑如下两种不同情况的数据丢失：

Case1：$\alpha=1$；

Case2：$\alpha=0.75$。

Case1 表示没有数据丢失，Case2 表示有 25%的数据丢失。利用定理 8.2 的设计方法，可分别求得两种情况下的可行控制器增益：Case1 为 $K=[-1.95\quad 0.63\quad 0.06]$，Case2 为 $K=[-2.05\quad 0.73\quad 0.08]$。图 8.1 为 Case1 迭代域上的最大跟踪误差，显然，没有数据丢失时最大跟踪误差是收敛的。图 8.2 分别给出了 Case1 第 5 次、第 10 次和第 50 次迭代过程的系统输出，可以看出，随着迭代次数的增加，系统输出的跟踪性能越来越好。图 8.3 为 Case2 迭代域上的最大跟踪误差。图 8.4 给出了 3 次不同迭代过程的系统输出跟踪结果。可以看出，由于数据丢失的存在，系统初始阶段的跟踪性能明显较差，但是经过一定次数的 ILC 后，仍然可以得到较好的跟踪控制结果。需要说明的是，图 8.3 中跟踪误差的收敛速度慢于图 8.1 的收敛速度，这表明数据丢失的存在虽不改变收敛性却使收敛速度变慢。

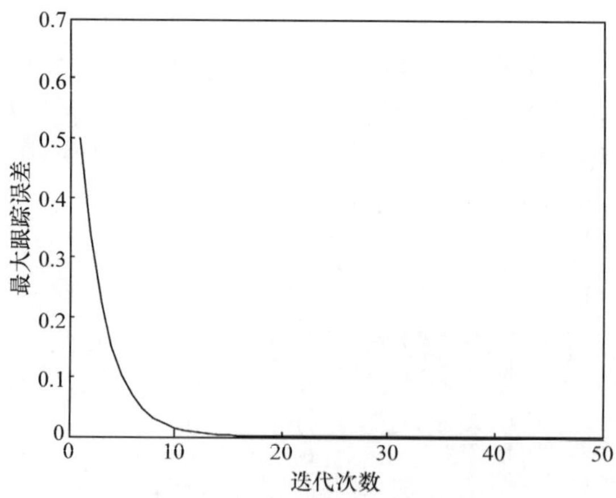

图 8.1 Case1 迭代域上的最大跟踪误差

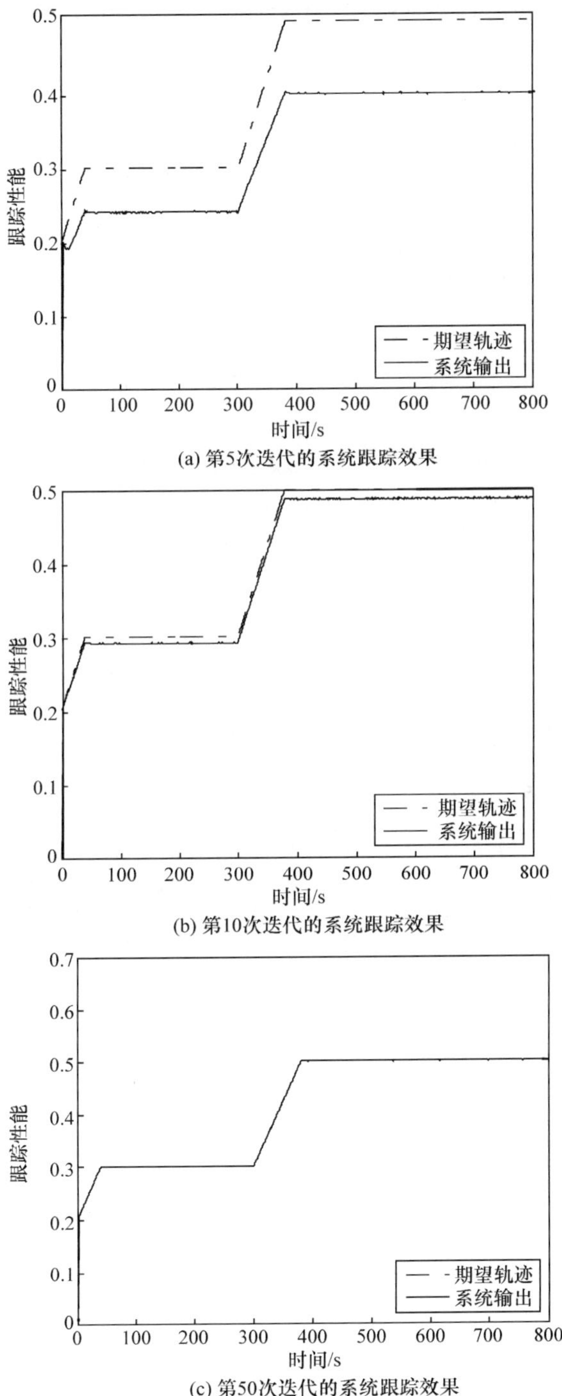

(a) 第5次迭代的系统跟踪效果

(b) 第10次迭代的系统跟踪效果

(c) 第50次迭代的系统跟踪效果

图 8.2　Case1 的仿真结果

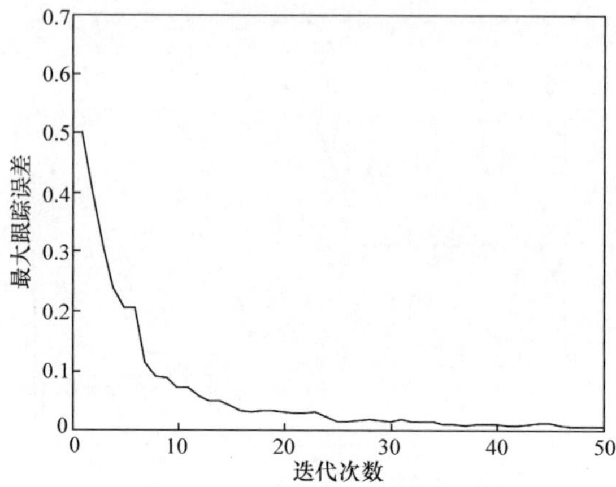

图 8.3　Case2 迭代域上的最大跟踪误差

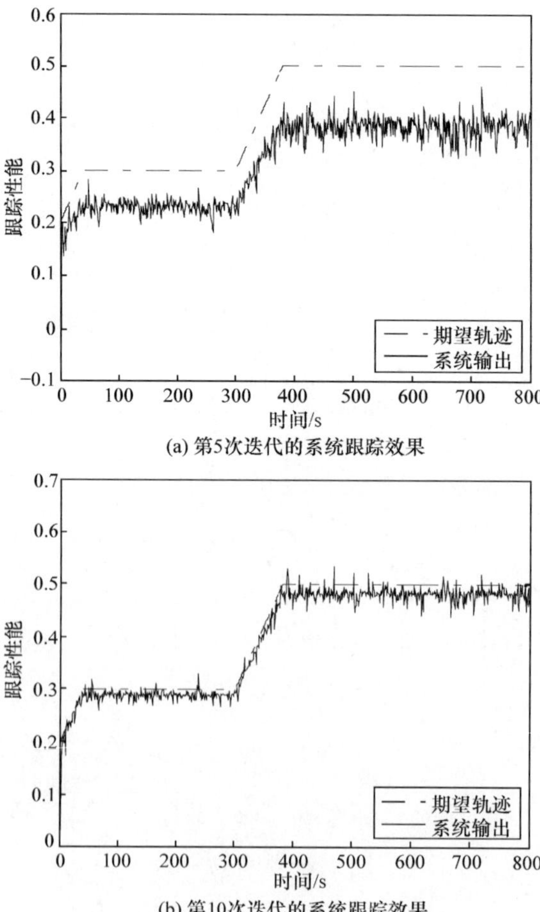

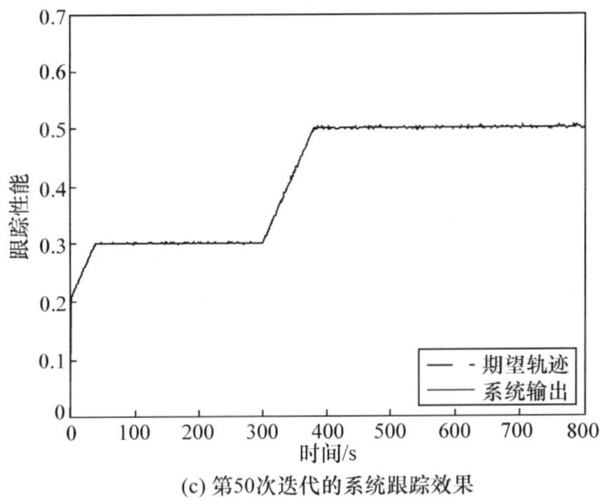

(c) 第50次迭代的系统跟踪效果

图 8.4　Case2 的仿真结果

8.6 本章小结

本章研究了时滞不确定线性系统存在数据丢失时的 ILC 设计问题，这里假设时滞为时变时滞且上下界已知。采用第 7 章中相同的 ILC 算法结构，建立了存在数据丢失情况下 ILC 系统的二维随机时滞系统模型。根据二维系统稳定性理论，给出了一个时滞依赖的均方渐近稳定条件，基于该条件可通过求取矩阵不等式的可行解得到 ILC 的控制增益，仿真结果验证了本章所给 ILC 设计方法的有效性。结果表明，对于包含不确定时滞的线性系统，数据丢失不改变跟踪误差的收敛性，但影响 ILC 算法的收敛速度。

参考文献

[1] Richard J P. Time-delay systems: An overview of some recent advances and open problems. Automatica, 2003, 39(10): 1667-1694.

[2] 张冬梅，俞立. 线性时滞系统稳定性分析综述. 控制与决策，2008，23(8)：841-849.

[3] Hideg L M. Time delays in iterative learning control schemes//Proceedings of the 1995 IEEE International Symposium on Intelligent Control, Monterey, 1995: 215-220.

[4] Park K H, Bien Z N, Hwang D H. Design of an iterative learning controller for a class of linear dynamic systems with time delay. IEE Proceedings D: Control Theory and Applications, 1998, 145(6): 507-512.

[5] Xu J X, Lee T H, Yamamoto S, et al. Iterative learning control with Smith time delay compensator for batch processes. Journal of Process Control, 2001, 11(3): 321-328.

[6] Sun M X, Wang D W. Iterative learning control design for uncertain dynamic systems with

delayed states. Dynamics and Control, 2000, 10(4): 341-357.

[7] Li X D, Chow T W S, Ho J K L. 2D system theory based iterative learning control for linear continuous systems with time delays. IEEE Transactions on Circuits and Systems, 2005, 52(7): 1421-1430.

[8] Liu T, Gao F R, Wang Y Q. IMC-based iterative learning control for batch processes with uncertain time delay. Journal of Process Control, 2010, 20(2): 173-180.

[9] Meng D Y, Jia Y M, Du J P, et al. Robust design of a class of time-delay iterative learning control systems with initial shifts. IEEE Transactions on Circuits and Systems-Part I: Regular papers, 2009, 56(8): 1744-1757.

[10] Qiu J, Xia Y, Yang H, et al. Robust stabilisation for a class of discrete-time systems with time-varying delays via delta operators. IET Control Theory and Applications, 2008, 2(1): 87-93.

[11] Liu D R, Michel A N. Stability analysis of state-space realizations for two-dimensional filters with overflow nonlinearities. IEEE Transactions on Circuits and Systems, 1994, 41(2): 127-137.

[12] Wang L M, Mo S Y, Zhou D H, et al. Robust design of feedback integrated with iterative learning control for batch processes with uncertainties and interval time-varying delays. Journal of Process Control, 2001, 21(7): 987-996.

[13] Chen S F. Delay-dependent stability for 2D systems with time-varying delay subject to state saturation in the Roesser model. Applied Mathematics and Computation, 2010, 216(9): 2613-2622.

[14] Boyd S P, El Ghaoui L, Feron E, et al. Linear Matrix Inequalities in System and Control Theory. Philadelphia: Society for Industrial and Applied Mathematics, 1994.

[15] El Ghaoui L, Oustry F, AitRami M. A cone complementarity linearization algorithms for static output feedback and related problems. IEEE Transactions on Automatic Control, 1997, 42(8): 1171-1176.

[16] Moon Y S, Park P, Kwon W H, et al. Delay-dependent robust stabilisation of uncertain state delayed systems. International Journal of Control, 2001, 74(14): 1447-1455.

[17] Shi J, Gao F R, Wu T J. Robust design of integrated feedback and iterative learning control of a batch process based on a 2D Roesser system. Journal of Process Control, 2005, 15(8): 907-924.

第 9 章　存在数据丢失的二维非线性系统鲁棒 H_∞ 控制

9.1　引　　言

第 7 章中基于二维系统的稳定理论研究了存在数据丢失情况下迭代学习控制器的设计方法，而关于二维系统理论的研究现状没有做过多介绍。实际上，二维系统理论与很多现代工程领域相关，如多维数字滤波、图像处理、交通流时空特性、地震信息处理等，在过去几十年中引起了广泛的关注。早在 1975 年，美国学者 Roesser[1] 为了更好地解决二维图像处理问题，运用线性滤波的方法将经典一维空间自变量描述方法引入二维系统中，并提出了著名的二维 Roesser 模型。之后，很多其他二维系统的模型描述方法如 Attasi 模型[2]、Fornasini-Marchesini 模型[3] 等相继被提出，但这些模型均可由 Roesser 模型转化得到。

需要指出的是，近年来二维 Roesser 系统的分析和控制取得了诸多研究成果，如文献[4]给出了二维线性系统渐近稳定的一个充分必要条件，该条件可以通过两个矩阵的特征值进行检验。文献[5]研究了一类含有时变参数的二维系统稳定性问题，并将得到的稳定性条件应用于 ILC 系统分析。文献[6]研究了一类二维离散系统的耗散控制和滤波问题，分别给出了一种二维(Q，S，R)-α 耗散反馈控制器和观测器的设计方法。文献[7]考虑了一类不确定二维连续系统的鲁棒输出稳定和控制问题，文献[8]研究了二维线性系统的 H_∞ 控制问题。文献[9]研究一类二维 Takagi-Sugeno 模糊系统的稳定性问题，通过构造二维 Lyapunov 泛函给出了系统稳定的一个充分条件，并设计了状态反馈控制器。然而，实际二维系统中不可避免地存在非线性环节或非线性单元，因此二维非线性系统的研究也引起了很多的关注，如文献[10]考虑了二维非线性切换系统的保成本控制问题，文献[11]研究了具有扇形界二维非线性系统的稳定性问题，文献[12]考虑了一类二维时滞不确定非线性系统的 H_∞ 控制问题，文献[13]考虑了一类二维状态时滞非线性系统的 H_∞ 可靠控制问题。

上述关于二维非线性系统的研究均未考虑数据丢失的影响，第 7 章中虽然将数据丢失问题引入了二维系统中，但所研究的对象为二维线性系统，所得到的均方稳定条件无法适用于二维非线性系统。同时，实际二维系统中存在各种外部扰动因素，第 6 章中指出 H_∞ 控制理论是一种抑制扰动作用的有效方法，它可以通过设计控制器增益使扰动与输出的范数之比小于某一给定值。鉴于此，本章研究二维非线性系统存在数据丢失和外部扰动时的 H_∞ 控制问题。这里，假设二维系统状态方程包含扇形有界非线性环节，数据丢失现象仍然描述为取值是 0 和 1 的 Bernoulli 随机分布序列。根据第 7 章中的均方渐近稳定定义和本章中定义的随机 H_∞ 性能，下面给出基于线性矩阵不等式的一种 H_∞ 状态反馈控制器设计方法。

9.2 问题描述

考虑如下二维非线性离散系统：

$$\begin{cases}\begin{bmatrix}x^{\mathrm{h}}(i+1,j)\\x^{\mathrm{v}}(i,j+1)\end{bmatrix}=A\begin{bmatrix}x^{\mathrm{h}}(i,j)\\x^{\mathrm{v}}(i,j)\end{bmatrix}+B\psi(v)+B_1w(i,j)+B_2u(i,j)\\ v=C\begin{bmatrix}x^{\mathrm{h}}(i,j)\\x^{\mathrm{v}}(i,j)\end{bmatrix}\end{cases}\tag{9.1}$$

式中，$x^{\mathrm{h}}(i,j)\in\mathrm{R}^{n_1}$、$x^{\mathrm{v}}(i,j)\in\mathrm{R}^{n_2}$ 和 $u(i,j)\in\mathrm{R}^{m}$ 分别表示水平方向状态变量、垂直方向状态变量和控制输入；$w(i,j)\in\mathrm{R}^{p}$ 表示有界噪声输入且属于 ℓ_2 空间；A、B、B_1、B_2、C 为适维实矩阵；函数 $\psi(v)$ 为扇形有界非线性函数，其定义如下。

定义 9.1[11] 对于无记忆向量非线性函数 $\psi:\mathrm{R}^n\to\mathrm{R}^n$，如果满足条件

$$(\psi(v)-K_1v)^{\mathrm{T}}(\psi(v)-K_2v)\leqslant 0,\quad \forall v\in\mathrm{R}^n$$

式中，K_1、$K_2\in\mathrm{R}^{n\times n}$ 为对角实矩阵且 $K=K_2-K_1$ 为正定对称矩阵，那么称 ψ 属于扇形区域 $K=[K_1,K_2]$ 并且可用 $\psi\in[K_1,K_2]$ 表示。

假设 9.1 二维非线性系统(9.1)满足如下边界条件：

$$\lim_{N\to\infty}\mathcal{E}\Big\{\sum_{k=0}^{N}(\|x^{\mathrm{h}}(k,0)\|^2+\|x^{\mathrm{v}}(0,k)\|^2)\Big\}<\infty$$

考虑如下状态反馈控制率：

$$u(i,j)=G\tilde{x}(i,j)\tag{9.2}$$

式中，$\tilde{x}(i,j)$ 为控制器接收到的状态信号；G 为适维控制器增益矩阵。考虑系统存在数据丢失现象，控制器接收到的状态信号 $\tilde{x}(i,j)$ 与系统状态的真实测量信号 $x(i,j)$ 不一定完全相等。这里仍然采用满足 Bernoulli 分布的随机向量 $\alpha_{i,j}$ 描述数据丢失现象，则有如下关系式：

$$\tilde{x}(i,j)=\alpha_{i,j}x(i,j)\tag{9.3}$$

与前述章节关于数据丢失的描述相同，假设 $\alpha_{i,j}$ 满足如下条件：

$$\mathrm{Prob}\{\alpha_{i,j}=1\}=\mathcal{E}\{\alpha_{i,j}\}=\alpha$$

$$\mathrm{Prob}\{\alpha_{i,j}=0\}=1-\mathcal{E}\{\alpha_{i,j}\}=1-\alpha$$

式中，$0\leqslant\alpha\leqslant 1$ 为已知常数。

由于引入随机变量 $\alpha_{i,j}$，二维非线性系统动态和状态反馈控制率组成的闭环控制系统变为随机系统，因此本章的讨论在随机稳定的框架下进行，并采用定义 7.1 的均方渐近稳定性定义。对于扰动抑制水平，本章定义如下随机系统的 H_∞ 扰动抑制能力。

定义 9.2　对于给定常数 $\gamma>0$，如果二维非线性系统(9.1)是均方渐近稳定的，并且系统在零初始条件下对于所有 $w(i,j)\in\ell_2$ 满足 $\|x\|_{\mathcal{E}}<\gamma\|w\|_2$，那么称系统具有指标为 γ 的 H_∞ 干扰抑制性能，式中

$$\|x\|_{\mathcal{E}}=\sqrt{\mathcal{E}\left\{\sum_{i=0}^{\infty}\sum_{j=0}^{\infty}\|x(i,j)\|^2\right\}},\quad \|w\|_2=\sqrt{\sum_{i=0}^{\infty}\sum_{j=0}^{\infty}\|w(i,j)\|^2}$$

鉴于上述分析，本章的主要工作可以描述为：对于二维非线性系统(9.1)，当初始条件满足假设 9.1 时，如何在系统存在数据丢失的情况下设计状态反馈控制率(9.2)使闭环系统均方渐近稳定并且具有指标为 γ 的 H_∞ 干扰抑制性能。

9.3　稳定性分析及控制器设计

本节首先给出一个与矩阵 A、B、B_1、B_2、C、K_1 和控制器增益矩阵 G 相关的系统均方渐近稳定条件，然后基于该条件给出 H_∞ 状态反馈控制的一个设计结果。

根据式(9.1)～式(9.3)，闭环系统可以写成如下形式：

$$\begin{bmatrix}x^{\mathrm{h}}(i+1,j)\\x^{\mathrm{v}}(i,j+1)\end{bmatrix}=(A+\alpha_{i,j}B_2G)\begin{bmatrix}x^{\mathrm{h}}(i,j)\\x^{\mathrm{v}}(i,j)\end{bmatrix}+B\psi(v)+B_1w(i,j)\tag{9.4}$$

定义 $\tilde{\alpha}_{i,j}=\alpha_{i,j}-\alpha$ 可得

$$\mathcal{E}\{\tilde{\alpha}_{i,j}\}=0$$

$$\mathcal{E}\{\tilde{\alpha}_{i,j}\tilde{\alpha}_{i,j}\}=\alpha(1-\alpha)$$

将 $\tilde{\alpha}_{i,j}$ 的表达式代入式(9.4)可得

$$\begin{bmatrix}x^{\mathrm{h}}(i+1,j)\\x^{\mathrm{v}}(i,j+1)\end{bmatrix}=(A+\alpha B_2G+\tilde{\alpha}_{i,j}B_2G)\begin{bmatrix}x^{\mathrm{h}}(i,j)\\x^{\mathrm{v}}(i,j)\end{bmatrix}+B\psi(v)+B_1w(i,j)\tag{9.5}$$

定理 9.1　对于二维非线性闭环系统(9.5)，其中 $\psi(v)$ 属于扇形区域 $K=[K_1\quad K_2]$，如果存在一个正定对称矩阵 $P=\mathrm{diag}\{P_{\mathrm{h}},P_{\mathrm{v}}\}>0$ 和一个标量 $\mu>0$ 满足条件：

$$\Xi=\begin{bmatrix}\Xi_{11}&\Xi_{12}&\Xi_{13}\\&\Xi_{22}&\Xi_{23}\\ *&&\Xi_{33}\end{bmatrix}<0\tag{9.6}$$

式中

$$\Xi_{11}=(A+BK_1C+\alpha B_2G)^{\mathrm{T}}P(A+BK_1C+\alpha B_2G)+\theta^2(B_2G)^{\mathrm{T}}PB_2G+I-P$$
$$\Xi_{12}=(A+BK_1C+\alpha B_2G)^{\mathrm{T}}PB+\mu C^{\mathrm{T}}K$$
$$\Xi_{13}=(A+BK_1C+\alpha B_2G)^{\mathrm{T}}PB_1$$
$$\Xi_{22}=B^{\mathrm{T}}PB-2\mu I,\quad \Xi_{23}=B^{\mathrm{T}}PB_1$$
$$\Xi_{33}=B_1^{\mathrm{T}}PB_1-\gamma^2 I,\quad \theta^2=\alpha(1-\alpha)$$

那么系统是均方渐近稳定的且具有指标为 γ 的 H_∞ 干扰抑制性能。

证明 首先,这里把非线性函数 $\psi(v)$ 分解为线性和非线性两部分,即 $\psi(v)=\psi_n(v)+K_1v$,式中非线性部分 $\psi_n(v)$ 属于集合 Φ,其定义为

$$\Phi=\{\psi_n(v)\mid(\psi_n(v))^{\mathrm{T}}(\psi_n(v)-Kv)\leqslant 0,\forall v\in\mathbf{R}^n\}$$

因为 $\psi(v)$ 属于扇形区域 $K=[K_1\quad K_2]$,故式(9.5)可以写成

$$\begin{bmatrix}x^{\mathrm{h}}(i+1,j)\\x^{\mathrm{v}}(i,j+1)\end{bmatrix}=(A+BK_1C+\alpha B_2G+\tilde{\alpha}_{i,j}B_2G)\begin{bmatrix}x^{\mathrm{h}}(i,j)\\x^{\mathrm{v}}(i,j)\end{bmatrix}+B\psi_n(v)+B_1w(i,j)\tag{9.7}$$

接下来,证明系统(9.7)在没有扰动作用的情况下,即 $w(t,k)=0$ 时是均方渐近稳定的,此时系统可描述为

$$\begin{bmatrix}x^{\mathrm{h}}(i+1,j)\\x^{\mathrm{v}}(i,j+1)\end{bmatrix}=(A+BK_1C+\alpha B_2G+\tilde{\alpha}_{i,j}B_2G)\begin{bmatrix}x^{\mathrm{h}}(i,j)\\x^{\mathrm{v}}(i,j)\end{bmatrix}+B\psi_n(v)\tag{9.8}$$

定义

$$W_1=\mathcal{E}\left\{\begin{bmatrix}x^{\mathrm{h}}(i+1,j)\\x^{\mathrm{v}}(i,j+1)\end{bmatrix}^{\mathrm{T}}P\begin{bmatrix}x^{\mathrm{h}}(i+1,j)\\x^{\mathrm{v}}(i,j+1)\end{bmatrix}\middle|\,x\right\}$$
$$W_2=x^{\mathrm{T}}Px$$

考虑如下性能指标:

$$J\overset{\mathrm{def}}{=}W_1-W_2$$

将式(9.8)代入性能指标可得

$$\begin{aligned}J&=\mathcal{E}\left\{\begin{matrix}[(A+BK_1C+\alpha B_2G+\tilde{\alpha}_{i,j}B_2G)x+B\psi_n(v)]^{\mathrm{T}}P\\ [(A+BK_1C+\alpha B_2G+\tilde{\alpha}_{i,j}B_2G)x+B\psi_n(v)]\,|\,x\end{matrix}\right\}-x^{\mathrm{T}}Px\\&\leqslant\mathcal{E}\left\{\begin{matrix}[(A+BK_1C+\alpha B_2G+\tilde{\alpha}_{i,j}B_2G)x+B\psi_n(v)]^{\mathrm{T}}P\\ [(A+BK_1C+\alpha B_2G+\tilde{\alpha}_{i,j}B_2G)x+B\psi_n(v)]\,|\,x\end{matrix}\right\}-x^{\mathrm{T}}Px\\&\quad-2\mu(\psi_n(v))^{\mathrm{T}}(\psi_n(v)-Kv)\\&=\xi^{\mathrm{T}}\Psi\xi\end{aligned}$$

式中,$\xi=\begin{bmatrix}x\\\psi_n(v)\end{bmatrix}$;$\mathcal{E}\{x|y\}$ 表示 x 在 y 条件下的数学期望;矩阵 Ψ 的表达式为

$$\Psi=\begin{bmatrix}(A+BK_1C+\alpha B_2G)^{\mathrm{T}}P(A+BK_1C+\alpha B_2G)+\theta^2(B_2G)^{\mathrm{T}}PB_2G-P & (A+BK_1C+\alpha B_2G)^{\mathrm{T}}PB+\mu C^{\mathrm{T}}K\\ * & B^{\mathrm{T}}PB-2\mu I\end{bmatrix}$$

根据定理 7.1 的证明过程可知，若 $\Psi<0$ 则系统(9.8)是均方渐近稳定的。接下来证明二维非线性随机系统(9.5)在零初始边界条件下具有 H_∞ 干扰抑制性能。此时，性能指标 J 变为

$$J=\mathcal{E}\left\{\begin{bmatrix}x^{\mathrm{h}}(i+1,j)\\x^{\mathrm{v}}(i,j+1)\end{bmatrix}^{\mathrm{T}}P\begin{bmatrix}x^{\mathrm{h}}(i+1,j)\\x^{\mathrm{v}}(i,j+1)\end{bmatrix}\middle|x\right\}-x^{\mathrm{T}}Px$$
$$=\mathcal{E}\left\{\begin{matrix}[(A+BK_1C+\alpha B_2G+\tilde{\alpha}_{i,j}B_2G)x+B\psi_n(v)+B_1w(i,j)]^{\mathrm{T}}P\\ \cdot[(A+BK_1C+\alpha B_2G+\tilde{\alpha}_{i,j}B_2G)x+B\psi_n(v)+B_1w(i,j)]|x\end{matrix}\right\}-x^{\mathrm{T}}Px$$

定义如下新的性能指标：

$$\begin{aligned}\Pi&\overset{\mathrm{def}}{=}J+x^{\mathrm{T}}x-\gamma^2w^{\mathrm{T}}w\\&=\mathcal{E}\left\{\begin{matrix}[(A+BK_1C+\alpha B_2G+\tilde{\alpha}_{i,j}B_2G)x+B\psi_n(v)+B_1w(i,j)]^{\mathrm{T}}P\\ \cdot[(A+BK_1C+\alpha B_2G+\tilde{\alpha}_{i,j}B_2G)x+B\psi_n(v)+B_1w(i,j)]|x\end{matrix}\right\}\\&\quad-x^{\mathrm{T}}Px+x^{\mathrm{T}}x-\gamma^2w^{\mathrm{T}}w\\&\leqslant\mathcal{E}\left\{\begin{matrix}[(A+BK_1C+\alpha B_2G+\tilde{\alpha}_{i,j}B_2G)x+B\psi_n(v)+B_1w(i,j)]^{\mathrm{T}}P\\ \cdot[(A+BK_1C+\alpha B_2G+\tilde{\alpha}_{i,j}B_2G)x+B\psi_n(v)+B_1w(i,j)]|x\end{matrix}\right\}\\&=x^{\mathrm{T}}Px+x^{\mathrm{T}}x-\gamma^2w^{\mathrm{T}}w-2\mu(\psi_n(v))^{\mathrm{T}}(\psi_n(v)-Kv)\\&=\zeta^{\mathrm{T}}\Xi\zeta\end{aligned}$$

式中，$\zeta=[x^{\mathrm{T}}\quad\psi_n^{\mathrm{T}}(v)\quad w^{\mathrm{T}}]^{\mathrm{T}}$。

由式(9.6)可得，对任意 $\zeta\neq0$ 有 $\Pi<0$，即

$$\mathcal{E}\left\{\begin{bmatrix}x^{\mathrm{h}}(t+1,k)\\x^{\mathrm{v}}(t,k+1)\end{bmatrix}^{\mathrm{T}}P\begin{bmatrix}x^{\mathrm{h}}(t+1,k)\\x^{\mathrm{v}}(t,k+1)\end{bmatrix}\middle|x\right\}<x^{\mathrm{T}}Px-x^{\mathrm{T}}x+\gamma^2w^{\mathrm{T}}w$$

对上式两边取期望，即

$$\mathcal{E}\left\{\begin{bmatrix}x^{\mathrm{h}}(i+1,j)\\x^{\mathrm{v}}(i,j+1)\end{bmatrix}^{\mathrm{T}}P\begin{bmatrix}x^{\mathrm{h}}(i+1,j)\\x^{\mathrm{v}}(i,j+1)\end{bmatrix}\middle|x\right\}<\mathcal{E}\{x^{\mathrm{T}}Px-x^{\mathrm{T}}x\}+\gamma^2w^{\mathrm{T}}w\qquad(9.9)$$

由不等式(9.9)可得

$$\begin{aligned}&\mathcal{E}\{x^{\mathrm{v}}(k+1,0)^{\mathrm{T}}P_2x^{\mathrm{v}}(k+1,0)\}=\mathcal{E}\{x^{\mathrm{v}}(k+1,0)^{\mathrm{T}}P_2x^{\mathrm{v}}(k+1,0)\}\\&\qquad\mathcal{E}\{x^{\mathrm{h}}(k+1,0)^{\mathrm{T}}P_1x^{\mathrm{h}}(k+1,0)+x^{\mathrm{v}}(k,1)^{\mathrm{T}}P_2x^{\mathrm{v}}(k,1)\}\\&\qquad\leqslant\mathcal{E}\{x^{\mathrm{h}}(k,0)^{\mathrm{T}}P_1x^{\mathrm{h}}(k,0)+x^{\mathrm{v}}(k,0)^{\mathrm{T}}P_2x^{\mathrm{v}}(k,0)\}\\&\qquad\quad-\mathcal{E}\{x(k,0)^{\mathrm{T}}x(k,0)\}+\gamma^2w(k,0)^{\mathrm{T}}w(k,0)\\&\quad\mathcal{E}\{x^{\mathrm{h}}(k,1)^{\mathrm{T}}P_1x^{\mathrm{h}}(k,1)+x^{\mathrm{v}}(k-1,2)^{\mathrm{T}}P_2x^{\mathrm{v}}(k-1,2)\}\\&\leqslant\mathcal{E}\{x^{\mathrm{h}}(k-1,1)^{\mathrm{T}}P_1x^{\mathrm{h}}(k-1,1)+x^{\mathrm{v}}(k-1,1)^{\mathrm{T}}P_2x^{\mathrm{v}}(k-1,1)\}\\&\quad-\mathcal{E}\{x(k-1,1)^{\mathrm{T}}x(k-1,1)\}+\gamma^2w(k-1,1)^{\mathrm{T}}w(k-1,1)\\&\quad\mathcal{E}\{x^{\mathrm{h}}(k-1,2)^{\mathrm{T}}P_1x^{\mathrm{h}}(k-1,2)+x^{\mathrm{v}}(k-2,3)^{\mathrm{T}}P_2x^{\mathrm{v}}(k-2,3)\}\\&\leqslant\mathcal{E}\{x^{\mathrm{h}}(k-2,2)^{\mathrm{T}}P_1x^{\mathrm{h}}(k-2,2)+x^{\mathrm{v}}(k-2,2)^{\mathrm{T}}P_2x^{\mathrm{v}}(k-2,2)\}\\&\quad-\mathcal{E}\{x(k-2,2)^{\mathrm{T}}x(k-2,2)\}+\gamma^2w(k-2,2)^{\mathrm{T}}w(k-2,2)\end{aligned}$$

$$\vdots$$

$$\mathcal{E}\{x^{\mathrm{h}}(1,k)^{\mathrm{T}}P_1x^{\mathrm{h}}(1,k)+x^{\mathrm{v}}(0,k+1)^{\mathrm{T}}P_2x^{\mathrm{v}}(0,k+1)\}$$
$$\leqslant\mathcal{E}\{x^{\mathrm{h}}(0,k)^{\mathrm{T}}P_1x^{\mathrm{h}}(0,k)+x^{\mathrm{v}}(0,k)^{\mathrm{T}}P_2x^{\mathrm{v}}(0,k)\}$$
$$-\mathcal{E}\{x(0,k)^{\mathrm{T}}x(0,k)\}+\gamma^2w(0,k)^{\mathrm{T}}w(0,k)$$
$$\mathcal{E}\{x^{\mathrm{h}}(0,k+1)^{\mathrm{T}}P_1x^{\mathrm{h}}(0,k+1)\}=\mathcal{E}\{x^{\mathrm{h}}(0,k+1)^{\mathrm{T}}P_1x^{\mathrm{h}}(0,k+1)\} \tag{9.10}$$

不等式(9.10)两边相加可得

$$\begin{aligned}
&\mathcal{E}\Big\{\sum_{j=0}^{k+1}[x^{\mathrm{h}}(k+1-j,j)^{\mathrm{T}}P_1x^{\mathrm{h}}(k+1-j,j)\\
&\quad+x^{\mathrm{v}}(k+1-j,j)^{\mathrm{T}}P_2x^{\mathrm{v}}(k+1-j,j)]\Big\}\\
&<\mathcal{E}\Big\{\sum_{j=0}^{k}[x^{\mathrm{h}}(k-j,j)^{\mathrm{T}}P_1x^{\mathrm{h}}(k-j,j)+x^{\mathrm{v}}(k-j,j)^{\mathrm{T}}P_2x^{\mathrm{v}}(k-j,j)]\Big\}\\
&\quad+\mathcal{E}\{x^{\mathrm{v}}(k+1,0)^{\mathrm{T}}P_2x^{\mathrm{v}}(k+1,0)\}+\mathcal{E}\{x^{\mathrm{h}}(0,k+1)^{\mathrm{T}}P_1x^{\mathrm{h}}(0,k+1)\}\\
&\quad-\mathcal{E}\Big\{\sum_{j=0}^{k}[x(k-j,j)^{\mathrm{T}}x(k-j,j)\Big\}+\gamma^2\sum_{j=0}^{i}w(k-j,j)^{\mathrm{T}}w(k-j,j)
\end{aligned} \tag{9.11}$$

将式(9.11)从 $k=0$ 到 $k=N$ 累加可得

$$\begin{aligned}
&\mathcal{E}\Big\{\sum_{k=0}^{N}\sum_{j=0}^{k}x(k-j,j)^{\mathrm{T}}x(k-j,j)\Big\}\\
&<\gamma^2\sum_{k=0}^{N}\sum_{j=0}^{k}w(k-j,j)^{\mathrm{T}}w(k-j,j)\\
&\quad+\sum_{k=0}^{N}(\mathcal{E}\{x^{\mathrm{v}}(k+1,0)^{\mathrm{T}}P_2x^{\mathrm{v}}(k+1,0)\}+\mathcal{E}\{x^{\mathrm{h}}(0,k+1)^{\mathrm{T}}P_1x^{\mathrm{h}}(0,k+1)\})\\
&\quad-\mathcal{E}\left\{\sum_{j=0}^{N}\begin{bmatrix}x^{\mathrm{h}}(N+1-j,j)^{\mathrm{T}}P_1x^{\mathrm{h}}(N+1-j,j)\\+x^{\mathrm{v}}(N+1-j,j)^{\mathrm{T}}P_2x^{\mathrm{v}}(N+1-j,j)\end{bmatrix}\right\}\\
&\quad+\mathcal{E}\{x^{\mathrm{v}}(0,0)^{\mathrm{T}}P_2x^{\mathrm{v}}(0,0)\}+\mathcal{E}\{x^{\mathrm{h}}(0,0)^{\mathrm{T}}P_1x^{\mathrm{h}}(0,0)\}
\end{aligned}$$

进一步可得

$$\begin{aligned}
&\mathcal{E}\Big\{\sum_{k=0}^{\infty}\sum_{j=0}^{k}x(k-j,j)^{\mathrm{T}}x(k-j,j)\Big\}\\
&<\sum_{k=0}^{\infty}(\mathcal{E}\{x^{\mathrm{v}}(k,0)^{\mathrm{T}}P_2x^{\mathrm{v}}(k,0)\}+\mathcal{E}\{x^{\mathrm{h}}(0,k)^{\mathrm{T}}P_1x^{\mathrm{h}}(0,k)\})\\
&\quad+\gamma^2\sum_{k=0}^{\infty}\sum_{j=0}^{k}w(k-j,j)^{\mathrm{T}}w(k-j,j)
\end{aligned} \tag{9.12}$$

由于系统初始边界条件为零，不等式(9.12)意味着 $\|x\|_{\mathcal{E}}<\gamma^2\|w\|_2$，因此系统具有指标为 γ 的 H_∞ 干扰抑制性能。

注 9.1 定理 9.1 给出了二维非线性系统存在数据丢失情况下均方渐近稳定并且具有 H_∞ 干扰抑制性能的一个充分条件。如果系统不存在数据丢失，那么 $\alpha=$

$1,\theta=0$。此时，定理 9.1 中的条件变成文献[11]中二维非线性确定性系统的条件。因此，本章得到的结果更具有一般性，二维非线性确定性系统的稳定性条件仅为本章条件的一个特例。

定理 9.1 的条件包含控制器增益矩阵 G，而本章的设计目标是根据系统矩阵 A、B、B_1、C、K_1 和 α，求解控制增益矩阵 G。这里给出如下定理。

定理 9.2 对于二维非线性闭环系统(9.5)，$\psi(v)$ 属于扇形区域 $K=[K_1\quad K_2]$，如果存在正定对称矩阵 Q、矩阵 M 和标量 $\lambda>0$ 满足如下矩阵不等式：

$$\Omega=\begin{bmatrix} -Q & QC^{\mathrm{T}}K & 0 & Q(A+BK_1C)^{\mathrm{T}}+\alpha M^{\mathrm{T}}B_2^{\mathrm{T}} & \theta M^{\mathrm{T}}B_2^{\mathrm{T}} & Q \\ & -2\lambda I & 0 & \lambda B^{\mathrm{T}} & 0 & 0 \\ & & -\gamma^2 I & B_1^{\mathrm{T}} & 0 & 0 \\ & & & -Q & 0 & 0 \\ & * & & & -Q & 0 \\ & & & & & -I \end{bmatrix}<0 \tag{9.13}$$

那么二维非线性闭环系统(9.5)对于所有 $\psi(v)\in[K_1\quad K_2]$是均方渐近稳定的且具有指标为 γ 的 H_∞ 干扰抑制性能。此时，状态反馈控制器可设计为 $G=MQ^{-1}$。

证明 将定理 9.1 中的条件改写为

$$\Theta^{T}\begin{bmatrix} P & & 0 \\ & P & \\ 0 & & I \end{bmatrix}\Theta+\begin{bmatrix} -P & \mu C^{\mathrm{T}}K & 0 \\ 0 & -2\mu I & 0 \\ 0 & 0 & -\gamma^2 I \end{bmatrix}<0 \tag{9.14}$$

式中，$\Theta^{\mathrm{T}}=\begin{bmatrix} (A+BK_1C+\alpha B_2G)^{\mathrm{T}} & \theta(B_2G)^{\mathrm{T}} & I \\ B^{\mathrm{T}} & 0 & 0 \\ B_1^{\mathrm{T}} & 0 & 0 \end{bmatrix}$。

运用 Schur 补引理，条件(9.14)可等价为如下矩阵不等式：

$$\begin{bmatrix} -P & \mu C^{\mathrm{T}}K & 0 & (A+BK_1C+\alpha B_2G)^{\mathrm{T}} & \theta(B_2G)^{\mathrm{T}} & I \\ & -2\mu I & 0 & B^{\mathrm{T}} & 0 & 0 \\ & & -\gamma^2 I & B_1^{\mathrm{T}} & 0 & 0 \\ & & & -P^{-1} & 0 & 0 \\ & * & & & -P^{-1} & 0 \\ & & & & & -I \end{bmatrix}<0$$

定义 $Q=P^{-1}$，对上式分别左乘和右乘 $\mathrm{diag}(Q,I,I,I,I,I)$可得

$$\begin{bmatrix} -Q & QC^{\mathrm{T}}K & 0 & Q(A+BK_1C)^{\mathrm{T}}+\alpha(GQ)^{\mathrm{T}}B_2^{\mathrm{T}} & \theta(GQ)^{\mathrm{T}}B_2^{\mathrm{T}} & Q \\ & -2\varepsilon I & 0 & \varepsilon B^{\mathrm{T}} & 0 & 0 \\ & & -\gamma^2 I & B_1^{\mathrm{T}} & 0 & 0 \\ & & & -Q & 0 & 0 \\ & * & & & -Q & 0 \\ & & & & & -I \end{bmatrix}<0$$

令 $GQ=M$ 可得式(9.13)。

注 9.2 定理 9.2 给出了一个二维非线性随机系统均方渐近稳定且具有 H_∞ 扰动抑制性能的非线性矩阵不等式条件(9.13),基于此条件通过 LMI 工具箱可求出状态反馈控制器增益矩阵的可行解。

注 9.3 当 γ 是固定值时,条件(9.13)的可行解是次优 H_∞ 控制器。当 γ 不是固定值时,可以通过对 γ 的搜索,求解满足条件(9.13)的 γ 最小值来实现最优 H_∞ 控制器设计。因此,最优 H_∞ 控制器的设计可以转化为如下凸优化问题:

$$\begin{aligned} &\min_{Q,M,\lambda}\gamma^2 \\ &\text{s. t. 式(9.13)} \end{aligned} \tag{9.15}$$

9.4 鲁棒 H_∞ 反馈控制器设计

本节将定理 9.2 的设计结果推广到如下具有参数不确定的二维非线性系统中:

$$\begin{cases} \begin{bmatrix} x^{\mathrm{h}}(i+1,j) \\ x^{\mathrm{v}}(i,j+1) \end{bmatrix}=(A+\Delta A)\begin{bmatrix} x^{\mathrm{h}}(i,j) \\ x^{\mathrm{v}}(i,j) \end{bmatrix}+(B+\Delta B)\psi(v) \\ \qquad\qquad +(B_1+\Delta B_1)w(i,j)+(B_2+\Delta B_2)u(i,j) \\ v=C\begin{bmatrix} x^{\mathrm{h}}(i,j) \\ x^{\mathrm{v}}(i,j) \end{bmatrix} \end{cases} \tag{9.16}$$

式中,ΔA、ΔB、ΔB_1、ΔB_2 分别表示矩阵 A、B、B_1、B_2 的不确定扰动,其表达式为

$$\begin{cases} \Delta A=E\Sigma F_1 \\ \Delta B=E\Sigma F_2 \\ \Delta B_1=E\Sigma F_3 \\ \Delta B_2=E\Sigma F_4 \end{cases}$$

式中,E、F_1、F_2、F_3、F_4 为已知的常数矩阵,反映了不确定扰动的结构;Σ 表示系统不确定因素并且满足 $\Sigma^{\mathrm{T}}\Sigma\leqslant I$。

针对系统(9.16)考虑采用式(9.2)所示的状态反馈控制器。假设系统状态存在式(9.3)所描述的数据丢失现象,基于 9.3 节的讨论,这里可以进一步给出如下定理。

定理 9.3　对于存在数据丢失的二维不确定非线性系统(9.16)和状态反馈控制(9.2)，且 $\psi(v)$ 属于扇形区域 $K=[K_1\quad K_2]$，如果存在正定对称矩阵 Q、矩阵 M 和标量 $\varepsilon>0$、$\lambda>0$ 满足：

$$\begin{bmatrix} -Q & QC^{\mathrm T}K & 0 & \Omega_1 & \theta M^{\mathrm T}B_2^{\mathrm T} & Q & \Omega_2 & \theta M^{\mathrm T}F_4^{\mathrm T} \\ & -2\lambda I & 0 & \lambda B^{\mathrm T} & 0 & 0 & \lambda F_2^{\mathrm T} & 0 \\ & & -\gamma^2 I & B_1^{\mathrm T} & 0 & 0 & F_3^{\mathrm T} & 0 \\ & & & \varepsilon EE^{\mathrm T}-Q & 0 & 0 & 0 & 0 \\ & & & & \varepsilon EE^{\mathrm T}-Q & 0 & 0 & 0 \\ & * & & & & I & 0 & 0 \\ & & & & & & -\varepsilon I & 0 \\ & & & & & & & -\varepsilon I \end{bmatrix}<0 \tag{9.17}$$

式中

$$\Omega_1=Q(A+BK_1C)^{\mathrm T}+\alpha M^{\mathrm T}B_2^{\mathrm T}$$

$$\Omega_2=Q(F_1+F_2K_1C)^{\mathrm T}+\alpha M^{\mathrm T}F_4^{\mathrm T}$$

那么闭环系统是均方渐近稳定的并且具有指标为 γ 的 H_∞ 抑制干扰性能。此时，状态反馈控制器增益矩阵可设计为 $G=MQ^{-1}$。

证明　由定理 9.2 可知，不确定二维非线性闭环系统是均方渐近稳定的并且具有 H_∞ 抑制干扰性能的条件为存在正定对称矩阵 Q、矩阵 M 和标量 $\lambda>0$ 满足：

$$\begin{bmatrix} -Q & QC^{\mathrm T}K & 0 & \Omega_3 & \Omega_4 & Q \\ & -2\lambda I & 0 & \lambda(B+\Delta B)^{\mathrm T} & 0 & 0 \\ & & -\gamma^2 I & (B_1+\Delta B_1)^{\mathrm T} & 0 & 0 \\ & & & -Q & 0 & 0 \\ & * & & & -Q & 0 \\ & & & & & -I \end{bmatrix}<0 \tag{9.18}$$

式中

$$\Omega_3=Q[(A+\Delta A)+(B+\Delta B)K_1C]^{\mathrm T}+\alpha M^{\mathrm T}(B_2+\Delta B_2)^{\mathrm T}$$

$$\Omega_4=\theta M^{\mathrm T}(B_2+\Delta B_2)^{\mathrm T}$$

矩阵不等式(9.18)可写成如下形式：

$$\begin{bmatrix} -Q & QC^{\mathrm T}K & 0 & \Omega_1 & \theta M^{\mathrm T}B_2^{\mathrm T} & Q \\ & -2\lambda I & 0 & \lambda B^{\mathrm T} & 0 & 0 \\ & & -\gamma^2 I & B_1^{\mathrm T} & 0 & 0 \\ & & & -Q & 0 & 0 \\ & * & & & -Q & 0 \\ & & & & & -I \end{bmatrix}+\begin{bmatrix}0\\0\\0\\E\\0\\0\end{bmatrix}\Sigma\begin{bmatrix}\Omega_2\\ \lambda F_2^{\mathrm T}\\ F_3^{\mathrm T}\\0\\0\\0\end{bmatrix}^{\mathrm T}+\begin{bmatrix}\Omega_2\\ \lambda F_2^{\mathrm T}\\ F_3^{\mathrm T}\\0\\0\\0\end{bmatrix}\Sigma^{\mathrm T}\begin{bmatrix}0\\0\\0\\E\\0\\0\end{bmatrix}^{\mathrm T}$$

$$+\begin{bmatrix}0\\0\\0\\0\\E\\0\end{bmatrix}\Sigma\begin{bmatrix}\theta M^{\mathrm{T}}F_4^{\mathrm{T}}\\0\\0\\0\\0\\0\end{bmatrix}^{\mathrm{T}}+\begin{bmatrix}\theta M^{\mathrm{T}}F_4^{\mathrm{T}}\\0\\0\\0\\0\\0\end{bmatrix}\Sigma^{\mathrm{T}}\begin{bmatrix}0\\0\\0\\0\\E\\0\end{bmatrix}^{\mathrm{T}}<0 \tag{9.19}$$

根据引理 7.2 可得,如果存在一个标量 $\varepsilon>0$ 使得下式成立:

$$\begin{bmatrix}-Q & QC^{\mathrm{T}}K & 0 & \Omega_1 & \theta M^{\mathrm{T}}B_2^{\mathrm{T}} & Q\\ & -2\lambda I & 0 & \lambda B^{\mathrm{T}} & 0 & 0\\ & & -\gamma^2 I & B_1^{\mathrm{T}} & 0 & 0\\ & & & -Q & 0 & 0\\ & * & & & -Q & 0\\ & & & & & -I\end{bmatrix}+\varepsilon\begin{bmatrix}0\\0\\0\\E\\0\\0\end{bmatrix}\begin{bmatrix}0\\0\\0\\E\\0\\0\end{bmatrix}^{\mathrm{T}}+\varepsilon^{-1}\begin{bmatrix}\Omega_2\\\lambda F_2^{\mathrm{T}}\\F_3^{\mathrm{T}}\\0\\0\\0\end{bmatrix}\begin{bmatrix}\Omega_2\\\lambda F_2^{\mathrm{T}}\\F_3^{\mathrm{T}}\\0\\0\\0\end{bmatrix}^{\mathrm{T}}$$

$$+\varepsilon\begin{bmatrix}0\\0\\0\\0\\E\\0\end{bmatrix}\begin{bmatrix}0\\0\\0\\0\\E\\0\end{bmatrix}^{\mathrm{T}}+\varepsilon^{-1}\begin{bmatrix}\theta M^{\mathrm{T}}F_4^{\mathrm{T}}\\0\\0\\0\\0\\0\end{bmatrix}\begin{bmatrix}\theta M^{\mathrm{T}}F_4^{\mathrm{T}}\\0\\0\\0\\0\\0\end{bmatrix}^{\mathrm{T}}<0$$

那么矩阵不等式(9.19)成立,而上式又等价于

$$\begin{bmatrix}-Q & QC^{\mathrm{T}}K & 0 & \Omega_1 & \theta M^{\mathrm{T}}B_2^{\mathrm{T}} & Q\\ & -2\lambda I & 0 & \lambda B^{\mathrm{T}} & 0 & 0\\ & & -\gamma^2 I & B_1^{\mathrm{T}} & 0 & 0\\ & & & \varepsilon EE^{\mathrm{T}}-Q & 0 & 0\\ & * & & & \varepsilon EE^{\mathrm{T}}-Q & 0\\ & & & & & -I\end{bmatrix}$$

$$+\varepsilon^{-1}\begin{bmatrix}\Omega_2 & \theta M^{\mathrm{T}}F_4^{\mathrm{T}}\\ \lambda F_2^{\mathrm{T}} & 0\\ F_3^{\mathrm{T}} & 0\\ 0 & 0\\ 0 & 0\\ 0 & 0\end{bmatrix}\begin{bmatrix}(\Omega_2)^{\mathrm{T}} & \lambda F_2 & F_3 & 0 & 0 & 0\\ \theta F_4 M & 0 & 0 & 0 & 0 & 0\end{bmatrix}<0 \tag{9.20}$$

利用 Schur 补引理可知,式(9.20)可等价于式(9.17)。

与 9.3 节的结论相似，对于固定的扰动抑制指标 γ，式(9.17)给出的是一个次优 H_∞ 状态反馈控制器设计结果，而通过求解如下凸优化问题：

$$\min_{Q,M,\lambda,\epsilon} \gamma^2$$
$$\text{s.t. 式(9.17)}$$

可以设计不确定二维非线性系统(9.16)的鲁棒最优 H_∞ 控制器。

9.5 仿真示例

本节通过数值仿真验证所提算法的有效性，考虑系统(9.1)具有如下参数：

$$A=\begin{bmatrix}0.8 & 0.021\\0.01 & 0.9\end{bmatrix},\quad B=\begin{bmatrix}0.1 & 0\\0.01 & 0.02\end{bmatrix}$$

$$B_1=\begin{bmatrix}0.2 & 0\\0 & 0.1\end{bmatrix},\quad B_2=\begin{bmatrix}0.03 & 0\\0.1 & 0.1\end{bmatrix}$$

$$C=\begin{bmatrix}0.2 & 0.08\\0.17 & 0.22\end{bmatrix},\quad K_1=\begin{bmatrix}0.1 & 0\\0 & 0.1\end{bmatrix},\quad K_2=\begin{bmatrix}0.2 & 0\\0 & 0.2\end{bmatrix}$$

假设系统状态存在一定程度的数据丢失，仿真中设置 $\alpha=0.8$，即系统状态的数据丢失率为 20%。利用定理 9.2 求解凸优化问题(9.15)可得

$$\gamma_{\text{opt}}=0.35,\quad Q=\begin{bmatrix}0.5208 & -0.2595\\-0.2595 & 0.6113\end{bmatrix}$$

$$M=\begin{bmatrix}-10.6861 & 10.3778\\10.3778 & -17.33\end{bmatrix},\quad \lambda=0.1972$$

因此，状态反馈控制器可设计为

$$G=\begin{bmatrix}-15.2936 & 10.4834\\7.3571 & -25.2263\end{bmatrix}$$

仿真中设置 $i,j\in[0,60]$，假设系统扰动具有如下形式：

$$w(i,j)=\begin{bmatrix}\dfrac{1}{10ij}\\[2mm]\dfrac{1}{10ij}\end{bmatrix}$$

仿真结果如图 9.1 和图 9.2 所示。图 9.1 为 $x^{\text{h}}(i,j)$ 状态响应曲线。图 9.2 为 $x^{\text{v}}(i,j)$ 状态响应曲线。由仿真结果可以看出，虽然系统存在一定程度的数据丢失，但所设计的状态反馈控制器仍然可以保证闭环系统的稳定性。

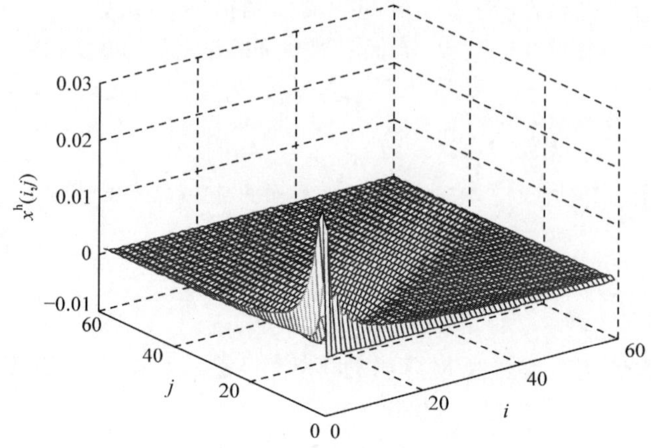

图 9.1　$x^{\mathrm{h}}(i,j)$状态响应曲线

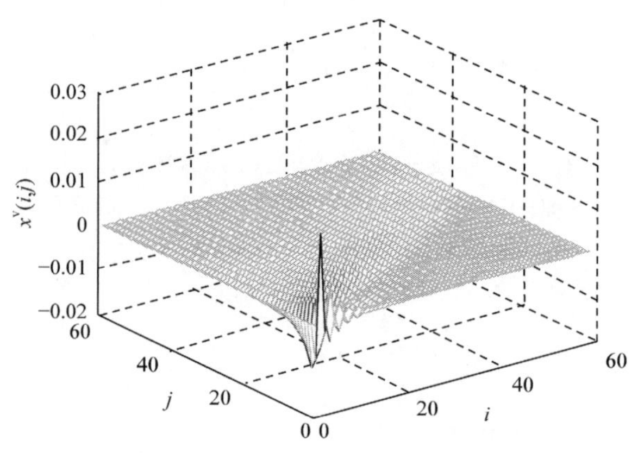

图 9.2　$x^{\mathrm{v}}(i,j)$状态响应曲线

9.6 本章小结

本章研究了存在数据丢失情况下二维非线性系统的 H_∞ 状态反馈控制问题，这里假设二维系统状态方程包含扇形有界非线性环节，系统的数据丢失现象采用前述章节的 Bernoulli 随机变量进行描述。首先，通过对非线性环节的分解，给出了一个闭环系统均方渐近稳定并且具有 H_∞ 抑制干扰性能的充分条件，该条件可以实现状态反馈控制器的设计。其次，研究结果推广到系统矩阵含有不确定参数二维非线性系统的鲁棒 H_∞ 控制中。最后，仿真结果验证了本章所提设计方法的有效性。研究结果表明，对于存在数据丢失的二维非线性系统，本章所提设计方法可以保证闭环系统的稳定性并具有一定的扰动抑制能力。

参考文献

[1] Roesser R. A discrete state-space model for linear image processing. IEEE Transactions on Automatic Control, 1975, 20(1): 1-10.

[2] Attasi S. Systems lineaires homogenes adeux indices. Laboratoire de Recherche en Informatique et Automatique, 1973, 31(9): 31-36.

[3] Fornasini E, Marchesini G. Doubly-indexed dynamical systems: State-space models and structural properties. Mathematical Systems Theory, 1978, 12(1): 59-72.

[4] Kurek J E. Stability of positive 2-D system described by the Roesser model. IEEE Transactions on Circuits and Systems-Part I: Fundamental Theory and Applications, 2002, 49(4): 531-533.

[5] Meng D Y, Jia Y M, Du J P. Stability of varying two-dimensional Roesser systems and its application to iterative learning control convergence analysis. IET Control Theory and Applications, 2015, 9(8): 1221-1228.

[6] Ahn C K, Shi P, Basin M V. Two-dimensional dissipative control and filtering for Roesser model. IEEE Transactions on Automatic Control, 2015, 60(7): 1745-1759.

[7] Lam J, Xu S Y, Zou Y, et al. Robust output feedback stabilization for two-dimensional continuous systems in Roesser form. Applied Mathematics Letters, 2004, 17(12): 1331-1341.

[8] Du C L, Zhang C S, Xie L H. H_∞ control and robust stabilization of two-dimensional systems in Roesser models. Automatica, 2001, 37(2): 205-211.

[9] Le V H, Trinh H. Stability analysis and control of two-dimensional fuzzy systems with directional time-varying delays. IEEE Transactions on Fuzzy Systems, 2018, 26(3): 1550-1564.

[10] Le V H, Trinh H. Switching design for suboptimal guaranteed cost control of 2-D nonlinear switched systems in the Roesser model. Nonlinear Analysis-Hybrid Systems, 2017, 24: 45-57.

[11] Ye S X, Wang W Q. Stability analysis and stabilisation for a class of 2-D nonlinear discrete systems. International Journal of Systems Science, 2011, 42(5): 839-851.

[12] Huang S P, Xiang Z R. Delay-dependent robust H-infinity control for 2-D discrete nonlinear systems with state delays. Multidimensional Systems and Signal Processing, 2014, 25(4): 775-794.

[13] Ghous I, Xiang Z R. Reliable H_∞ control of 2-D continuous nonlinear systems with time varying delays. Journal of the Franklin Institute, 2015, 352(12): 5758-5778.

第 10 章　存在数据丢失的二维线性系统 H_∞ 滤波

10.1　引　　言

滤波是控制理论的重要研究内容，其主要研究如何从带有观测噪声的输出信号中恢复状态信号，或者从已知信号中提取期望信号并抑制干扰信号的作用。20 世纪 50 年代，Wiener 和 Kolmogorov 开创了经典的 Wiener 滤波理论，该理论主要针对平稳随机过程，以最小均方误差为估计准则，采用频域谱分解的方法设计线性最优滤波器。在算法实现上，需要信号的全部历史数据及求解 Wiener-Hoff 方程的复杂性，造成非常大的计算量和存储量，因此 Wiener 滤波算法在工程中很难进行实时应用。20 世纪 60 年代初，Kalman 等提出了离散系统的 Kalman 滤波算法[1-3]，解决了 Wiener 滤波理论所遭遇的困境。该算法是基于状态空间方程的时域递推滤波算法，相当于 Wiener 滤波采用以最小均方误差为估计准则给出的信号最优估计，但 Kalman 滤波的递推形式所需的计算量和存储量较小，容易在计算机上编程实现，并且可以处理多变量系统和非平稳过程信号，能够实现无偏估计。然而，经典的 Kalman 滤波也存在自身的限制，它要求系统模型精确已知且系统的初始状态、噪声的统计特性已知。

20 世纪 80 年代末，控制领域学者将鲁棒 H_∞ 控制思想引入滤波器的设计中进而产生了 H_∞ 滤波方法。该方法将系统的输入噪声看成有界能量，所设计的滤波器可保证有界噪声能量对滤波误差能量的影响小于指定值，或者说系统干扰到估计误差的传递函数上界小于一定范围。相比于经典 Kalman 滤波，H_∞ 滤波对过程噪声和观测噪声的要求只是能量有界，对于是否为高斯白噪声或服从怎样的统计特性不做假设限制。二维系统的滤波问题研究近年来也取得了一定的成果，文献[4]～[7]研究了几种不同类型二维系统的 Kalman 滤波问题，文献[8]研究了二维 Roesser 模型及 FM-II(FM 的全称是 Fornasini-Marchesini)模型的 H_∞ 滤波问题，分别给出了基于 Riccati 不等式和线性矩阵不等式的滤波器设计方法。文献[9]～[11]设计了二维不确定 Roesser 模型的鲁棒 H_∞ 滤波器，其中不确定性描述为含参的矩阵多项式，利用线性矩阵不等式方法设计了齐次参数依赖的滤波器，以降低滤波器的保守性。

然而，上述关于二维系统滤波的研究均是假设系统的输出可以完全获取并可以完全使用，而实际系统中状态或输出测量数据不可避免地存在丢失现象，如何在数据存在随机丢失情况下进行二维系统的滤波器设计是需要研究的问题。本章针对一类存在数据丢失的二维 Roesser 系统，给出一种 H_∞ 滤波器的设计方法。首先，建立包含随机数据丢失的二维系统状态估计误差动态方程。其次，定义随机意义下的二维系统均方渐近稳定性和 H_∞ 性能，基于线性矩阵不等式给出误差系统满足均方渐近稳定和 H_∞ 性能的一个充分条件，该条件可以实现滤波器参数矩阵的设计。最后，研究结果被进一步推广到二维不确定系统中。

10.2　问题描述

考虑如下二维离散系统：

$$\begin{cases}\begin{bmatrix}x^{\mathrm{h}}(i+1,j)\\x^{\mathrm{v}}(i,j+1)\end{bmatrix}=A\begin{bmatrix}x^{\mathrm{h}}(i,j)\\x^{\mathrm{v}}(i,j)\end{bmatrix}+Bw(i,j)\\y(i,j)=C\begin{bmatrix}x^{\mathrm{h}}(i,j)\\x^{\mathrm{v}}(i,j)\end{bmatrix}+Dw(i,j)\\z(i,j)=L\begin{bmatrix}x^{\mathrm{h}}(i,j)\\x^{\mathrm{v}}(i,j)\end{bmatrix}\end{cases}\tag{10.1}$$

式中，$x^{\mathrm{h}}(i,j)\in\mathrm{R}^{n_1}$、$x^{\mathrm{v}}(i,j)\in\mathrm{R}^{n_2}$ 分别表示水平方向状态变量、垂直方向状态变量；$y(i,j)\in\mathrm{R}^{l}$ 为系统输出；$z(i,j)\in\mathrm{R}^{p}$ 为待估计量；$w(i,j)\in\mathrm{R}^{m}$ 为噪声信号且满足 $w(i,j)\in l_2\{[0,\infty],[0,\infty]\}$；$A$、$B$、$C$、$D$、$L$ 为适维矩阵。

系统(10.1)满足如下假设条件。

假设 10.1　系统的边界条件满足 $\mathcal{E}\left\{\sum\limits_{k=0}^{\infty}(|x^{\mathrm{h}}(0,k)|^2+|x^{\mathrm{v}}(k,0)|^2)\right\}<\infty$。

假设 10.2　系统(10.1)是渐近稳定的。

针对系统(10.1)，设计如下形式的滤波器：

$$\begin{cases}\begin{bmatrix}\hat{x}^{\mathrm{h}}(i+1,j)\\\hat{x}^{\mathrm{v}}(i,j+1)\end{bmatrix}=A_{\mathrm{f}}\begin{bmatrix}\hat{x}^{\mathrm{h}}(i,j)\\\hat{x}^{\mathrm{v}}(i,j)\end{bmatrix}+B_{\mathrm{f}}\hat{y}(i,j)\\\hat{z}(i,j)=C_{\mathrm{f}}\begin{bmatrix}\hat{x}^{\mathrm{h}}(i,j)\\\hat{x}^{\mathrm{v}}(i,j)\end{bmatrix}+D_{\mathrm{f}}\hat{y}(i,j)\end{cases}\tag{10.2}$$

式中，$\hat{x}^{\mathrm{h}}(i,j)\in\mathrm{R}^{nf1}$、$\hat{x}^{\mathrm{v}}(i,j)\in\mathrm{R}^{nf2}$ 为滤波器状态；$\hat{y}(i,j)\in\mathrm{R}^{l}$ 为可用的系统输出；$\hat{z}(i,j)\in\mathrm{R}^{fp}$ 为系统(10.1)中 $z(i,j)$ 的估计量；A_{f}、B_{f}、C_{f}、D_{f} 为适维矩阵。

本章考虑输出测量存在数据丢失的情况，这里仍然采用满足 Bernoulli 分布的随机向量 $\alpha_{i,j}$ 描述数据丢失现象，滤波器中可用的系统输出和系统真实输出存在如下关系：

$$\hat{y}(i,j)=\alpha_{i,j}y(i,j) \tag{10.3}$$

与前述章节关于数据丢失的描述相同,假设 $\alpha_{i,j}$ 满足如下条件:

$$\mathrm{Prob}\{\alpha_{i,j}=1\}=\mathcal{E}\{\alpha_{i,j}\}=\alpha$$

$$\mathrm{Prob}\{\alpha_{i,j}=0\}=1-\mathcal{E}\{\alpha_{i,j}\}=1-\alpha$$

式中,$0\leqslant\alpha\leqslant1$ 为已知常数。

由式(10.1)和式(10.2)可得如下形式的滤波误差系统:

$$\begin{cases}\tilde{x}^{+}=(\bar{A}_1+\bar{\alpha}_{i,j}\bar{A}_2)\tilde{x}(i,j)+(\bar{B}_1+\bar{\alpha}_{i,j}\bar{B}_2)w(i,j)\\ z_e(i,j)=(\bar{C}_1+\bar{\alpha}_{i,j}\bar{C}_2)\tilde{x}(i,j)+(\bar{D}_1+\bar{\alpha}_{i,j}\bar{D}_2)w(i,j)\end{cases} \tag{10.4}$$

式中

$$\tilde{x}^{+}=[x^{\mathrm{h}}(i+1,j)^{\mathrm{T}}\quad \hat{x}^{\mathrm{h}}(i+1,j)^{\mathrm{T}}\quad x^{\mathrm{v}}(i,j+1)^{\mathrm{T}}\quad \hat{x}^{\mathrm{v}}(i,j+1)^{\mathrm{T}}]^{\mathrm{T}}$$

$$\tilde{x}(i,j)=[x^{\mathrm{h}}(i,j)^{\mathrm{T}}\quad \hat{x}^{\mathrm{h}}(i,j)^{\mathrm{T}}\quad x^{\mathrm{v}}(i,j)^{\mathrm{T}}\quad \hat{x}^{\mathrm{v}}(i,j)^{\mathrm{T}}]^{\mathrm{T}}$$

$$z_e(i,j)=z(i,j)-\hat{z}(i,j),\quad \bar{\alpha}_{i,j}=\alpha_{i,j}-\alpha$$

$$\bar{A}_1=\Pi\begin{bmatrix}A & 0\\ \alpha B_{\mathrm{f}}C & A_{\mathrm{f}}\end{bmatrix}\Pi^{\mathrm{T}},\quad \Pi=\begin{bmatrix}E_{n1} & 0 & 0 & 0\\ 0 & 0 & E_{nf1} & 0\\ 0 & E_{n2} & 0 & 0\\ 0 & 0 & 0 & E_{nf2}\end{bmatrix}$$

$$\bar{A}_2=\Pi\begin{bmatrix}0 & 0\\ B_{\mathrm{f}}C & 0\end{bmatrix}\Pi^{\mathrm{T}},\quad \bar{B}_1=\Pi\begin{bmatrix}B\\ \alpha B_{\mathrm{f}}D\end{bmatrix},\quad \bar{B}_2=\Pi\begin{bmatrix}0\\ B_{\mathrm{f}}D\end{bmatrix}$$

$$\bar{C}_1=[L-\alpha D_{\mathrm{f}}C\quad -C_{\mathrm{f}}]\Pi^{\mathrm{T}},\quad \bar{C}_2=[-D_{\mathrm{f}}C\quad 0]\Pi^{\mathrm{T}}$$

$$\bar{D}_1=-\alpha D_{\mathrm{f}}D,\quad \bar{D}_2=-D_{\mathrm{f}}D$$

针对滤波误差系统(10.4),这里给出如下定义。

定义 10.1 对于满足假设 10.1 中任意初始边界条件的系统(10.4),若 $w(i,j)=0$ 时满足

$$\lim_{i+j\to\infty}\mathcal{E}\{|\tilde{x}(i,j)|^2\}=0$$

则称误差系统(10.4)均方渐近稳定。

定义 10.2 给定常数 $\gamma>0$,若滤波误差系统(10.4)是均方渐近稳定的,且在零初始边界条件下对于所有 $w\stackrel{\mathrm{def}}{=}\{w(i,j)\}\in l_2\{(0,\infty),(0,\infty)\}$ 满足

$$\|\tilde{z}\|_{\mathcal{E}}<\gamma\|w\|_2 \tag{10.5}$$

式中,$\|\tilde{z}\|_{\mathcal{E}}\stackrel{\mathrm{def}}{=}\sqrt{\mathcal{E}\left\{\sum_{i=0}^{\infty}\sum_{j=0}^{\infty}|\tilde{z}(i,j)|^2\right\}}$,$\|w\|_2\stackrel{\mathrm{def}}{=}\sqrt{\sum_{i=0}^{\infty}\sum_{j=0}^{\infty}|w(i,j)|^2}$,则称滤波误差系统(10.4)具有指标为 γ 的 H_∞ 干扰抑制性能。

根据二维系统 Parseval 定理[2],若零边界条件下滤波误差系统满足时域 H_∞ 干扰抑制性能(10.5),则干扰到滤波误差的幅频响应最大值应小于 γ。但本章考虑的是二维随机系统,不能直接求解随机函数的傅里叶变换及其幅频响应。因此,

本章考虑如下平均意义下的幅频响应：

$$\| G(e^{jw_1}, e^{jw_2}) \| = \| \bar{C}_1 [\mathrm{diag}(e^{jw_1}, e^{jw_1}, e^{jw_2}, e^{jw_2}) - \bar{A}_1]^{-1} \bar{B}_1 + \bar{D}_1 \|$$

进而滤波误差系统满足 H_∞ 性能的频域定义为

$$\| G(e^{jw_1}, e^{jw_2}) \|_\infty < \gamma$$

至此，本章的研究问题可描述为：针对满足假设 10.1 和假设 10.2 的二维系统(10.1)，当存在测量数据丢失时，如何设计滤波器参数 A_f、B_f、C_f、D_f 使得滤波误差系统(10.4)均方渐近稳定并具有指标为 γ 的 H_∞ 干扰抑制性能。

10.3　H_∞ 滤波器设计

本节首先给出一个与滤波器矩阵 A_f、B_f、C_f、D_f 相关的滤波误差系统均方渐近稳定条件，然后基于该条件给出 H_∞ 滤波器的一个设计结果。

定理 10.1　对于滤波误差系统(10.4)，如果存在一个正定对称矩阵 $P = \mathrm{diag}\{P_h, P_v\} > 0$ 满足条件：

$$\Xi = \begin{bmatrix} \Xi_{11} & \Xi_{12} \\ * & \Xi_{22} \end{bmatrix} < 0 \tag{10.6}$$

其元素定义如下：

$$\Xi_{11} = \bar{A}_1^{\mathrm{T}} P \bar{A}_1 + \theta^2 \bar{A}_2^{\mathrm{T}} P \bar{A}_2 + \bar{C}_1^{\mathrm{T}} \bar{C}_1 + \theta^2 \bar{C}_2^{\mathrm{T}} \bar{C}_2 - P$$

$$\Xi_{12} = \bar{A}_1^{\mathrm{T}} P \bar{B}_1 + \theta^2 \bar{A}_2^{\mathrm{T}} P \bar{B}_2 + \bar{C}_1^{\mathrm{T}} \bar{D}_1 + \theta^2 \bar{C}_2^{\mathrm{T}} \bar{D}_2$$

$$\Xi_{22} = \bar{B}_1^{\mathrm{T}} P \bar{B}_1 + \theta^2 \bar{B}_2^{\mathrm{T}} P \bar{B}_2 + \bar{D}_1^{\mathrm{T}} \bar{D}_1 + \theta^2 \bar{D}_2^{\mathrm{T}} \bar{D}_2 - \gamma^2 I$$

$$\theta^2 = \alpha(1-\alpha)$$

那么系统均方渐近稳定且具有指标为 γ 的 H_∞ 干扰抑制性能。

证明　首先，证明滤波误差系统(10.4)在零扰动即 $w(t,k)=0$ 时是均方渐近稳定的。此时，系统(10.4)变为

$$\begin{cases} \tilde{x}^+ = (\bar{A}_1 + \bar{\alpha}_{i,j} \bar{A}_2) \tilde{x}(i,j) \\ z_e(i,j) = (\bar{C}_1 + \bar{\alpha}_{i,j} \bar{C}_2) \tilde{x}(i,j) \end{cases} \tag{10.7}$$

定义 $W_1 = \boldsymbol{\mathcal{E}}\{(\tilde{x}^+)^{\mathrm{T}} P \tilde{x}^+ \mid \tilde{x}(i,j)\}$，$W_2 = \tilde{x}(i,j)^{\mathrm{T}} P \tilde{x}(i,j)$。考虑如下性能指标：

$$J \stackrel{\mathrm{def}}{=} W_1 - W_2$$

将式(10.7)代入性能指标可得

$$\begin{aligned} J &= \boldsymbol{\mathcal{E}}\{(\tilde{x}^+)^{\mathrm{T}} P \tilde{x}^+ \mid \tilde{x}(i,j)\} - \tilde{x}(i,j)^{\mathrm{T}} P \tilde{x}(i,j) \\ &= \tilde{x}(i,j)^{\mathrm{T}} (\bar{A}_1^{\mathrm{T}} P \bar{A}_1 + \theta^2 \bar{A}_2^{\mathrm{T}} P \bar{A}_2 - P) \tilde{x}(i,j) \\ &= \tilde{x}^{\mathrm{T}} \boldsymbol{\Psi} \tilde{x} \end{aligned}$$

式中，$\boldsymbol{\Psi} = \bar{A}_1^{\mathrm{T}} P \bar{A}_1 + \theta^2 \bar{A}_2^{\mathrm{T}} P \bar{A}_2 - P$。

由定理 7.1 的证明过程可知，若 $\Psi<0$ 则误差系统(10.4)是均方渐近稳定的。

然后，证明系统(10.4)在零初始边界条件下具有 H_∞ 干扰抑制性能。此时，性能指标 J 变为

$$
\begin{aligned}
J &= \mathcal{E}\{x^{+\mathrm{T}}Px^{+}\,|\,\tilde{x}(i,j)\} - \tilde{x}(i,j)^{\mathrm{T}}P\tilde{x}(i,j) \\
&= \mathcal{E}\left\{\begin{array}{l}[(\bar{A}_1+\bar{\alpha}_{i,j}\bar{A}_2)\tilde{x}(i,j)+(\bar{B}_1+\bar{\alpha}_{i,j}\bar{B}_2)w(i,j)]^{\mathrm{T}}P \\ \cdot\,[(\bar{A}_1+\bar{\alpha}_{i,j}\bar{A}_2)\tilde{x}(i,j)+(\bar{B}_1+\bar{\alpha}_{i,j}\bar{B}_2)w(i,j)]\,|\,\tilde{x}(i,j)\end{array}\right\} - \tilde{x}(i,j)^{\mathrm{T}}P\tilde{x}(i,j)
\end{aligned}
$$

定义如下新的性能指标：

$$
\begin{aligned}
\Pi &\overset{\mathrm{def}}{=} J + z_e(i,j)^{\mathrm{T}}z_e(i,j) - \gamma^2 w(i,j)^{\mathrm{T}}w(i,j) \\
&= \mathcal{E}\left\{\begin{array}{l}[(\bar{A}_1+\bar{\alpha}_{i,j}\bar{A}_2)\tilde{x}(i,j)+(\bar{B}_1+\bar{\alpha}_{i,j}\bar{B}_2)w(i,j)]^{\mathrm{T}}P \\ \cdot\,[(\bar{A}_1+\bar{\alpha}_{i,j}\bar{A}_2)\tilde{x}(i,j)+(\bar{B}_1+\bar{\alpha}_{i,j}\bar{B}_2)w(i,j)]\,|\,\tilde{x}(i,j)\end{array}\right\} \\
&\quad - \tilde{x}(i,j)^{\mathrm{T}}P\tilde{x}(i,j) + z_e(i,j)^{\mathrm{T}}z_e(i,j) - \gamma^2 w(i,j)^{\mathrm{T}}w(i,j) \\
&= \xi^{\mathrm{T}}\Xi\xi
\end{aligned}
$$

式中，$\xi=[\tilde{x}(i,j)^{\mathrm{T}} \quad w(i,j)^{\mathrm{T}}]^{\mathrm{T}}$。

由式(10.6)可知，对任意 $\zeta\neq 0$ 有 $\Pi<0$，即

$$
\begin{aligned}
&\mathcal{E}\left\{\begin{bmatrix}\bar{x}^{\mathrm{h}}(i+1,j)\\ \bar{x}^{\mathrm{v}}(i,j+1)\end{bmatrix}^{\mathrm{T}} P \begin{bmatrix}\bar{x}^{\mathrm{h}}(i+1,j)\\ \bar{x}^{\mathrm{v}}(i,j+1)\end{bmatrix}\,|\,\bar{x}(i,j)\right\} \\
&\quad < \bar{x}(i,j)^{\mathrm{T}}P\bar{x}(i,j) - z_e(i,j)^{\mathrm{T}}z_e(i,j) + \gamma^2 w(i,j)^{\mathrm{T}}w(i,j)
\end{aligned}
$$

运用与定理 9.1 证明二维随机非线性系统具有 H_∞ 干扰抑制性能相似的方法，可得

$$
\begin{aligned}
&\mathcal{E}\left\{\sum_{k=0}^{\infty}\sum_{l=0}^{k} z_e(k-l,l)^{\mathrm{T}}z_e(k-l,l)\right\} \\
&\leqslant \gamma^2\sum_{k=0}^{\infty}\sum_{l=0}^{k} w(k-l,l)^{\mathrm{T}}w(k-l,l) + \mathcal{E}\left\{\sum_{l=0}^{\infty}\begin{bmatrix}\bar{x}^{\mathrm{h}}(0,l)^{\mathrm{T}}P_{\mathrm{h}}\bar{x}^{\mathrm{h}}(0,l)\\ +\bar{x}^{\mathrm{v}}(0,l)^{\mathrm{T}}P_{\mathrm{v}}\bar{x}^{\mathrm{v}}(0,l)\end{bmatrix}\right\}
\end{aligned}
\tag{10.8}
$$

由于系统初始边界条件为零，不等式(10.8)等价于 $\|z_e\|_{\mathcal{E}}<\gamma\|w\|_2$，因此系统具有指标为 γ 的 H_∞ 干扰抑制性能。

定理 10.1 给出了一个系统同时满足均方渐近稳定和 H_∞ 性能的充分条件，基于该条件可给出如下定理。

定理 10.2 对于给定的常数 $\gamma>0$，若存在对称矩阵 $R>0$、$X>0$ 和矩阵 M、N、Z、D_{f} 满足：

$$
\begin{bmatrix}
-R & & & & & & & & & \\
-R & -X & & & & & & & & \\
0 & 0 & -\gamma^2 I & & & & * & & & \\
RA & RA & RB & -R & & & & & & \\
XA+\alpha ZC+M & XA+\alpha ZC & XB+\alpha ZD & -I & -X & & & & & \\
0 & 0 & 0 & 0 & 0 & -R & & & & \\
\theta ZC & \theta ZC & \theta ZD & 0 & 0 & -I & -X & & & \\
L-\alpha D_f C-N & L-\alpha D_f C & -\alpha D_f D & 0 & 0 & 0 & 0 & -I & \\
-\theta D_f C & -\theta D_f C & -\theta D_f D & 0 & 0 & 0 & 0 & 0 & -I
\end{bmatrix}<0
$$

$$
X-R>0 \tag{10.9}
$$

则滤波误差系统(10.4)均方渐近稳定且满足 H_∞ 干扰抑制性能。

证明　定理 10.1 中的条件(10.6)可重写为

$$
\Theta^{\mathrm{T}}\mathrm{diag}(\widetilde{P},\widetilde{P},I,I)\Theta+\begin{bmatrix}-\widetilde{P} & 0\\ 0 & -\gamma^2 I\end{bmatrix}<0 \tag{10.10}
$$

式中

$$
\Theta^{\mathrm{T}}=\begin{bmatrix}\widetilde{A}_1^{\mathrm{T}} & \theta\widetilde{A}_2^{\mathrm{T}} & \widetilde{C}_1^{\mathrm{T}}\theta & \widetilde{C}_2^{\mathrm{T}}\\ \widetilde{B}_1^{\mathrm{T}} & \theta\widetilde{B}_2^{\mathrm{T}} & \widetilde{D}_1^{\mathrm{T}} & \theta\widetilde{D}_2^{\mathrm{T}}\end{bmatrix},\quad \widetilde{P}=\Pi^{\mathrm{T}}P\Pi
$$

其中

$$
\widetilde{A}_1=\begin{bmatrix}A & 0\\ \alpha B_f C & A_f\end{bmatrix},\quad \widetilde{A}_2=\begin{bmatrix}0 & 0\\ B_f C & 0\end{bmatrix}
$$

$$
\widetilde{B}_1=\begin{bmatrix}B\\ \alpha B_f D\end{bmatrix},\quad \widetilde{B}_2=\begin{bmatrix}0\\ B_f D\end{bmatrix}
$$

$$
\widetilde{C}_1=[L-\alpha D_f C\quad -C_f],\quad \widetilde{C}_2=[-D_f C\quad 0]
$$

$$
\widetilde{D}_1=-\alpha D_f D,\quad \widetilde{D}_2=-D_f D
$$

利用 Schur 补引理可将式(10.10)转化为

$$
\begin{bmatrix}
-\widetilde{P} & & & & & \\
0 & -\gamma^2 I & & & * & \\
\widetilde{A}_1 & \widetilde{B}_1 & -\widetilde{P}^{-1} & & & \\
\theta\widetilde{A}_2 & \theta\widetilde{B}_2 & 0 & -\widetilde{P}^{-1} & & \\
\widetilde{C}_1 & \widetilde{D}_1 & 0 & 0 & -I & \\
\theta\widetilde{C}_2 & \theta\widetilde{D}_2 & 0 & 0 & 0 & -I
\end{bmatrix}<0 \tag{10.11}
$$

对式(10.11)分别左乘、右乘 $\mathrm{diag}(I,I,\widetilde{P},\widetilde{P},I,I)$ 可得

$$\begin{bmatrix} -\tilde{P} & & & & & \\ 0 & -\gamma^2 I & & * & & \\ \tilde{P}\tilde{A}_1 & \tilde{P}\tilde{B}_1 & -\tilde{P} & & & \\ \theta\tilde{P}\tilde{A}_2 & \theta\tilde{P}\tilde{B}_2 & 0 & -\tilde{P} & & \\ \tilde{C}_1 & \tilde{D}_1 & 0 & 0 & -I & \\ \theta\tilde{C}_2 & \theta\tilde{D}_2 & 0 & 0 & 0 & -I \end{bmatrix}<0 \tag{10.12}$$

令

$$\tilde{P}=\begin{bmatrix} P_{11} & P_{12} \\ P_{12}^{\mathrm{T}} & P_{22} \end{bmatrix},\quad \tilde{P}^{-1}=\begin{bmatrix} S_{11} & S_{12} \\ S_{12}^{\mathrm{T}} & S_{22} \end{bmatrix}$$

式中，$P_{11}\in \mathrm{R}^{n1+n2}$，$S_{11}\in \mathrm{R}^{n1+n2}$。由 $\tilde{P}\tilde{P}^{-1}=I$ 可得 $I-P_{11}S_{11}=P_{12}S_{12}^{\mathrm{T}}$。

定义 $J=\begin{bmatrix} S_{11} & I \\ S_{12}^{\mathrm{T}} & 0 \end{bmatrix}$，$\tilde{J}=\begin{bmatrix} I & P_{11} \\ 0 & P_{12}^{\mathrm{T}} \end{bmatrix}$，对式(10.12)分别左乘、右乘 $\mathrm{diag}(J^{\mathrm{T}},I,J^{\mathrm{T}},J^{\mathrm{T}},I,I)$ 可得

$$\begin{bmatrix} -J^{\mathrm{T}}\tilde{P}J & & & & & \\ 0 & -\gamma^2 I & & & * & \\ J^{\mathrm{T}}\tilde{P}\tilde{A}_1 J & J^{\mathrm{T}}\tilde{P}\tilde{B}_1 & -J^{\mathrm{T}}\tilde{P}J & & & \\ \theta J^{\mathrm{T}}\tilde{P}\tilde{A}_2 J & \theta J^{\mathrm{T}}\tilde{P}\tilde{B}_2 & 0 & -J^{\mathrm{T}}\tilde{P}J & & \\ \tilde{C}_1 J & \tilde{D}_1 & 0 & 0 & -I & \\ \theta\tilde{C}_2 J & \theta\tilde{D}_2 & 0 & 0 & 0 & -I \end{bmatrix}<0 \tag{10.13}$$

式中

$$J^{\mathrm{T}}\tilde{P}J=\begin{bmatrix} S_{11} & I \\ I & P_{11} \end{bmatrix}$$

$$J^{\mathrm{T}}\tilde{P}\tilde{A}_1 J=\begin{bmatrix} AS_{11} & A \\ P_{11}AS_{11}+\alpha P_{12}B_{\mathrm{f}}CS_{11}+P_{12}A_{\mathrm{f}}S_{12}^{\mathrm{T}} & P_{11}A+\alpha P_{12}B_{\mathrm{f}}C \end{bmatrix}$$

$$J^{\mathrm{T}}\tilde{P}\tilde{A}_2 J=\begin{bmatrix} 0 & 0 \\ P_{12}B_{\mathrm{f}}CS_{11} & P_{12}B_{\mathrm{f}}C \end{bmatrix}$$

$$J^{\mathrm{T}}\tilde{P}\tilde{B}_1=\begin{bmatrix} B \\ P_{11}B+\alpha P_{12}B_{\mathrm{f}}D \end{bmatrix},\quad J^{\mathrm{T}}\tilde{P}\tilde{B}_2=\begin{bmatrix} 0 \\ P_{12}B_{\mathrm{f}}D \end{bmatrix}$$

$$\tilde{C}_1 J=[LS_{11}-\alpha D_{\mathrm{f}}CS_{11}-C_{\mathrm{f}}S_{12}^{\mathrm{T}} \quad L-\alpha D_{\mathrm{f}}C],\quad \tilde{C}_2 J=[-D_{\mathrm{f}}CS_{11} \quad -D_{\mathrm{f}}C]$$

定义 $Z=P_{12}B_{\mathrm{f}}$、$\hat{Z}=P_{12}A_{\mathrm{f}}S_{12}^{\mathrm{T}}$、$\tilde{Z}=C_{\mathrm{f}}S_{12}^{\mathrm{T}}$，由式(10.13)可得

$$\begin{bmatrix} -S_{11} \\ -I & -P_{11} \\ 0 & 0 & -\gamma^2 I \\ AS_{11} & A & B & -S_{11} \\ P_{11}AS_{11}+\alpha ZCS_{11}+\hat{Z} & P_{11}A+\alpha ZC & P_{11}B+\alpha ZD & -I & -P_{11} \\ 0 & 0 & 0 & 0 & 0 & -S_{11} \\ \theta ZCS_{11} & \theta ZC & \theta ZD & 0 & 0 & -I & -P_{11} \\ LS_{11}-\alpha D_f CS_{11}-\tilde{Z} & L-\alpha D_f C & -\alpha D_f D & 0 & 0 & 0 & 0 & -I \\ -\theta D_f CS_{11} & -\theta D_f C & -\theta D_f D & 0 & 0 & 0 & 0 & 0 & -I \end{bmatrix}<0$$

对式(10.13)分别左乘、右乘矩阵 $\mathrm{diag}(S_{11}^{-1},I,I,S_{11}^{-1},I,S_{11}^{-1},I,I,I)$，再令 $R=S_{11}^{-1}$、$X=P_{11}$、$M=\hat{Z}R$、$N=\tilde{Z}R$ 可得

$$\begin{bmatrix} -R & & & & & & & & * \\ -R & -X \\ 0 & 0 & -\gamma^2 I \\ RA & RA & RB & -R \\ XA+\alpha ZC+M & XA+\alpha ZC & XB+\alpha ZD & -I & -X \\ 0 & 0 & 0 & 0 & 0 & -R \\ \theta ZC & \theta ZC & \theta ZD & 0 & 0 & -I & -X \\ L-\alpha D_f C-N & L-\alpha D_f C & -\alpha D_f D & 0 & 0 & 0 & 0 & -I \\ -\theta D_f C & -\theta D_f C & -\theta D_f D & 0 & 0 & 0 & 0 & 0 & -I \end{bmatrix}<0 \tag{10.14}$$

由 $P>0$ 可知 $J^{\mathrm{T}}PJ=\begin{bmatrix} S_{11} & I \\ I & P_{11} \end{bmatrix}>0$，利用 Schur 补引理可得

$$P_{11}-S_{11}^{-1}=X-R>0 \tag{10.15}$$

式(10.14)、式(10.15)是一个线性矩阵不等式组，对于给定的常数 $\gamma>0$ 和系统参数矩阵，未知矩阵变量 R、X、M、N、Z、D_f 可以通过 MATLAB 的 LMI 工具箱给出可行解。由于矩阵 $I-P_{11}S_{11}$ 是可逆的，因此根据变量替换可得滤波器参数为

$$\begin{aligned} A_f &= P_{12}^{-1}MR^{-1}(S_{12}^{\mathrm{T}})^{-1} \\ B_f &= P_{12}^{-1}Z \\ C_f &= NR^{-1}(S_{12}^{\mathrm{T}})^{-1} \end{aligned} \tag{10.16}$$

注 10.1　当 γ 固定时，通过条件(10.9)求解得到的是一个次优 H_∞ 滤波器；当 γ 不固定时，可以通过对 γ 的搜索，求解满足条件(10.9)的 γ 最小值来实现最优 H_∞ 滤波器设计。因此，最优 H_∞ 滤波器的设计可以转化为如下最优问题：

$$\begin{aligned} &\min \gamma^2 \\ &\text{s. t. 式(10.9)} \end{aligned}$$

注 10.2　由定理 10.2 可以看出，随机丢包序列的期望值 α 影响非线性矩阵

不等式求解，该结果说明滤波器的参数设计依赖数据丢包的程度。当 $\alpha=1$ 时，定理 10.2 变为不存在数据丢失的滤波器设计，因此本章所提滤波器设计方法具有一般性。

10.4 鲁棒 H_∞ 滤波器设计

本节将定理 10.2 的设计结果推广到如下具有参数不确定性的二维离散系统中：

$$\begin{cases}\begin{bmatrix}x^{\mathrm{h}}(i+1,j)\\x^{\mathrm{v}}(i,j+1)\end{bmatrix}=(A+\Delta A)\begin{bmatrix}x^{\mathrm{h}}(i,j)\\x^{\mathrm{v}}(i,j)\end{bmatrix}+(B+\Delta B)w(i,j)\\y(i,j)=(C+\Delta C)\begin{bmatrix}x^{\mathrm{h}}(i,j)\\x^{\mathrm{v}}(i,j)\end{bmatrix}+(D+\Delta D)w(i,j)\\z(i,j)=(L+\Delta L)\begin{bmatrix}x^{\mathrm{h}}(i,j)\\x^{\mathrm{v}}(i,j)\end{bmatrix}\end{cases}\tag{10.17}$$

式中，ΔA、ΔB、ΔC、ΔD、ΔL 表示矩阵 A、B、C、D、L 的不确定扰动，其表达式为

$$\begin{cases}\Delta A=E_1\Sigma F_1\\\Delta B=E_1\Sigma F_2\\\Delta C=E_2\Sigma F_3\\\Delta D=E_2\Sigma F_4\\\Delta L=E_3\Sigma F_5\end{cases}$$

式中，E_1、E_2、E_3、F_1、F_2、F_3、F_4、F_5 为已知常数矩阵；Σ 满足 $\Sigma^{\mathrm{T}}\Sigma\leqslant I$。

针对系统(10.17)，仍采用一般形式的滤波器模型(10.2)，假设系统输出存在式(10.3)所描述的数据丢失现象，可得如下形式的误差系统：

$$\begin{cases}\tilde{x}^{+}=(\tilde{A}_1+\bar{\alpha}_{i,j}\tilde{A}_2)\tilde{x}(i,j)+(\tilde{B}_1+\bar{\alpha}_{i,j}\tilde{B}_2)w(i,j)\\z_e(i,j)=(\tilde{C}_1+\bar{\alpha}_{i,j}\tilde{C}_2)\tilde{x}(i,j)+(\tilde{D}_1+\bar{\alpha}_{i,j}\tilde{D}_2)w(i,j)\end{cases}\tag{10.18}$$

式中

$$\tilde{A}_1=\Pi\begin{bmatrix}(A+\Delta A)&0\\\alpha B_{\mathrm{f}}(C+\Delta C)&A_{\mathrm{f}}\end{bmatrix}\Pi^{\mathrm{T}},\quad\tilde{A}_2=\Pi\begin{bmatrix}0&0\\B_{\mathrm{f}}(C+\Delta C)&0\end{bmatrix}\Pi^{\mathrm{T}}$$

$$\tilde{B}_1=\Pi\begin{bmatrix}(B+\Delta B)\\\alpha B_{\mathrm{f}}(D+\Delta D)\end{bmatrix},\quad\tilde{B}_2=\Pi\begin{bmatrix}0\\B_{\mathrm{f}}(D+\Delta D)\end{bmatrix}$$

$$\tilde{C}_1=[L-\alpha D_{\mathrm{f}}(C+\Delta C)\quad -C_{\mathrm{f}}]\Pi^{\mathrm{T}},\quad\tilde{C}_2=[-D_{\mathrm{f}}(C+\Delta C)\quad 0]\Pi^{\mathrm{T}}$$

$$\tilde{D}_1=-\alpha D_{\mathrm{f}}(D+\Delta D),\quad\tilde{D}_2=-D_{\mathrm{f}}(D+\Delta D)$$

不难看出，含参数扰动矩阵的滤波误差系统(10.18)与不含参数扰动矩阵的滤波误差系统(10.4)表达形式相同，基于 10.3 节的讨论可以进一步给出如下定理。

定理 10.3 对于给定的常数 $\gamma>0$，若存在标量 $\xi>0$ 和对称矩阵 $R>0$、$X>0$ 及矩阵 M、N、Z、D_{f} 满足：

$$\begin{bmatrix} \Omega_{11} & * \\ \Omega_{21} & \Omega_{22} \end{bmatrix} < 0$$

$$X - R > 0 \tag{10.19}$$

式中

$$\Omega_{11} = \begin{bmatrix} -R+\xi\Lambda_1 & & & & & \\ -R+\xi\Lambda_1 & -X+\xi\Lambda_1 & & & * & \\ \xi\Lambda_2 & \xi\Lambda_2 & -\gamma^2 I+\xi\Lambda_3 & & & \\ RA & RA & RB & -R & & \\ XA+\alpha ZC+M & XA+\alpha ZC & XB+\alpha ZD & -I & -X & \\ 0 & 0 & 0 & 0 & 0 & -R \end{bmatrix}$$

$$\Omega_{21} = \begin{bmatrix} \theta ZC & \theta ZC & \theta ZD & 0 & 0 & -I \\ L-\alpha D_f C-N & L-\alpha D_f C & -\alpha D_f D & 0 & 0 & 0 \\ -\theta D_f C & -\theta D_f C & -\theta D_f D & 0 & 0 & 0 \\ 0 & 0 & 0 & (RE)^T & (XE)^T & 0 \\ 0 & 0 & 0 & 0 & (\alpha XE)^T & 0 \\ 0 & 0 & 0 & 0 & 0 & 0 \end{bmatrix}$$

$$\Omega_{22} = \begin{bmatrix} -X & & & & & \\ 0 & -I & & & * & \\ 0 & 0 & -I & & & \\ 0 & 0 & 0 & -\xi I & & \\ (\theta ZE)^T & (-\alpha D_f E)^T & (-\alpha D_f E)^T & 0 & -\xi I & \\ 0 & 0 & 0 & 0 & 0 & -\xi I \end{bmatrix}$$

$$\Lambda_1 = F_1^T F_1 + F_3^T F_3 + F_5^T F_5, \quad \Lambda_2 = F_2^T F_1 + F_4^T F_3, \quad \Lambda_3 = F_2^T F_2 + F_4^T F_4$$

则滤波误差系统(10.18)均方渐近稳定且满足 H_∞ 干扰抑制性能。

证明　由定理 10.2 可知,滤波误差系统(10.18)均方渐近稳定且满足 H_∞ 干扰抑制性能的条件为存在对称矩阵 $R>0$、$X>0$ 及矩阵 M、N、Z、D_f 满足:

$$\begin{bmatrix} -R & & & & & & & & \\ -R & -X & & & & & & & \\ 0 & 0 & -\gamma^2 I & & & & * & & \\ RA^* & RA^* & RB^* & -R & & & & & \\ XA^*+M+\alpha ZC^* & XA^*+\alpha ZC^* & XC^*+\alpha ZD^* & -I & -X & & & & \\ 0 & 0 & 0 & 0 & 0 & -R & & & \\ \theta ZC^* & \theta ZC^* & \theta ZD^* & 0 & 0 & -I & -X & & \\ L^*-N-\alpha D_f C^* & L^*-\alpha D_f C^* & -\alpha D_f D^* & 0 & 0 & 0 & 0 & -I & \\ -\theta D_f C^* & -\theta D_f C^* & -\theta D_f D^* & 0 & 0 & 0 & 0 & 0 & -I \end{bmatrix} < 0 \tag{10.20}$$

式中

$$A^* = A + \Delta A, \quad B^* = B + \Delta B$$
$$C^* = C + \Delta C, \quad D^* = D + \Delta D$$
$$L^* = L + \Delta L$$

通过定理 10.3 的证明过程可知式(10.19)与式(10.20)是等价的，并且根据定理 10.2 的结果可以设置滤波器参数为式(10.16)。

与 10.3 节的结论相似，对于固定的 γ，式(10.19)给出的是一种次优 H_∞ 滤波器设计结果，而通过求解如下凸优化问题：

$$\min \gamma^2$$
$$\text{s. t. 式(10.20)}$$

则可以设计二维不确定离散系统的鲁棒最优 H_∞ 滤波器。

10.5 仿真示例

本节通过图像处理中的二维平稳随机场模型验证所提算法的有效性。考虑如下二维平稳随机场系统模型：

$$\eta(i+1,j+1) = a_1 \eta(i,j+1) + a_2 \eta(i+1,j) - a_1 a_2 \eta(i,j) + v_1(i,j)$$

式中，i 和 j 为横、纵坐标；$\eta(i,j)$ 为随机场的状态；$v_1(i,j)$ 为输入噪声；参数 a_1、a_2 满足 $a_1^2<1$、$a_2^2<1$。

定义 $x^{\mathrm{h}}(i,j) = \eta(i,j+1) - a_2 \eta(i,j)$ 和 $x^{\mathrm{v}}(i,j) = \eta(i,j)$，可将系统转化为二维离散 Roesser 系统(10.1)，其系统参数为

$$A = \begin{bmatrix} a_1 & 0 \\ 1 & a_2 \end{bmatrix}, \quad B = \begin{bmatrix} 1 \\ 0 \end{bmatrix}, \quad C = [0 \quad 1], \quad D = 1, \quad L = [0 \quad 1]$$

令 $a_1 = 0.3$、$a_2 = 0.2$，假设系统状态存在一定程度的数据丢失，仿真中设置 $\alpha = 0.8$，即系统状态的数据丢失率为 20%。干扰抑制指标取 $\gamma = 1.7$，利用定理 10.2 中的条件(10.9)求解非线性矩阵不等式，可得如下可行解：

$$R = \begin{bmatrix} 1.6434 & -0.1676 \\ -0.1676 & 0.9986 \end{bmatrix}, \quad X = \begin{bmatrix} 2.3384 & -0.2112 \\ -0.2112 & 1.7237 \end{bmatrix}$$

$$M = \begin{bmatrix} -0.1846 & -0.1907 \\ -0.1907 & -0.0001 \end{bmatrix}, \quad N = [0.0652 \quad 0.5270]$$

$$Z = \begin{bmatrix} -0.5568 \\ -0.3863 \end{bmatrix}, \quad D_{\mathrm{f}} = 0.2582$$

进而可得如下滤波器参数：

$$A_{\mathrm{f}} = \begin{bmatrix} 0.0823 & 0.1699 \\ 0.5309 & 0.2180 \end{bmatrix}, \quad B_{\mathrm{f}} = \begin{bmatrix} -0.6038 \\ -1.2109 \end{bmatrix}$$

$$C_{\mathrm{f}} = [-0.5514 \quad -0.0239], \quad D_{\mathrm{f}} = 0.2582$$

仿真中的初始边界条件选择为

$$\begin{cases} x^{\mathrm{h}}(0,j)=1, & 0\leqslant j\leqslant 10 \\ x^{\mathrm{v}}(i,0)=-0.8, & 0\leqslant i\leqslant 10 \\ x^{\mathrm{h}}(0,j)=x^{\mathrm{v}}(i,0)=0, & i,j>10 \end{cases}$$

假设系统扰动具有如下形式：

$$w(i,j)=\begin{cases} -0.5, & 10\leqslant i,j\leqslant 20 \\ 0, & \text{其他} \end{cases}$$

首先，假设 $w(i,j)=0$，此时滤波误差 z_e 的响应曲线如图 10.1 所示。由图 10.1 可知滤波误差可收敛到零，误差系统是渐近稳定的。其次，假设初始边界条件为零，滤波误差 $z_e(i,j)$ 的响应曲线如图 10.2 所示。通过计算可得

$$\| z_e \|_2^2=6.6967, \quad \| w \|_2^2=25$$

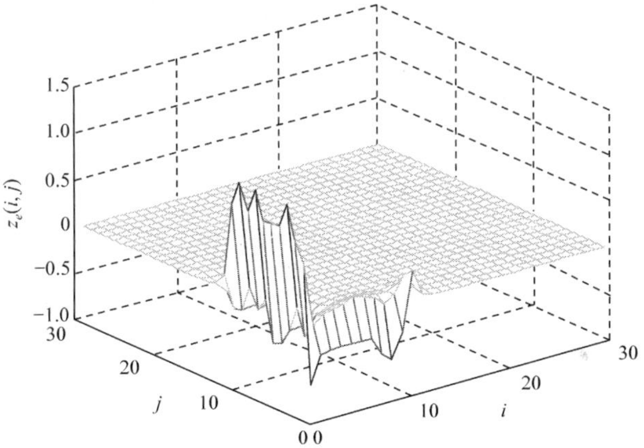

图 10.1　$w(i,j)=0$ 时的滤波误差 $z_e(i,j)$ 响应曲线

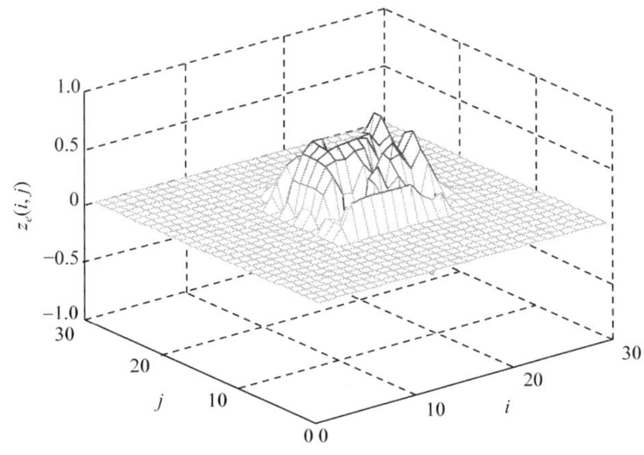

图 10.2　零边界条件的滤波误差 $z_e(i,j)$ 响应曲线

此时的干扰抑制水平为

$$\gamma=\frac{\| z_e \|_2}{\| w \|_2}=0.5176<\gamma^*$$

图 10.3 给出了系统干扰到输出的频域响应,计算可得

$$\| G(e^{jw_1},e^{jw_2}) \|_\infty = \| C[\text{diag}(e^{jw_1},e^{jw_2})-A]^{-1}B+D \| =2.79$$

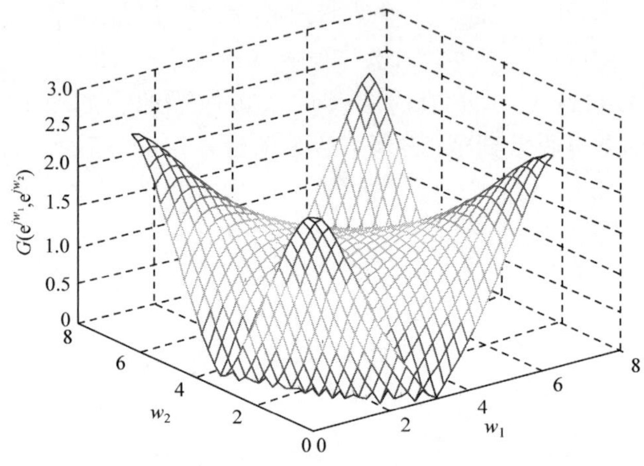

图 10.3　系统的频域响应

图 10.4 给出了平均意义下滤波误差系统(10.4)的频域响应,经计算可得 $\| G(e^{jw_1},e^{jw_2}) \|_\infty=1.12<\gamma$。因此,本章所提滤波器设计方法可以满足扰动抑制指标的要求。

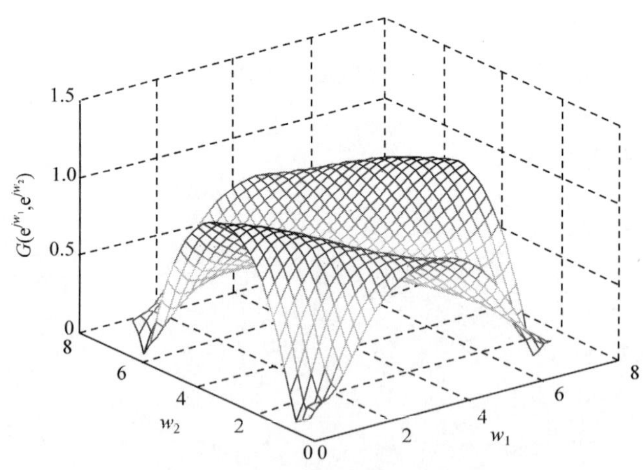

图 10.4　滤波误差系统的频域响应

10.6 本章小结

本章研究了存在数据丢失情况下二维线性离散系统的 H_∞ 滤波问题，这里仍然考虑系统输出存在数据丢失且丢失现象可描述为取值 0 和 1 的随机 Bernoulli 序列。首先，基于非线性矩阵不等式给出滤波误差系统均方渐近稳定并且具有 H_∞ 干扰抑制性能的一个充分条件，该条件可以实现滤波器参数矩阵的设计。其次，将研究结果推广到系统矩阵含有不确定参数的二维线性离散系统鲁棒 H_∞ 滤波问题中。最后，数值仿真结果验证了本章所提设计方法的有效性。研究结果表明，对于存在数据丢失的二维线性离散系统，本章的设计方法可以保证滤波误差系统的稳定性并具有一定的扰动抑制能力。

参考文献

[1] Kalman R E. A new approach to linear filtering and prediction problems. Journal of Basic Engineering Transactions,1960,82(1):35-45.

[2] Kalman R E,Bucy R S. New results in linear filtering and prediction theory. Transactions of the ASME,Journal of Basic Engineering,1961,8(3):95-108.

[3] Sorenson H. Kalman Filtering:Theory and Application. New York:IEEE Press,1985.

[4] Habibi A. Two-dimensional Bayesian estimate of images. Proceedings of the IEEE,1972,60(7):877-883.

[5] Katayama T,Kosaka M. Recursive filtering algorithm for a two-dimensional system. IEEE Transactions on Automatic Control,1979,24(1):130-132.

[6] Chen X,Yang C. The state estimation of the stochastic 2-D FMII models. Acta Automatic Sinica,2001,27(1):131-135.

[7] Zou Y,Sheng M,Zhong N F. A generalized Kalman filter for 2-D discrete systems. Circuit,System and Signal Processing,2004,23(5):351-364.

[8] Du C,Xie L,Soh Y. H_∞ filtering of 2-D discrete systems. IEEE Transactions on Signal Processing,2000,48(6):1760-1768.

[9] Gao H J,Meng X Y,Chen T W. New design of robust H_∞ filters for 2-D systems. IEEE Signal Processing Letters,2008,15:217-220.

[10] Liu X M,Gao H J,Shi P. Robust H_∞ filtering for 2-D systems with intermittent measurements. Circuits,Systems and Signal Processing,2009,28(2):283-303.

[11] Du C,Xie L. H_∞ Control and Filtering of Two-Dimensional Systems. Berlin:Springer-Verlag,2002.

第 11 章　量化迭代学习控制系统分析

11.1　引　　言

前述章节主要讨论了数据丢失情况下 ILC 系统及相应二维系统的分析和设计问题。实际网络化控制系统中，由于网络传输能力的限制，信号在传输之前经常被量化处理。量化是一种非线性映射，它将连续取值的系统信号压缩为有限水平的数据集。量化后的数据与系统原信号相比信息量较少，而且与系统的真实信号呈现非一一对应的本质非线性关系。因此，关于数据量化的研究是网络化控制系统分析和设计的又一重要课题[1-4]。

数据量化问题最早可以追溯到 1956 年，Kalman 对采样时间系统的量化效应进行了研究，并指出如果可镇定的控制率被一个有限水平量化器所量化，那么反馈控制系统将出现极限圈和混沌现象。此后一段时间内，研究者将量化过程视为精确变量与扰动值的叠加，主要研究集中在量化的影响分析和抑制上[5]，而关于量化控制系统的分析和设计也取得了一些研究成果。例如，文献[6]考虑了单输入离散时间系统量化反馈的二次镇定问题，研究表明二次镇定单输入离散时间系统的最粗糙静态量化器是对数量化器。在此基础上，文献[7]利用扇形界方法研究了线性系统的量化反馈控制，并将量化反馈控制器的设计转化为传统鲁棒控制问题。文献[8]提出了一种基于量化依赖 Lyapunov 函数的状态反馈控制和 H_∞ 控制设计方法，降低了文献[7]结果中仅使用单一 Lyapunov 函数的保守性。

上述结果中，量化器均为时不变的静态量化器[6-8]，需要无限量化水平来保证一定的系统性能，当量化器为有限量化水平时，系统稳态收敛到一个小的极限环内，而动态量化器可以通过调节量化水平使得吸引域增大而稳态极限环变小。文献[9]定义了一个在有限集内取值的动态量化器，并且考虑了线性系统的量化反馈镇定问题。研究表明，如果可用所得到的量化测量来调节量化器灵敏度，那么可以设计一个混杂的控制策略使系统全局渐近稳定。文献[10]考虑了基于动态量化器的非线性系统状态反馈稳定问题。此外，切换系统的量化稳定[11]、多智能体系统的量化趋同控制[12,13]及量化自适应控制[14]等方面也取得了重要的研究进展。

本章分别针对线性和非线性离散系统研究 ILC 算法的数据量化问题。由于 ILC 算法的构造用到系统过去时刻的控制输入和测量输出信号，因此这里假设输出测量信号在网络传输之前经过量化压缩处理，控制器接收到的系统输出信号为压缩后的不完整信息。为处理数据量化带来的影响，将扇形界方法引入量化 ILC 系统中，利用压缩映射原理分别给出线性和非线性量化 ILC 的收敛性条件，并分析量化对系统的影响。

11.2　问题描述

考虑如下线性离散时间系统：

$$\begin{cases} x_k(t+1)=Ax_k(t)+Bu_k(t) \\ y_k(t)=Cx_k(t) \end{cases} \tag{11.1}$$

式中，$x_k(t)$、$u_k(t)$、$y_k(t)$分别表示系统的状态、输入和输出变量；矩阵 A、B、C 是具有适当维数的常数矩阵且满足 CB 满秩的条件。

针对上述线性离散时间系统，本章首先给出如下假设。

假设 11.1　对于给定的期望轨迹 $y_{\mathrm{d}}(t)$，存在唯一的期望输入 $u_{\mathrm{d}}(t)$使得

$$\begin{cases} x_{\mathrm{d}}(t+1)=Ax_{\mathrm{d}}(t)+Bu_{\mathrm{d}}(t) \\ y_{\mathrm{d}}(t)=Cx_{\mathrm{d}}(t) \end{cases}$$

式中，$x_{\mathrm{d}}(t)$为期望状态。

假设 11.2　系统每次运行的初始状态与期望初始状态相同，即

$$x_k(0)=x_{\mathrm{d}}(0)$$

式中，$x_{\mathrm{d}}(0)$为期望状态的初始值。

系统(11.1)的控制目标是找到控制输入序列 $u_k(t)=u_{\mathrm{d}}(t)$，使得 $y_k(t)$在整个时间区间内都跟踪到 $y_{\mathrm{d}}(t)$。通过前述章节的内容可知，ILC 在构造控制输入更新算法时要用到过去迭代周期的输出信息。本章考虑系统存在输出数据量化的情况，即系统输出数据经过量化后被用于控制输入的更新，量化过程采用如下对数量化器：

$$U=\{\pm z_i: z_i=\mu^i z_0, i=0,\pm 1,\pm 2,\cdots\}\cup\{0\},\quad 0<\mu<1; z_0>0$$

式中，μ 为与量化密度有关的参数；U 为量化后的数据集合。相应的量化器 $q(v)$定义为

$$q(v)=\begin{cases} z_i, & \dfrac{1}{1+\zeta}z_i<v\leqslant\dfrac{1}{1-\zeta}z_i \\ 0, & v=0 \\ -q(-v), & v<0 \end{cases} \tag{11.2}$$

式中，$\zeta=\dfrac{1-\mu}{1+\mu}$为量化水平。可以看出，式(11.2)所示的量化器 $q(v)$是对称的，即 $q(-v)=-q(v)$。

构造如下 P 型量化 ILC 算法：

$$u_{k+1}(t)=u_k(t)+L(y_d(t+1)-q(y_k(t+1))) \tag{11.3}$$

式中，L 为有界学习增益矩阵且满足 $\|L\|<b_L$。

注 11.1 由于系统存在数据量化现象，因此式(11.3)所示的 ILC 算法中使用了系统输出的量化信息 $q(y_k(t+1))$，而不是真实信息 $y_k(t+1)$。由于 $q(y_k(t+1))$ 组成的数据集合仅是 $y_k(t+1)$ 数据集合的一个子集，因此量化的引入将会使 $y_k(t+1)$ 某些重要信息缺失，这势必将影响 ILC 算法的收敛性。本章接下来将采用压缩映射方法讨论量化 ILC 系统的收敛性问题。

11.3 收敛性分析

本节的分析中将用到 α 范数，对于正实函数 $p:[0,N]\to \mathrm{R}^n$，α 范数定义为

$$\|p(\cdot)\|_\alpha=\sup_{t\in N}p(t)\left(\frac{1}{\alpha}\right)^k$$

式中，$\alpha\geqslant 1$。

为了讨论数据量化对系统的影响，这里采用文献[7]中的扇形有界方法来处理量化误差，即量化前后的系统信号满足：

$$q(y_k(t))-y_k(t)=\Delta y_k(t)y_k(t) \tag{11.4}$$

式中，$\|\Delta y_k(t)\|\leqslant\zeta$。

定理 11.1 对于满足假设 11.1 和假设 11.2 的线性系统(11.1)，当采用 ILC 算法(11.3)时，如果满足条件：

$$\|I-LCB\|+\zeta\|LCB\|\leqslant\rho<1$$

那么系统跟踪误差收敛到一个与量化水平 ζ 相关的域内。

证明 由系统(11.1)和假设 11.1 可知：

$$\begin{aligned}\delta x_k(t+1)&=x_d(t+1)-x_k(t+1)\\&=Ax_d(t)-Ax_k(t)+Bu_d(t)-Bu_k(t)\\&=A\delta x_k(t)+B\delta u_k(t)\end{aligned} \tag{11.5}$$

式中，$\delta x_k(t)=x_d(t)-x_k(t)$ 为状态误差；$\delta u_k(t)=u_d(t)-u_k(t)$ 为控制输入误差。

根据 ILC 算法(11.3)和量化误差方程(11.4)，可将第 $k+1$ 次的控制输入误差写为

$$\begin{aligned}\delta u_{k+1}(t)&=\delta u_k(t)-L[Cx_d(t+1)-Cx_k(t+1)-Cx_k(t+1)\Delta y_k(t+1)]\\&=\delta u_k(t)-LC\delta x_k(t+1)+LCx_k(t+1)\Delta y_k(t+1)\\&=\delta u_k(t)-LC\delta x_k(t+1)-LC\Delta y_k(t+1)[\delta x_k(t+1)-x_d(t+1)]\\&=\delta u_k(t)-[LC+LC\Delta y_k(t+1)]\delta x_k(t+1)+LC\Delta y_k(t+1)x_d(t+1)\end{aligned} \tag{11.6}$$

将式(11.5)代入式(11.6)可得

$$
\begin{aligned}
\delta u_{k+1}(t) &= \delta u_k(t) - [LC + LC\Delta y_k(t+1)]\delta x_k(t+1) + LC\Delta y_k(t+1)x_{\mathrm{d}}(t+1) \\
&= \delta u_k(t) - [LC + LC\Delta y_k(t+1)][A\delta x_k(t) + B\delta u_k(t)] \\
&\quad + LC\Delta y_k(t+1)x_{\mathrm{d}}(t+1) \\
&= (I - LCB)\delta u_k(t) - LCB\Delta y_k(t+1)\delta u_k(t) \\
&\quad - [LC + LC\Delta y_k(t+1)]A\delta x_k(t) + LC\Delta y_k(t+1)x_{\mathrm{d}}(t+1)
\end{aligned} \tag{11.7}
$$

式(11.7)两边同时取范数可得

$$
\begin{aligned}
\|\delta u_{k+1}(t)\| &\leqslant \|(I - LCB)\|\|\delta u_k(t)\| + \zeta\|LCB\|\|\delta u_k(t)\| \\
&\quad + b_A b_L b_C(1+\zeta)\|\delta x_k(t)\| + b_L b_C b_{x\mathrm{d}}\zeta \\
&= \rho\|\delta u_k(t)\| + k_1\|\delta x_k(t)\| + b_1
\end{aligned} \tag{11.8}
$$

式中

$$
\begin{gathered}
\|I - LCB\| + \zeta\|LCB\| = \rho \\
k_1 = b_A b_L b_C(1+\zeta), \quad b_1 = b_L b_C b_{x\mathrm{d}}\zeta \\
\|x_{\mathrm{d}}(t)\| \leqslant b_{x\mathrm{d}}, \quad \|A\| \leqslant b_A, \quad \|C\| \leqslant b_C
\end{gathered}
$$

另外，根据式(11.5)可得

$$
\|\delta x_k(t+1)\| \leqslant b_B\|\delta u_k(t)\| + \theta\|\delta x_k(t)\| \tag{11.9}
$$

式中，$\|B\| \leqslant b_B$；$\theta = b_A$。由假设 11.2 可知 $\delta x_k(0) = 0$，因此利用式(11.9)可得如下关系式：

$$
\begin{aligned}
\|\delta x_k(t)\| &\leqslant \sum_{j=0}^{t-1}\theta^{t-1-j}b_B\|\delta u_k(j)\| + \theta^t\|\delta x_k(0)\| \\
&= \sum_{j=0}^{t-1}\theta^{t-1-j}b_B\|\delta u_k(j)\|
\end{aligned} \tag{11.10}
$$

联合式(11.8)和式(11.10)可得

$$
\|\delta u_{k+1}(t)\| \leqslant \rho\|\delta u_k(t)\| + k_1\sum_{j=0}^{t-1}\theta^{t-1-j}b_B\|\delta u_k(j)\| + b_1
$$

上式两边同时乘以 $\left(\frac{1}{\alpha}\right)^t$，其中 $\alpha > \max\{1, k_1\}$，可得

$$
\|\delta u_{k+1}(t)\|\left(\frac{1}{\alpha}\right)^t \leqslant \rho\|\delta u_k(t)\|\left(\frac{1}{\alpha}\right)^t + b_1\left(\frac{1}{\alpha}\right)^t + \frac{k_1}{\alpha}\sum_{j=0}^{t-1}\left(\frac{\theta}{\alpha}\right)^{t-1-j}b_B\|\delta u_k(j)\|\left(\frac{1}{\alpha}\right)^j
$$

由于常数的 α 范数是其本身，因此上式意味着

$$
\begin{aligned}
\|\delta u_{k+1}(t)\|_\alpha &\leqslant \rho\|\delta u_k(t)\|_\alpha + b_1 + \frac{k_1 b_B\|\delta u_k(t)\|}{\alpha}\sum_{j=0}^{t-1}\left(\frac{\theta}{\alpha}\right)^{t-1-j} \\
&\leqslant \left(\rho + \frac{k_1 b_B\left[1 - \left(\frac{\theta}{\alpha}\right)^N\right]}{\alpha - \theta}\right)\|\delta u_k(t)\|_\alpha + b_1
\end{aligned} \tag{11.11}
$$

选择足够大的 α 使 $\hat{\rho} = \rho + \frac{k_1 b_B\left[1 - \left(\frac{\theta}{\alpha}\right)^N\right]}{\alpha - \theta} < 1$，根据式(11.11)可得

$$\lim_{k\to\infty}\|\delta u_k(t)\|_\alpha \leqslant \frac{b_1}{1-\hat{\rho}} \tag{11.12}$$

类似地，将式(11.10)两端同时乘以$\left(\frac{1}{\alpha}\right)^t$可得

$$\|\delta x_k(t)\|\left(\frac{1}{\alpha}\right)^t \leqslant \frac{1}{\alpha}\sum_{j=0}^{t-1}\left(\frac{\theta}{\alpha}\right)^{t-1-j} b_B \|\delta u_k(j)\|\left(\frac{1}{\alpha}\right)^j$$

上式可写为

$$\|\delta x_k(t)\|_\alpha \leqslant \frac{b_B\left[1-\left(\frac{\theta}{\alpha}\right)^N\right]}{\alpha-\theta}\|\delta u_k(t)\|_\alpha \tag{11.13}$$

由式(11.12)和式(11.13)可知

$$\lim_{k\to\infty}\|\delta x_k(t)\|_\alpha \leqslant \frac{b_B b_1\left[1-\left(\frac{\theta}{\alpha}\right)^N\right]}{(\alpha-\theta)(1-\hat{\rho})} \tag{11.14}$$

定义$e_k(t)=y_\mathrm{d}(t)-y_k(t)$为跟踪误差，利用系统(11.1)和式(11.14)可得

$$\lim_{k\to\infty}\|e_k(t)\|_\alpha \leqslant \frac{b_C b_B b_1\left[1-\left(\frac{\theta}{\alpha}\right)^N\right]}{(\alpha-\theta)(1-\hat{\rho})}$$

上式意味着系统跟踪误差收敛到一个与量化水平ζ相关的域内。

注 11.2　定理 11.1 中的收敛条件$\|I-LCB\|+\zeta\|LCB\|<1$包含参数ζ，这意味着系统的收敛速度与量化密度是有关系的。如果输出测量不存在量化，那么$\zeta=0$，此时定理 11.1 中的收敛条件变为$\|I-LCB\|<1$。该条件为常规 ILC 算法的收敛条件。因此，本章得到的结果更具有一般性。注意到当$\zeta\neq 0$时$\|I-LCB\|<\|I-LCB\|+\zeta\|LCB\|$，这表明系统量化误差的引入导致 ILC 系统的收敛速度变慢。

注 11.3　从定理 11.1 的收敛条件可得

$$\zeta<\frac{1-\|I-LCB\|}{b_B\|LC\|}$$

该条件为本章设计 ILC 系统的数据量化器提供了一些依据，即系统的量化水平必须满足一定的要求，否则系统的收敛性条件将无法保证。

11.4　非线性离散系统

本节将定理 11.1 中的收敛条件推广到非线性离散时间系统中。考虑如下系统：

$$\begin{cases} x_k(t+1)=f(x_k(t))+B(x_k(t))u_k(t) \\ y_k(t)=Cx_k(t) \end{cases} \tag{11.15}$$

式中,非线性函数 $f(\cdot)$和矩阵函数 $B(\cdot)$具有适当的维数。

针对非线性系统(11.15),本节首先给出与线性系统(11.1)相似的假设条件。

假设 11.3　非线性函数 $f(\cdot)$和矩阵函数 $B(\cdot)$在区间$[0,T]$上满足全局 Lipschitz 条件,即$\forall t\in[0,N]$,存在常数 k_f、k_b,对于任何一对$(x_1(t),x_2(t))$满足:

$$\| f(x_1(t))-f(x_2(t)) \| \leqslant k_f \| x_1(t)-x_2(t) \|$$
$$\| B(x_1(t))-B(x_2(t)) \| \leqslant k_b \| x_1(t)-x_2(t) \|$$

假设 11.4　对于给定期望轨迹 $y_{\mathrm{d}}(t)$,存在唯一的控制输入 $u_{\mathrm{d}}(t)$使得下式成立:

$$\begin{cases} x_{\mathrm{d}}(t+1)=f(x_{\mathrm{d}}(t))+B(x_{\mathrm{d}}(t))u_{\mathrm{d}}(t) \\ y_{\mathrm{d}}(t)=Cx_{\mathrm{d}}(t) \end{cases}$$

式中,$x_{\mathrm{d}}(t)$为期望状态。

假设 11.5　系统每次运行的初始状态与期望初始状态相同,即

$$x_k(0)=x_{\mathrm{d}}(0)$$

式中,$x_{\mathrm{d}}(0)$为期望状态的初始值。

定理 11.2　对于满足假设 11.3～假设 11.5 的非线性系统(11.15),当采用 ILC 算法(11.3)时,如果满足以下条件:

$$\| I-LCB(x_k(t)) \| +\zeta \| LCB(x_k(t)) \| \leqslant\rho<1$$

那么系统跟踪误差收敛到一个与量化水平 ζ 相关的域内。

证明　由系统(11.15)和假设 11.4 可知

$$\begin{aligned} \delta x_k(t+1)&=x_{\mathrm{d}}(t+1)-x_k(t+1) \\ &=f(x_{\mathrm{d}}(t))-f(x_k(t))+B(x_{\mathrm{d}}(t))u_{\mathrm{d}}(t)-B(x_k(t))u_k(t) \\ &=B(x_k(t))\delta u_k(t)+f(x_{\mathrm{d}}(t))-f(x_k(t)) \\ &\quad+[B(x_{\mathrm{d}}(t))-B(x_k(t))]u_{\mathrm{d}}(t) \end{aligned} \tag{11.16}$$

根据 ILC 算法(11.3)和系统(11.15),第 $k+1$ 次的控制输入误差可写为

$$\begin{aligned} \delta u_{k+1}(t)=&\delta u_k(t)-[LC+LC\Delta y_k(t+1)]\delta x_k(t+1) \\ &+LC\Delta y_k(t+1)x_{\mathrm{d}}(t+1) \end{aligned} \tag{11.17}$$

将式(11.16)代入式(11.17)可得

$$\begin{aligned} \delta u_{k+1}(t)=&\delta u_k(t)-[LC+LC\Delta y_k(t+1)]\begin{pmatrix} B(x_k(t))\delta u_k(t)+f(x_{\mathrm{d}}(t))-f(x_k(t)) \\ +[B(x_{\mathrm{d}}(t))-B(x_k(t))]u_{\mathrm{d}}(t) \end{pmatrix} \\ &+LC\Delta y_k(t+1)x_{\mathrm{d}}(t+1) \\ =&[I-LCB(x_k(t))]\delta u_k(t)-LC\Delta y_k(t+1)B(x_k(t))\delta u_k(t) \\ &-[LC+LC\Delta y_k(t+1)]\begin{pmatrix} f(x_{\mathrm{d}}(t))-f(x_k(t)) \\ +[B(x_{\mathrm{d}}(t))-B(x_k(t))]u_{\mathrm{d}}(t) \end{pmatrix} \end{aligned}$$

$$+LC\Delta y_k(t+1)x_{\rm d}(t+1) \tag{11.18}$$

对式(11.18)两边取范数,并考虑假设 11.3 的全局 Lipschitz 条件可得

$$\begin{aligned}\|\delta u_{k+1}(t)\| &\leqslant \|(I-LCB(x_k(t)))\|\|\delta u_k(t)\|+\zeta\|LCB(x_k(t))\|\|\delta u_k(t)\| \\ &\quad +b_Lb_C(1+\zeta)[k_f\|\delta x_k(t)\|+b_{\rm ud}k_b\|\delta x_k(t)\|]+b_Lb_C\zeta b_{x{\rm d}} \\ &=[\|I-LCB(x_k(t))\|+\zeta\|LCB(x_k(t))\|]\|\delta u_k(t)\| \\ &\quad +b_Lb_C(1+\zeta)(k_f+b_{\rm ud}k_b)\|\delta x_k(t)\|+b_Lb_C\zeta b_{x{\rm d}} \\ &\leqslant \rho\|\delta u_k(t)\|+k_1\|\delta x_k(t)\|+b_1\end{aligned}$$

式中

$$\begin{aligned}&\|I-LCB(x_k(t))\|+\zeta\|LCB(x_k(t))\|=\rho \\ &k_1=b_Lb_C(1+\zeta)(k_f+b_{\rm ud}k_b) \\ &b_1=b_Lb_Cb_{x{\rm d}}\zeta,\quad \|u_{\rm d}(t)\|\leqslant b_{\rm ud},\quad \|x_{\rm d}(t)\|\leqslant b_{x{\rm d}}\end{aligned}$$

另外,根据假设 11.3 和式(11.16)又可得

$$\begin{aligned}\|\delta x_k(t+1)\| &\leqslant b_B\|\delta u_k(t)\|+(k_f+k_bb_{\rm ud})\|\delta x_k(t)\| \\ &=\theta\|\delta x_k(t)\|+b_B\|\delta u_k(t)\|\end{aligned}$$

式中,$\theta=k_f+k_bb_{\rm ud}$。

利用与定理 11.1 相同的证明过程可知,当 $\rho<1$ 时,随着迭代次数的增加,$\|e_k(t)\|_\alpha$收敛到一个与量化水平 ζ 相关的域内。

11.5 仿真示例

本节通过两个仿真示例验证本章中所提算法的有效性。

1. 仿真示例 1

考虑如下线性系统:

$$\begin{cases} x_k(t+1)=\begin{bmatrix}-0.5 & -0.22\\ 1 & 0\end{bmatrix}x_k(t)+\begin{bmatrix}0.4\\ 1\end{bmatrix}u_k(t) \\ y_k(t)=[1\quad 0.5]x_k(t)\end{cases} \tag{11.19}$$

假设系统的期望轨迹为

$$y_{\rm d}(t)=\sin\left(\frac{8}{50}t\right)+\sin\left(\frac{4}{50}t\right),\quad t\in[0,100]$$

仿真中,设置每次迭代过程的初始状态为 $x_k(0)=x_{\rm d}(0)=0$,第一次迭代过程的控制输入为 $u_0(t)=0$。考虑系统输出信号存在数据量化现象,选择量化器参数为 $z_0=2$、$\mu=0.85$、$\zeta=0.052$。针对系统(11.19)设计式(11.3)所示的 ILC 算法,选择学习增益为 $L=0.8$,计算定理 11.1 的收敛性条件可知 $\|I-LCB\|+\zeta\|LCB\|=0.317<1$,因此系统跟踪误差是收敛的。图 11.1 为迭代过程中的最大跟踪误差曲

线，可以看出经过 20 次迭代学习，系统的最大跟踪误差从 1.8 下降到 0.15。受量化误差的影响，系统的跟踪误差不能收敛到零。图 11.2 分别给出了第 2 次、第 5 次和第 20 次迭代过程的系统输出曲线，可以看出随着迭代次数的增加，系统输出跟踪性能越来越好。为了更好地理解量化对跟踪控制造成的影响，图 11.3 给出了第 2 次和第 20 次迭代过程中系统输出量化后的信号 $q(y_k(t))$，可以看出量化后的信号与系统真实信号存在一定的误差，这也是跟踪误差无法收敛到零的原因。为进一步揭示量化水平对系统跟踪性能的影响，这里重新设置量化器参数 $\mu=0.75$，此时系统跟踪误差的仿真结果如图 11.4 所示。比较图 11.1 和图 11.4 可知，当系统输出的量化水平降低时，跟踪误差的收敛上界将增加。

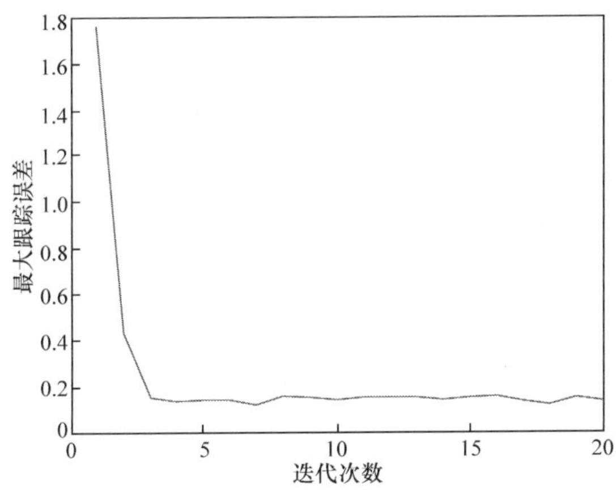

图 11.1　$\mu=0.85$ 时的最大跟踪误差曲线

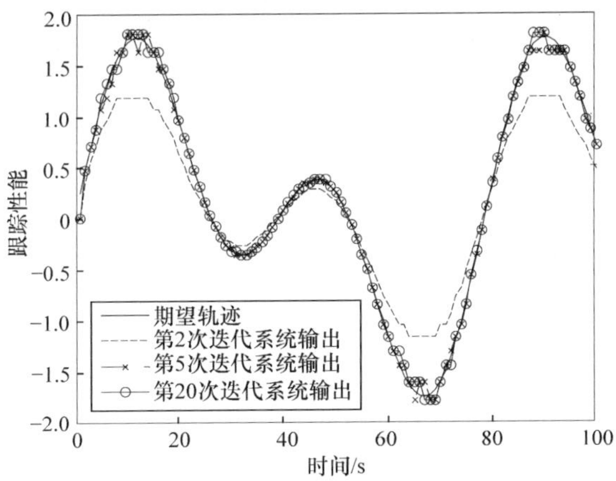

图 11.2　$\mu=0.85$ 时不同迭代次数的系统跟踪效果

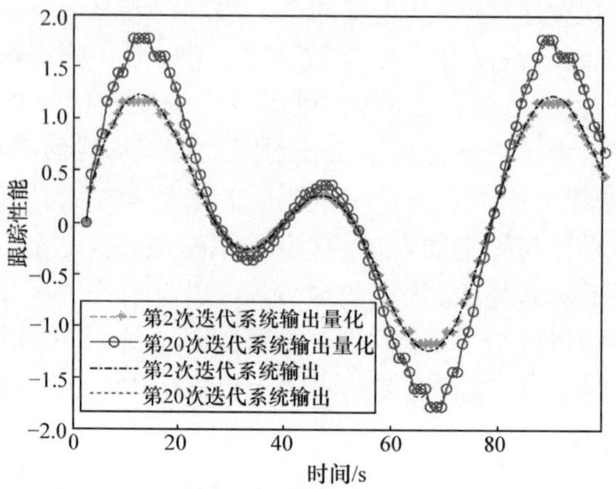

图 11.3 $\mu=0.85$ 时第 2 次和第 20 次迭代的量化输出测量曲线

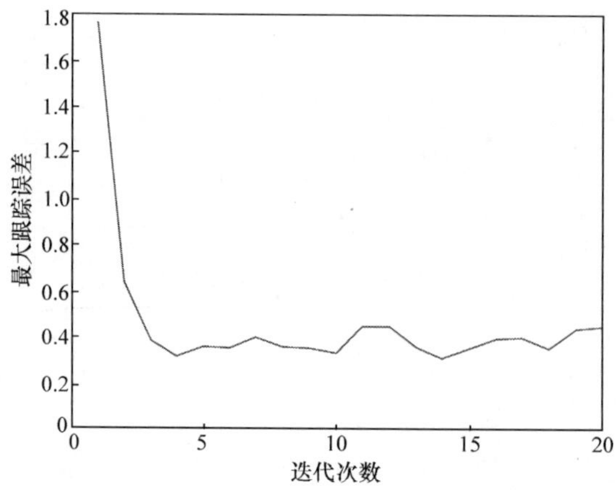

图 11.4 $\mu=0.75$ 时的最大跟踪误差曲线

2. 仿真示例 2

考虑如下非线性系统：

$$\begin{cases} x_k(t+1)=-0.75\sin(x_k(t))+0.5u_k(t) \\ y_k(t)=0.2x_k(t) \end{cases} \tag{11.20}$$

假设系统的期望轨迹为

$$y_{\mathrm{d}}(t)=\sin\left(\frac{3}{50}t\right)+1-\cos\left(\frac{1}{50}t\right),\quad t\in[0,200]$$

仿真中，设置每次迭代过程的初始状态为 $x_k(0)=x_{\mathrm{d}}(0)=0$，第一次迭代过程的控制输入为 $u_0(t)=0$。考虑系统输出信号存在数据量化现象，选择量化器参数

为 $z_0=1.5$、$\mu=0.9$、$\zeta=0.05$。针对系统(11.20)设计式(11.3)所示的 ILC 算法，选择学习增益为 $L=4.5$，计算定理 11.2 的收敛性条件可知 $\| I-LCB \| +\zeta \| LCB \| =0.5725<1$，因此系统跟踪误差是收敛的。图 11.5 给出了迭代过程中的最大跟踪误差曲线。可以看出，经过 20 次迭代学习，系统的最大跟踪误差从 2.8 下降到 0.1。受量化误差的影响，系统的跟踪误差不能收敛到零。图 11.6 分别给出了第 2 次、第 5 次和第 20 次迭代过程中的系统输出曲线，可以看出随着迭代次数的增加，系统的跟踪性能越来越好。同样，为揭示量化水平对非线性系统跟踪性能的影响，这里更改量化器参数为 $\mu=0.7$，此时系统跟踪误差的仿真结果如图 11.7 所示。比较图 11.7 和图 11.5 可知，当系统输出的量化水平降低时，跟踪误差的收敛上界将增加，这与线性系统的结论是相同的。

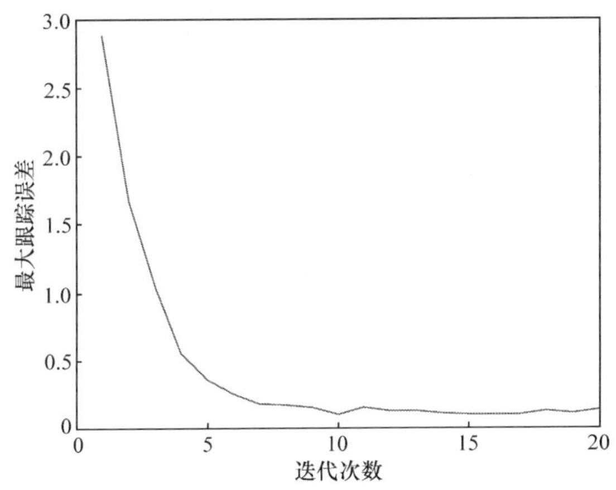

图 11.5　$\mu=0.9$ 时的最大跟踪误差曲线

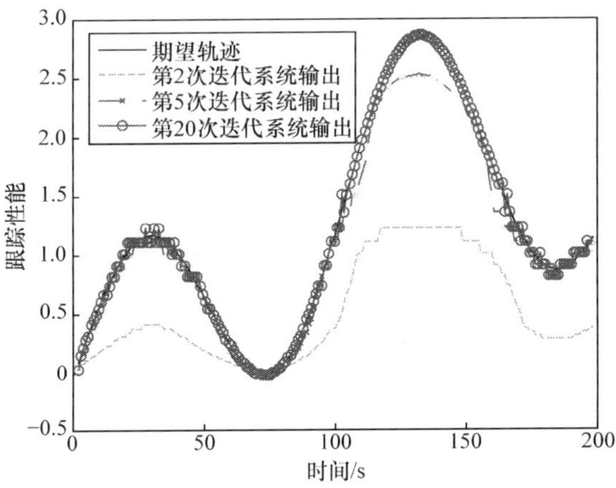

图 11.6　$\mu=0.9$ 时不同迭代次数的系统跟踪效果

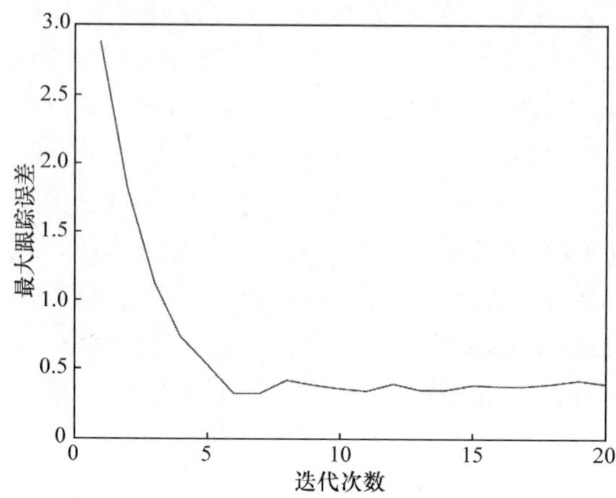

图 11.7　$\mu=0.7$ 时的最大跟踪误差曲线

11.6　本章小结

本章考虑存在数据量化时 ILC 系统的收敛性问题。首先，针对线性离散系统，利用测量输出的量化数据构造了一种 P 型量化 ILC 算法，基于压缩映射原理在 α 范数意义下给出了跟踪误差的收敛性条件，分析了数据量化水平对跟踪性能的影响；其次，将研究结果推广到满足全局 Lipschitz 条件的非线性仿射系统中，给出了非线性 ILC 系统的收敛性条件；最后，仿真结果验证了理论分析的正确性。研究结果表明，由于数据量化的存在，系统的跟踪误差不再收敛到零，而是收敛到一个与量化水平相关的域内，当数据量化水平降低时，跟踪误差的收敛上界将变大。

参考文献

[1] Jiang Z P, Liu T F. Quantized nonlinear control—A survey. Acta Automatica Sinica, 2013, 39(11): 1820-1830.

[2] Nesic D, Liberzon D. A unified framework for design and analysis of networked and quantized control systems. IEEE Transactions on Automatic Control, 2009, 54(4): 732-747.

[3] Yang R, Shi P, Liu G P, et al. Network-based feedback control for systems with mixed delays based on quantization and dropout compensation. Automatica, 2011, 47(12): 2805-2809.

[4] Tian E G, Yue D, Peng C. Quantized output feedback control for networked control systems. Information Sciences, 2008, 178: 2734-2749.

[5] Fettweis A. On the connection between multiplier word length limitation and round off noise in digital filters. IEEE Transactions on Circuit Theory, 1972, 19(5): 486-491.

[6] Elia N,Mitters K. Stabilization of linear systems with limited information. IEEE Transactions on Automatic Control,2001,46(9):1384-1400.

[7] Fu M Y,Xie L H. The sector bound approach to quantized feedback control. IEEE Transactions on Automatic Control,2005,50(11):1698-1710.

[8] Gao H J,Chen T W. A new approach to quantized feedback control systems. Automatica,2008,44(2):534-542.

[9] Brockett R W,Liberzon D. Quantized feedback stabilization of linear systems. IEEE Transactions on Automatic Control,2000,45(7):1279-1289.

[10] Liberzon D. Hybrid feedback stabilization of systems with quantized signals. Automatica,2003,39(9):1543-1554.

[11] Ceragiolia F,de Persisb C. Discontinuous stabilization of nonlinear systems:Quantized and switching controls. Systems and Control Letters,2007,56(7-8):461-473.

[12] Li T,Fu M Y,Xie L H,et al. Distributed consensus with limited communication data rate. IEEE Transactions on Automatic Control,2011,56(2):279-291.

[13] Li D Q,Liu Q P,Wang X F,et al. Quantized consensus over directed networks with switching topologies. Systems and Control Letters,2014,65:13-22.

[14] Hayakawa T,Ishii H,Tsumura K. Adaptive quantized control for linear uncertain discrete-time systems. Automatica,2009,45(3):692-700.

第 12 章　二维框架下的量化迭代学习控制设计

12.1 引　　言

第 11 章研究了系统存在数据量化时 ILC 的收敛性分析问题，通过压缩映射方法给出了 P 型 ILC 算法的收敛性条件，并分析了量化误差对系统跟踪性能的影响[1]，所讨论的问题属于系统分析的范畴。本章进一步研究系统设计问题，即系统存在数据量化情况下如何进行迭代学习控制器的设计。第 11 章的研究结果表明，输出测量数据的量化将导致系统的跟踪误差无法收敛到零，而是收敛到一个与量化水平相关的域内，这使系统输出不能很好地跟踪期望轨迹。因此，如何在系统存在数据量化的情况下，设计一种 ILC 算法使系统跟踪误差仍然可以收敛到零，非常有意义。此外，第 7 章在二维框架下研究了迭代学习控制器的设计问题，通过建立 ILC 系统的二维模型，可将控制增益的设计转化为二维系统的稳定性。鉴于分析和设计的方便性，本章也将在二维系统框架下讨论量化 ILC 的设计问题。

在控制系统对数据量化误差的处理中，扇形界描述是一种有效的方法[2]。它可以将量化误差看成系统的不确定性进行处理，从而可以利用鲁棒控制的结果来研究量化系统的控制器设计问题。例如，文献[3]考虑一类饱和约束线性系统的量化反馈控制问题，分别在输入量化和状态量化情况下设计了状态反馈控制器；文献[4]考虑网络参量约束下同时存在输入量化和状态量化的线性系统保成本控制问题；文献[5]考虑一类非随机线性系统的量化 H_∞ 问题，所研究的系统同时存在状态时滞及测量数据丢失等因素；文献[6]研究一类受脉冲影响的 T-S 模糊系统量化反馈控制，给出了一种时滞依赖的状态反馈控制器设计方法；文献[7]研究了一类具有马氏数据丢失过程的受限系统量化预测控制问题。上述研究结果均是针对一维系统给出的，而二维系统的量化控制问题研究结果相对较少，如文献[8]、[9]分别讨论了网络参量约束下存在数据丢失的二维系统量化状态反馈和量化 H_∞ 控制问题。

本章针对一类线性离散时间系统，研究量化 ILC 的设计问题。这里所采用的 ILC 算法为第 7 章中同时包含状态信息和跟踪误差信息的算法结构，但状态信息和跟踪误差信息所组成的控制输入更新项需要经过量化后再传送给控制器。建立 ILC 系统的二维动态模型，利用扇形界方法处理量化误差带来的不确定性，将控制器的设计问题转化为包含未建模动态的二维系统鲁棒稳定问题。给出二维系统鲁棒稳定的一个充分条件,该条件可以实现迭代学习控制器的设计。与第 11 章的 P 型 ILC 算法相比,本章采用不同的数据量化方案,所得到的量化迭代学习控制器可以保证跟踪误差收敛到零。

12.2　问题描述

考虑如下线性离散系统:

$$\begin{cases} x(t+1,k)=Ax(t,k)+Bu(t,k) \\ y(t,k)=Cx(t,k) \end{cases} \tag{12.1}$$

式中,k 代表迭代次数;t 代表时间变量;$x(t,k)\in \mathbf{R}^n$、$y(t,k)\in \mathbf{R}^l$ 和 $u(t,k)\in \mathbf{R}^m$ 分别为状态变量、输出变量和输入变量;系统矩阵 A、B、C 是具有适当维数的常数矩阵。假设系统在有限区间$[0,N]$上重复运行,并满足如下假设条件。

假设 12.1　对于给定期望轨迹 $y_{\mathrm{d}}(t)$,存在唯一 $u_{\mathrm{d}}(t)$满足:

$$\begin{cases} x_{\mathrm{d}}(t+1)=Ax_{\mathrm{d}}(t)+Bu_{\mathrm{d}}(t) \\ y_{\mathrm{d}}(t)=Cx_{\mathrm{d}}(t) \end{cases}$$

式中,$x_{\mathrm{d}}(t)$为期望状态。

假设 12.2　系统每次迭代的初始条件相同,即

$$x(0,k)=x_{\mathrm{d}}(0)$$

式中,$x_{\mathrm{d}}(0)$为期望状态的初始值。

对于系统(12.1),其控制目标是寻找控制输入 $u(t,k)$使得当 $k\to\infty$时 $y(t,k)$收敛到 $y_{\mathrm{d}}(t)$,即系统输出收敛到期望的轨迹。考虑如下 ILC 算法:

$$u(t,k)=u(t,k-1)+r(t,k)$$

式中,$r(t,k)$为控制输入的更新量,在第 11 章量化 ILC 分析中选择 $r(t,k)=L[y_{\mathrm{d}}(t+1)-q(y_k(t+1))]$构成 P 型量化 ILC 算法,但 P 型 ILC 算法仅能保证跟踪误差收敛到一个与量化水平相关的域内,不能保证零误差收敛。为此,本章考虑如下更新算法:

$$r(t,k)=K_1(x(t,k)-x(t,k-1))+K_2e(t+1,k-1)$$

式中,K_1 和 K_2 为待确定的增益矩阵。该算法中控制输入的更新项包括系统状态信息和跟踪误差信息,其特点已在第 7 章进行讨论,但第 7 章没有考虑数据量化的影响。本章考虑系统数据存在量化的情况,如图 12.1 所示。控制输入的更新信息 $x(t,k)-x(t,k-1)$和 $e(t+1,k-1)$均在系统传感器到执行器一侧完成测量和计算,而后将

$$r(t,k)=K_1(x(t,k)-x(t,k-1))+K_2e(t+1,k-1)$$

作为一个数据包进行量化压缩和传输。本章仍采用对数量化器,此时的量化 ILC 算法可写成如下形式:

$$u(t,k)=u(t,k-1)+q(r(t,k)) \tag{12.2}$$

式中，$q(\cdot)=(q_1(\cdot),q_2(\cdot),\cdots,q_m(\cdot))^{\mathrm{T}}$。对于每个 $q_j(\cdot)(1\leqslant j\leqslant m)$，量化数据集为

$$U=\{\pm z_i^{(j)}:z_i^{(j)}=\rho_j^i z_0^{(j)},i=0,\pm1,\pm2,\cdots\}\cup\{0\},\quad 0<\rho_j<1;z_0^{(j)}>0$$

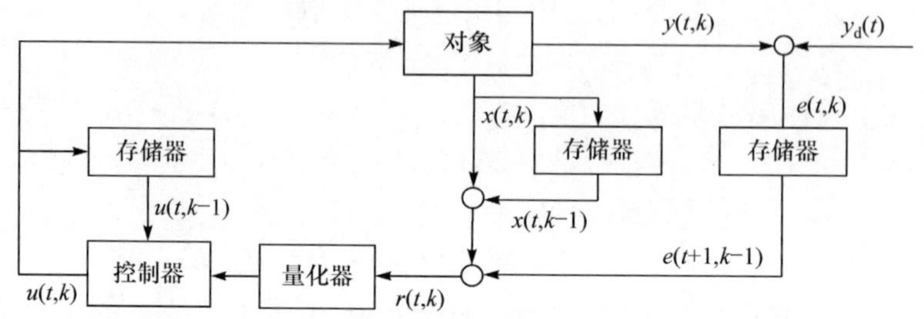

图 12.1　量化 ILC 系统框图

系统真实信号与量化数据的函数关系为

$$q_j(r_j)=\begin{cases} z_i^{(j)}, & \dfrac{1}{1+\theta_j}z_i^{(j)}<r_j\leqslant\dfrac{1}{1-\theta_j}z_i^{(j)} \\ 0, & r_j=0 \\ -q_j(-r_j), & r_j<0 \end{cases}$$

式中，$\theta_j=\dfrac{1-\rho_j}{1+\rho_j}$。

为处理数据量化的影响，本章仍然采用文献[2]中的扇形界方法。对于给定的量化器 $q_j(r_j)$，扇形界方法可将量化输出描述为 $q_j(r_j)=(1+\bar{\Delta}_j(r_j))r_j$，其中 $|\bar{\Delta}_j(r_j)|<\theta_j$。

定义 $\bar{\Delta}=\mathrm{diag}(\bar{\Delta}_1,\bar{\Delta}_2,\cdots,\bar{\Delta}_m)$，则量化 ILC 算法(12.2)的更新信息可描述为

$$q(r(t,k))=(I+\bar{\Delta})r(t,k)$$

进而，式(12.2)可写为

$$u(t,k)=u(t,k-1)+(I+\bar{\Delta})K\begin{bmatrix} x(t,k)-x(t,k-1) \\ e(t+1,k-1) \end{bmatrix} \tag{12.3}$$

式中，$K=[K_1\quad K_2]$。

定义 $\eta(t,k)=x(t-1,k+1)-x(t-1,k)$，$\delta u(t,k)=u(t,k)-u(t,k-1)$，由式(12.1)可得

$$\eta(t+1,k)=A\eta(t,k)+B\delta u(t-1,k+1) \tag{12.4}$$

$$e(t,k+1)-e(t,k)=-CA\eta(t,k)-CB\delta u(t-1,k+1) \tag{12.5}$$

将式(12.3)代入式(12.4)和式(12.5)可得

$$\begin{bmatrix} \eta(t+1,k) \\ e(t,k+1) \end{bmatrix}=(\bar{A}+\bar{B}\widetilde{K})\begin{bmatrix} \eta(t,k) \\ e(t,k) \end{bmatrix} \tag{12.6}$$

式中，$\bar{A}=\begin{bmatrix} A & 0 \\ -CA & I \end{bmatrix}$；$\bar{B}=\begin{bmatrix} B \\ -CB \end{bmatrix}$；$\widetilde{K}=(I+\bar{\Delta})K$。

定义 $X^{\mathrm{h}}(t,k)=\eta(t,k)$，$X^{\mathrm{v}}(t,k)=e(t,k)$，则式(12.6)可描述为如下二维系统：

$$\begin{bmatrix} X^{\mathrm{h}}(t+1,k) \\ X^{\mathrm{v}}(t,k+1) \end{bmatrix}=A_X\begin{bmatrix} X^{\mathrm{h}}(t,k) \\ X^{\mathrm{v}}(t,k) \end{bmatrix} \tag{12.7}$$

式中，$A_X=\bar{A}+\bar{B}\widetilde{K}$。

至此，线性系统(12.1)和量化 ILC 算法(12.3)所组成的控制系统转化为二维系统(12.7)。由于量化的影响，矩阵 A_X 中包含有界未知扰动 $\bar{\Delta}$，故式(12.7)为二维不确定系统。若 ILC 算法能保证跟踪误差的零收敛，则二维系统(12.7)是稳定的。接下来将通过分析二维系统的稳定性给出一个量化迭代学习控制器的设计结果。

12.3　稳定性分析及控制器设计

在分析二维系统的稳定性之前，本节首先给出如下定义和引理。

定义 12.1[10]　对于任意有界初始边界条件，如果满足 $\lim\limits_{t,k\to\infty}X(t,k)=0$，那么二维系统(12.7)是渐近稳定的。

引理 12.1[10]　对于二维系统(12.7)，如果存在一个块对角矩阵 $P=\mathrm{diag}\{P_1,P_2\}>0$(其中 $P_1\in\mathrm{R}^{n\times n}$，$P_2\in\mathrm{R}^{m\times m}$)，使得 $A_X^{\mathrm{T}}PA_X-P<0$，那么系统是渐近稳定的。

根据文献[10]可知，二维系统的边界条件为

$$X_{0,0}=(X^{\mathrm{h}}(0,0)^{\mathrm{T}},X^{\mathrm{h}}(0,1)^{\mathrm{T}},X^{\mathrm{h}}(0,2)^{\mathrm{T}},\cdots,X^{\mathrm{v}}(0,0)^{\mathrm{T}},X^{\mathrm{v}}(1,0)^{\mathrm{T}},X^{\mathrm{v}}(2,0)^{\mathrm{T}},\cdots)^{\mathrm{T}}$$

根据假设 12.2 可知，对于所有的 k 有 $\eta(0,k)=0$。另外，由于第一次迭代过程的控制输入 $u(t,0)$ 为有界值，第一次迭代过程的跟踪误差 $e(t,0)=y_{\mathrm{d}}(t)-Cx(t,0)$ 也是有界的，因此二维系统(12.7)的边界条件是有界的。

定理 12.1　如果存在一个对角矩阵 $P=\mathrm{diag}\{P_1,P_2\}>0$，其中 $P_1\in\mathrm{R}^{n\times n}$，$P_2\in\mathrm{R}^{m\times m}$，且矩阵 W 和正常数 η 满足如下 LMI：

$$\begin{bmatrix} -Q & & & \\ \bar{A}Q+\bar{B}W & -Q & * & \\ 0 & \eta\bar{B}^{\mathrm{T}} & \eta I & \\ \Lambda W & 0 & 0 & \eta I \end{bmatrix}<0 \tag{12.8}$$

式中，$\Lambda=\mathrm{diag}(\theta_1,\theta_2,\cdots,\theta_m)$，那么二维系统(12.7)是渐近稳定的。如果式(12.8)存在可行解，那么式(12.2)的增益矩阵可设计为 $K=WQ^{-1}$。

证明　根据 Schur 补引理，引理 12.1 中的渐近稳定条件可以写成

$$\begin{bmatrix} -P & * \\ (\bar{A}+\bar{B}\widetilde{K}) & -P^{-1} \end{bmatrix}<0 \tag{12.9}$$

定义 $\Omega=\bar{\Delta}\Lambda^{-1}$，显然 $\Omega\Omega^{\mathrm{T}}=\Omega^{\mathrm{T}}\Omega\leqslant I$。将 $\widetilde{K}=(I+\bar{\Delta})K$ 代入式(12.9)可得

$$M+X\Omega Y+Y^{\mathrm{T}}\Omega^{\mathrm{T}}X^{\mathrm{T}}<0$$

利用 Schur 补引理及引理 7.2 可得

$$\begin{bmatrix} -P & & & \\ \bar{A}+\bar{B}K & -P^{-1} & * & \\ 0 & \bar{B}^{\mathrm{T}} & \varepsilon I & \\ \varepsilon\Lambda K & 0 & 0 & \varepsilon I \end{bmatrix}<0 \tag{12.10}$$

定义 $Q=P^{-1}$、$\eta=\varepsilon^{-1}$，对式(12.10)分别左乘和右乘 $\mathrm{diag}(Q,I,\eta I,\eta I)$ 得

$$\begin{bmatrix} -Q & & & \\ \bar{A}Q+\bar{B}KQ & -Q & * & \\ 0 & \eta\bar{B}^{\mathrm{T}} & \eta I & \\ \Lambda KQ & 0 & 0 & \eta I \end{bmatrix}<0$$

令 $KQ=W$ 可得到定理 12.1 中的 LMI 条件。

注 12.1　定理 12.1 给出了二维系统(12.7)渐近稳定的一个充分条件，当该条件满足时可知 $\lim\limits_{t,k\to\infty}X(t,k)=0$，即意味着 $\lim\limits_{k\to\infty}e(t,k)=0$。因此，本章所提量化 ILC 算法可以获得零跟踪误差，而第 11 章中讨论的 P 型 ILC 算法仅保证跟踪误差收敛到一个有界的域值内。

本章所提量化 ILC 算法还可以应用到如下含有不确定参数扰动的线性系统中：

$$\begin{cases} x(t+1,k)=(A+\Delta A)x(t,k)+(B+\Delta B)u(t,k) \\ y(t,k)=Cx(t,k) \end{cases} \tag{12.11}$$

式中，ΔA 和 ΔB 表示系统矩阵 A 和 B 的不确定扰动，其表达式为

$$\Delta A=E\Sigma F_1$$
$$\Delta B=E\Sigma F_2$$

式中，E、F_1、F_2 为已知常数矩阵；Σ 为系统的不确定扰动且满足 $\Sigma^{\mathrm{T}}\Sigma\leqslant I$。

当系统(12.11)采用式(12.3)所示的量化 ILC 算法时，可得到如下二维闭环系统：

$$\begin{bmatrix} \eta(t+1,k) \\ e(t,k+1) \end{bmatrix}=(\widetilde{A}+\widetilde{B}\widetilde{K})\begin{bmatrix} \eta(t,k) \\ e(t,k) \end{bmatrix} \tag{12.12}$$

式中

$$\widetilde{A}=\overline{A}+\Delta\overline{A},\quad \widetilde{B}=\overline{B}+\Delta\overline{B}$$

$$\Delta\overline{A}=\begin{bmatrix}\Delta A & 0\\ -C\Delta A & 0\end{bmatrix},\quad \Delta\overline{B}=\begin{bmatrix}\Delta B\\ -C\Delta B\end{bmatrix}$$

$$\Delta\overline{A}=\overline{E}\Sigma\overline{F}_1,\quad \Delta\overline{B}=\overline{E}\Sigma\overline{F}_2$$

$$\overline{E}=\begin{bmatrix}E\\ -CE\end{bmatrix},\quad \overline{F}_1=[F_1\quad 0],\quad \overline{F}_2=F_2$$

定理 12.2　如果存在一个对角矩阵 $P=\mathrm{diag}\{P_1,P_2\}>0$，其中 $P_1\in\mathrm{R}^{n\times n}$，$P_2\in\mathrm{R}^{m\times m}$，且矩阵 W 和两个正常数 η、σ 满足如下 LMI：

$$\begin{bmatrix}-Q & & & & & \\ \overline{A}Q+\overline{B}W & -Q+\sigma\overline{E}\overline{E}^{\mathrm{T}} & & * & & \\ 0 & \eta\overline{B}^{\mathrm{T}} & \eta I+\sigma\overline{F}_2^{\mathrm{T}}\overline{F}_2 & & & \\ \Lambda W & 0 & 0 & \eta I & & \\ \overline{F}_1Q+\overline{F}_2W & 0 & 0 & 0 & \sigma I & \\ 0 & \eta\overline{E}^{\mathrm{T}} & 0 & 0 & 0 & \sigma I\end{bmatrix}<0 \tag{12.13}$$

那么二维系统(12.12)是渐近稳定的。当式(12.13)存在可行解时，式(12.2)的增益矩阵可设计为 $K=WQ^{-1}$。

证明　根据定理 12.1 可知，如果存在一个对角矩阵 $P=\mathrm{diag}\{P_1,P_2\}>0$，且矩阵 W 和正常数 η 满足如下 LMI：

$$\begin{bmatrix}-Q & & & \\ \widetilde{A}Q+\widetilde{B}W & -Q & * & \\ 0 & \eta\widetilde{B}^{\mathrm{T}} & \eta I & \\ \Lambda W & 0 & 0 & \eta I\end{bmatrix}<0 \tag{12.14}$$

那么二维系统(12.12)是渐近稳定的。把 $\widetilde{A}$、$\widetilde{B}$ 的表达式代入式(12.14)可得

$$\begin{aligned}&\begin{bmatrix}-Q & & & \\ \overline{A}Q+\overline{B}W & -Q & * & \\ 0 & \eta\overline{B}^{\mathrm{T}} & \eta I & \\ \Lambda W & 0 & 0 & \eta I\end{bmatrix}+\begin{bmatrix}0\\ \overline{E}\\ 0\\ 0\end{bmatrix}\Sigma[\overline{F}_1Q+\overline{F}_2W\quad 0\quad 0\quad 0]\\ &+\left(\begin{bmatrix}0\\ \overline{E}\\ 0\\ 0\end{bmatrix}\Sigma[\overline{F}_1Q+\overline{F}_2W\quad 0\quad 0\quad 0]\right)^{\mathrm{T}}+\begin{bmatrix}0\\ 0\\ \overline{F}_2^{\mathrm{T}}\\ 0\end{bmatrix}\Sigma[0\quad \eta\overline{E}^{\mathrm{T}}\quad 0\quad 0]\\ &+\left(\begin{bmatrix}0\\ 0\\ \overline{F}_2^{\mathrm{T}}\\ 0\end{bmatrix}\Sigma[0\quad \eta\overline{E}^{\mathrm{T}}\quad 0\quad 0]\right)^{\mathrm{T}}<0\end{aligned} \tag{12.15}$$

根据引理 7.2 可得到式(12.15)成立的一个充分条件为

$$
\begin{bmatrix} -Q & & & \\ \bar{A}Q+\bar{B}W & -Q & * & \\ 0 & \eta\bar{B}^{\mathrm{T}} & \eta I & \\ \Lambda W & 0 & 0 & \eta I \end{bmatrix} +\sigma \begin{bmatrix} 0 \\ \bar{E} \\ 0 \\ 0 \end{bmatrix} \begin{bmatrix} 0 & \bar{E}^{\mathrm{T}} & 0 & 0 \end{bmatrix}
$$

$$
+\sigma^{-1} \begin{bmatrix} (\bar{F}_1 Q+\bar{F}_2 W)^{\mathrm{T}} \\ 0 \\ 0 \\ 0 \end{bmatrix} \begin{bmatrix} \bar{F}_1 Q+\bar{F}_2 W & 0 & 0 & 0 \end{bmatrix}
$$

$$
+\sigma \begin{bmatrix} 0 \\ 0 \\ \bar{F}_2^{\mathrm{T}} \\ 0 \end{bmatrix} \begin{bmatrix} 0 & 0 & \bar{F}_2 & 0 \end{bmatrix} +\sigma^{-1} \begin{bmatrix} 0 \\ \eta\bar{E} \\ 0 \\ 0 \end{bmatrix} \begin{bmatrix} 0 & \eta\bar{E}^{\mathrm{T}} & 0 & 0 \end{bmatrix} <0 \tag{12.16}
$$

式(12.16)等价于

$$
\begin{bmatrix} -Q & & & \\ \bar{A}Q+\bar{B}W & -Q+\sigma\bar{E}\bar{E}^{\mathrm{T}} & * & \\ 0 & \eta\bar{B}^{\mathrm{T}} & \eta I+\sigma\bar{F}_2^{\mathrm{T}}\bar{F}_2 & \\ \Lambda W & 0 & 0 & \eta I \end{bmatrix}
$$

$$
+\sigma^{-1} \begin{bmatrix} (\bar{F}_1 Q+\bar{F}_2 W)^{\mathrm{T}} & 0 \\ 0 & \eta\bar{E} \\ 0 & 0 \\ 0 & 0 \end{bmatrix} \begin{bmatrix} \bar{F}_1 Q+\bar{F}_2 W & 0 & 0 & 0 \\ 0 & \eta\bar{E}^{\mathrm{T}} & 0 & 0 \end{bmatrix} <0
$$

运用 Schur 补引理,上式可等价于定理 12.2 中 LMI。

12.4 仿真示例

本节给出一个数值仿真示例以验证本章的设计结果。考虑如下 SISO 线性系统:

$$
\begin{cases} x(k,t+1)=\left(\begin{bmatrix} -0.8 & -0.22 \\ 1 & 0 \end{bmatrix}+\Delta A\right)x(k,t)+\left(\begin{bmatrix} 0.5 \\ 1 \end{bmatrix}+\Delta B\right)u(k,t) \\ y(k,t)=\begin{bmatrix} 1 & 0.5 \end{bmatrix}x(k,t) \end{cases}
$$

式中,ΔA、ΔB 为非重复的系统不确定参数。假设系统期望轨迹为

$$
y_{\mathrm{d}}(t)=\sin\left(\frac{8}{50}t\right)+\sin\left(\frac{4}{50}t\right), \quad t\in[0,100]
$$

仿真中,设置每次迭代过程的初始状态为 $x_k(0)=x_{\mathrm{d}}(0)=0$,第一次迭代过程采用零控制输入,即对于所有 $t\in[0,100]$,$u(t,0)=0$。考虑系统信号存在数据量

化现象，选择量化器参数为 $z_0=3$、$\rho=0.8$、$\theta=0.11$。本节首先考虑系统不包含参数扰动的情况，即 $\Delta A=0$、$\Delta B=0$。利用定理 12.1 中的 LMI 条件，可以得出一个控制器增益矩阵 $K_1=[-0.18\quad 0.12]$，$K_2=0.75$。图 12.2 为系统第 20 次迭代的跟踪效果，其中实线表示实际系统输出，点线表示期望轨迹。可以看出，系统输出可以较好地跟踪期望轨迹。为了验证所提算法的有效性，本节进一步采用第 11 章中的 P 型 ILC 算法进行仿真，其中学习增益选择为 $L=0.4$，此时系统第 20 次迭代的跟踪效果如图 12.3 所示，结果表明 P 型 ILC 算法在系统存在量化时仍然能够保证跟踪误差的收敛性，但系统输出不能完全跟踪到期望轨迹。图 12.4 给出了上述两种算法在迭代域上的最大跟踪误差，可以看出 P 型 ILC 算法仅能保证跟踪误差收敛到一个有界范围内，而本章所提 ILC 算法随着迭代次数的增加可以保证跟踪误差收敛到零，从而系统具有较好的跟踪控制性能。

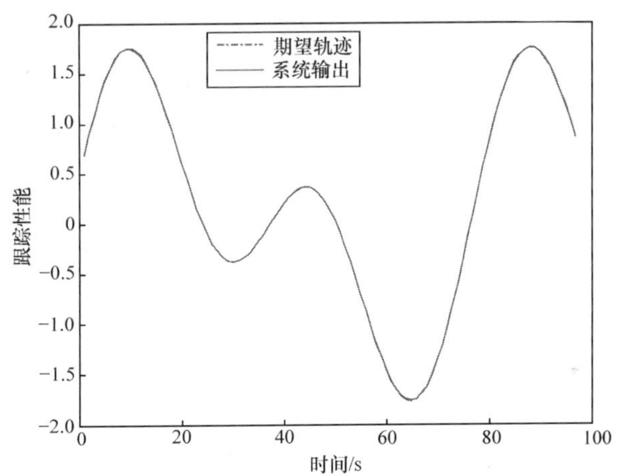

图 12.2　第 20 次迭代的系统跟踪效果(不包含参数扰动)

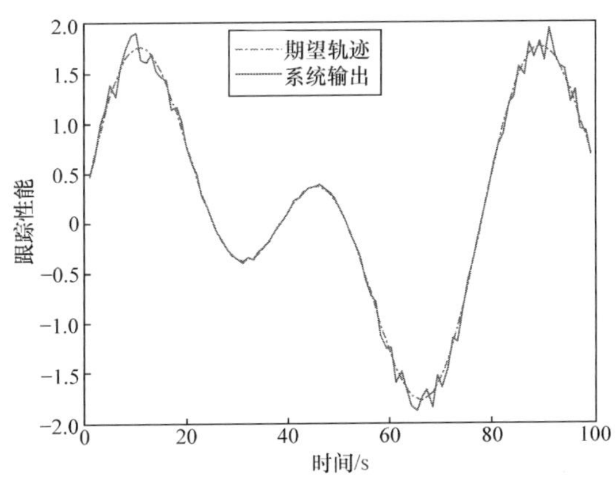

图 12.3　P 型 ILC 算法第 20 次迭代的系统跟踪效果(不包含参数扰动)

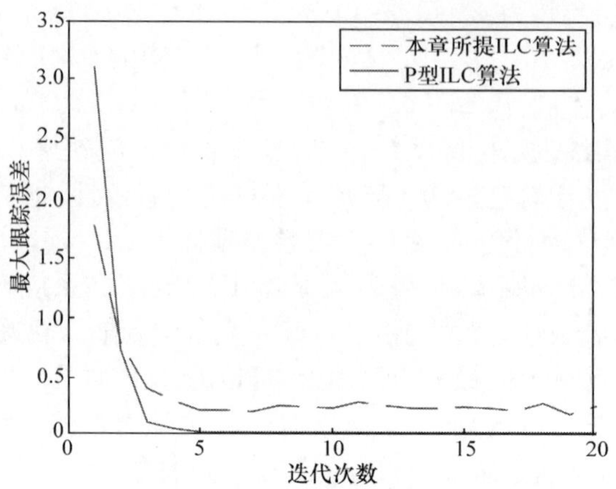

图 12.4　不同算法的最大跟踪误差(包含参数扰动)

接下来,考虑系统参数矩阵存在迭代变化扰动的情况。假设系统参数取值为

$$E=\begin{bmatrix}0.1 & 0.1\\ 0 & 0\end{bmatrix},\quad F_1=\begin{bmatrix}1 & 0\\ 0 & 1\end{bmatrix},\quad F_2=\begin{bmatrix}0.05\\ 0.05\end{bmatrix}$$

$$\Sigma=\begin{bmatrix}\xi_1(k) & \\ & \xi_2(k)\end{bmatrix},\quad |\xi_1(k)|<1,\quad |\xi_2(k)|<1$$

仿真中,$\xi_{1,2}(k)$是在区间$[-1,1]$内均匀分布的随机变量。利用定理 12.2 中的 LMI 条件,可以得到一个控制器增益矩阵 $K_1=[-0.21 \quad 0.15]$,$K_2=0.68$。此时的仿真结果如图 12.5 和图 12.6 所示。图 12.5 为第 20 次迭代的输出跟踪性能,图 12.6 为迭代域的最大跟踪误差。仿真结果表明,本章所提量化 ILC 算法对于包含参数不确定的系统也是有效的,系统的输出仍然可以获得较好的跟踪性能。

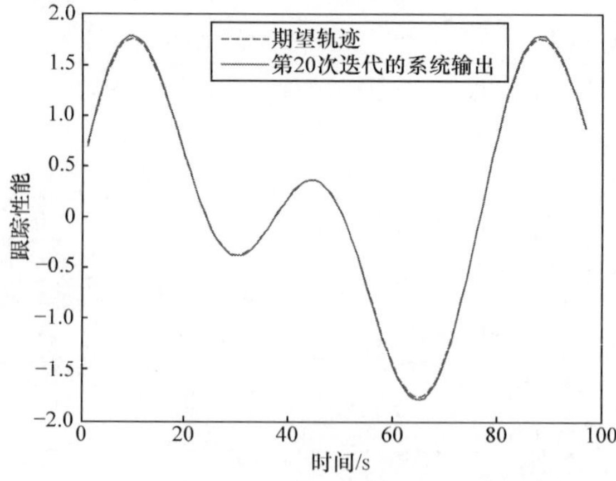

图 12.5　第 20 次迭代的系统跟踪效果(包含参数扰动)

需要说明的是，对于含有参数扰动的系统，最终的跟踪结果可能在某些时刻存在小的偏差，这些偏差是由系统参数的随机变化引起的。由于不确定性是完全不可预测的，因此这些小的跟踪偏差不能被 ILC 算法消除。

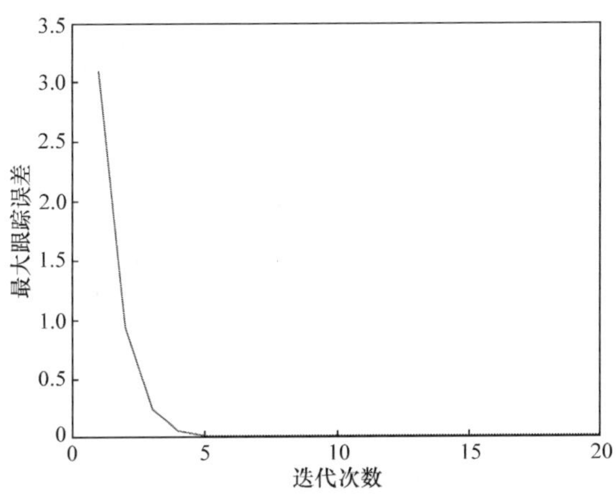

图 12.6　迭代域的最大跟踪误差(包含参数扰动)

12.5　本章小结

本章针对一类线性离散时间系统研究了二维系统框架下存在数据丢失量化 ILC 算法的设计问题。为抑制数据量化对系统的影响，本章设计了一种同时包含状态信息和跟踪误差信息的量化 ILC 算法。建立了量化 ILC 系统的二维动态模型，利用扇形界方法将数据量化误差的影响转化为系统的参数不确定性。给出了二维不确定系统稳定的一个充分条件，基于该条件实现了 ILC 增益矩阵的设计。研究结果表明，本章所提量化 ILC 算法可以保证系统跟踪误差收敛到零，与第 11 章介绍的 P 型 ILC 算法相比，本章所提量化 ILC 算法可以获得更好的跟踪控制结果。

参考文献

[1] Bu X H, Wang T H, Hou Z S. Iterative learning control for discrete-time systems with quantised measurements. IET Control Theory and Applications, 2015, 9(9): 1455-1460.

[2] Fu M Y, Xie L H. The sector bound approach to quantized feedback control. IEEE Transactions on Automatic Control, 2005, 50(11): 1698-1710.

[3] Tarbouriech S, Gouaisbaut F. Control design for quantized linear systems with saturations. IEEE Transactions on Automatic Control, 2012, 57(7): 1883-1889.

[4] Peng C, Yue D, Tang G Y. Guaranteed cost control of linear systems over networks with state and input quantisations. IEE Proceedings: Control Theory and Applications, 2006,

153(6):658-664.

[5] Wang Z, Shen B, Shu H, et al. Quantized H_∞ control for nonlinear stochastic time-delay systems with missing measurements. IEEE Transactions on Automatic Control, 2012, 57(6): 1431-1444.

[6] Zhang H, Yan H C, Yang F W, et al. Quantized control design for impulsive fuzzy networked systems. IEEE Transactions on Fuzzy Systems, 2011, 19(6): 1153-1162.

[7] Zou Y Y, Lam J, Niu Y G, et al. Constrained predictive control synthesis for quantized systems with Markovian data loss. Automatica, 2015, 55: 217-225.

[8] 卜旭辉,程子豪,余发山,等.具有数据丢失二维 Roesser 系统的量化状态反馈控制.电机与控制学报,2016,20(3):96-101.

[9] Bu X H, Liang J Q, Hou Z S, et al. Quantized H_∞ control for a class of 2-D systems with missing measurements. International Journal of Control, Automation and Systems, 2017, 15(2): 706-715.

[10] Du C L, Xie L H, Zhang C S. H_∞ control and robust stabilization of two-dimensional systems in roesser models. Automatica, 2011, 37(2): 205-211.

第 13 章　二值量化系统的自适应迭代学习控制

13.1 引　言

由第 11 章和第 12 章的分析可以看出，量化将连续取值的系统信号(如测量输出信号等)压缩为有限水平的数据集。与系统信号的精确取值相比，量化数据隐含系统的信息量较少、精度较低。量化 ILC 研究的问题就是讨论系统在可用信息较少的情况下，如何分析收敛性和设计 ILC 算法。第 11 章采用输出量化数据构造的 P 型 ILC 算法，在系统可用信息减少的情况下，跟踪误差只能收敛到一个与量化水平相关的域内，不能收敛到零。第 12 章采用状态误差和跟踪误差量化信息构造的 ILC 算法，虽然系统可用信息减少，但跟踪误差仍然可以收敛到零。实际系统中，还有一类数据量化的特殊问题，即在构造控制算法时系统输出仅有两个值可以使用。此种情况可以看成系统数据量化的最极端情况，也可能是输出测量使用二值传感器所产生的问题[1-5]。

由于系统可用的信息非常有限，因此这类二值量化系统的分析和控制比其他量化系统要困难得多，目前仅有少量研究结果发表。例如，文献[6]分别在随机和确定系统框架下研究了二值输出系统的参数辨识问题，并指出这种情况下的参数辨识精度比常规情况下的参数辨识精度低得多；文献[7]针对具有二值输出的典型非线性系统——Wiener 系统，提出了一种比例满秩信号和联合可辨识性的方法；文献[8]针对具有二值输出的多项式形式静态非线性 Hammerstein 系统，在不要求非线性部分单调的前提下，提出了比例强满秩信号的概念并构造了辨识算法；文献[9]研究了一类线性时不变二值输出系统的状态重构问题。在二值系统的控制方面，文献[10]针对一类单参数的二值输出系统，设计了一种投影递推的未知参数辨识方法，并根据必然等价原则利用参数估计值构造自适应控制率。文献[11]考虑一类二值输出有限脉冲响应(finite impulse response，FIR)系统的自适应跟踪控制问题，在跟踪目标为周期函数的情况下给出一种自适应控制率的设计方法。

上述针对二值输出系统的参数辨识和自适应控制研究结果中，均是针对未知固定参数给出的，所设计的参数辨识方法也仅适用于固定参数。实际上，几乎所有的物理设备都包含时变参数，研究具有未知时变参数的二值输出系统参数辨识和自适应控制问题更有实际意义。另外，二值输出传感器经常用于执行重复任务的工业过程系统中，如采用化学废气有氧传感器的间歇过程、采用霍尔效应传感器的无刷直流电动机运动系统。针对这类控制任务，ILC 是一种有效的方法，所以本章讨论二值量化或二值输出系统的 ILC 问题。

已有的研究结果中，二值输出系统的控制主要针对单参量系统给出，这是因为系统可利用信息非常有限，设计相应的控制器也是非常困难的，所以本章讨论的问题也选择单参量系统。本章主要工作为，将文献[10]的研究结果扩展到二维运行的 ILC 系统中。与文献[10]不同的是，本章所提参数估计算法沿迭代域运行，参数的估计满足迭代域的收敛性，从而可以处理未知时变参数的问题。

13.2 问题描述

考虑如下单参数重复系统：

$$\begin{cases} y_k(t+1)=\theta(t)u_k(t) \\ q_k(t)=Q(y_k(t)) \end{cases} \tag{13.1}$$

式中，k 表示迭代次数；t 表示离散时间且系统在有限时间区间$[0,N]$内重复运行；$u_k(t)$为控制输入；$y_k(t)$为系统输出；$\theta(t)$为一个未知的时变参数。本章假设系统输出 $y_k(t)$通过二值传感器测量得到，其测量输出为 $q_k(t)$。传感器输出与系统真实输出的关系可描述为

$$\begin{aligned} q_k(t)&=Q(y_k(t))=I_{[y_k(t)>c_k(t)]}-I_{[y_k(t)\leqslant c_k(t)]} \\ &=\begin{cases} 1, & y_k(t)>c_k(t) \\ -1, & \text{其他} \end{cases} \end{aligned} \tag{13.2}$$

式中，$c_k(t)$为待设计阈值；$I_{[\cdot]}$为一个事件函数，若括号中的事件成立，则函数值为 1，若不成立，则函数值为 0。

本章研究的问题为，对于给定的期望轨迹 $y_k^*(t)$，在系统输出仅有二值数据可以使用的情况下，寻找合适的控制输入 $u_k(t)$使得系统(13.1)的输出 $y_k(t)$在整个时间区间$[0,N]$内均可实现对期望轨迹的跟踪。

注 13.1　对于单参数系统(13.1)，已有的结果表明，通过构造 P 型 ILC 算法即可实现高精度的跟踪控制。然而，这里的系统输出 $y_k(t)$仅有二值输出信息可以使用，传统的 P 型 ILC 算法无法完成控制任务的要求。为此，本章将研究具有更强学习能力的机制，使 ILC 算法利用非常有限的信息就可以实现跟踪控制。

为了进行算法的设计，本节首先对系统(13.1)进行如下假设。

假设 13.1　未知时变参数 $\theta(t)$的上下界信息是已知的，即$|\theta(t)|\in[\underline{\theta},\bar{\theta}]$，其中 $\underline{\theta}$、$\bar{\theta}$ 是已知的正常数且满足 $\bar{\theta}\geqslant\underline{\theta}>0$。

假设 13.2　迭代变化的期望参考轨迹 $y_k^*(t)$是有界的，即存在已知常数 $\underline{y}^*$ 和 $\bar{y}^*$ 满足 $\bar{y}^*\geqslant\underline{y}^*\geqslant 0$ 和 $\underline{y}^*\leqslant|y_k^*(t)|\leqslant\bar{y}^*$。此外，存在常数 N_s 满足

$[y_k^*(0) \quad \cdots \quad y_k^*(N_s)]^{\mathrm{T}}$ 是满秩的条件，其中，$1<N_s\leqslant N-1$。

注 13.2　假设 13.2 是对期望参考轨迹的一定限制，$[y_k^*(0) \quad \cdots \quad y_k^*(N_s)]^{\mathrm{T}}$ 满秩可以确保有足够的持续激励条件用于参数估计。

13.3　算法设计

根据确定性等价原理，如果时变参数 $\theta(t)$ 是已知的，那么根据系统(13.1)可知控制输入可设计为 $u_k(t)=\dfrac{y_k^*(t+1)}{\theta(t)}$。由于 $\theta(t)$ 未知，这里可以用其估计值 $\hat{\theta}_k(t)$ 替换进而得到控制输入 $u_k(t)=\dfrac{y_k^*(t+1)}{\hat{\theta}_k(t)}$。计算过程中由于 $\hat{\theta}_k(t)=0$，将出现奇异现象，经修正后可得如下控制输入更新算法：

$$u_k(t)=\frac{y_k^*(t+1)}{\hat{\theta}_k(t)}I_{[\underline{\theta}\leqslant|\hat{\theta}_k(t)|\leqslant\bar{\theta}]}+\frac{y_k^*(t+1)}{\underline{\theta}}(I_{[0<\hat{\theta}_k(t)<\underline{\theta}]}-I_{[-\underline{\theta}<\hat{\theta}_k(t)\leqslant 0]}) \tag{13.3}$$

对于未知参数 $\theta(t)$，设计如下迭代轴上的参数估计算法：

$$\hat{\theta}_k(t)=\Pi_\Theta\left\{\hat{\theta}_{k-1}(t)+\frac{\beta_1 P_{k-1}(t)u_{k-1}(t)}{1+P_{k-1}(t)u_{k-1}^2(t)}q_{k-1}(t+1)\right\} \tag{13.4}$$

$$P_k(t)=P_{k-1}(t)-\frac{\beta_2 P_{k-1}^2(t)u_{k-1}^2(t)}{1+P_{k-1}(t)u_{k-1}^2(t)} \tag{13.5}$$

$$q_k(t)=I_{[y_k(t)>\hat{\theta}_k(t-1)u_k(t-1)]}-I_{[y_k(t)\leqslant\hat{\theta}_k(t-1)u_k(t-1)]} \tag{13.6}$$

式中，$\Theta\overset{\text{def}}{=}[-\bar{\theta},\bar{\theta}]$；初始值 $\hat{\theta}_0(t)\in[\underline{\theta},\bar{\theta}]$；$P_0(t)>0\,(t\in[0,1,2,\cdots,N-1])$ 可以任意选择；β_1 和 β_2 是两个正常数且满足 $\beta_1>0$ 和 $\beta_2\in(0,1)$；$\Pi_\Theta\{\cdot\}$ 为投影算子，即对于任意的 $x\in\mathrm{R}$ 满足 $\Pi_\Theta\{x\}=\arg\min_{z\in\Theta}|x-z|$。

注 13.3　参数估计算法(13.4)、(13.5)及控制输入更新算法(13.3)组成了单参数系统(13.1)的自适应 ILC 算法。与文献[12]～[14]中的传统自适应控制算法不同，这里的参数估计算法中仅有系统输出的二值信息 $q_k(t)$ 可以使用。另外，与文献[10]相比，这里的参数估计算法(13.4)和(13.5)不是沿时间轴更新，而是沿迭代轴进行更新，但控制算法(13.3)仍然沿时间轴更新，因此时间参数也起着重要的作用。需要说明的是，参数更新率(13.4)中使用了时间域的非因果信息 $q_{k-1}(t+1)$，这在传统自适应控制中是不可行的，但在 ILC 系统中是可以实现的。从后续的收敛性分析中也可以看出，该非因果信息对 ILC 系统的收敛性起到了重要作用。

注 13.4　阈值 $c_k(t)$ 是控制器设计的一个关键因素，它可以是固定的，也可以是变化的。虽然固定阈值的二值传感器对计算能力和存储空间的要求较低，但其提供信息的能力较差。因此，本章的二值传感器采用迭代变化阈值 $c_k(t)=\hat{\theta}_k(t-1)u_k(t-1)$。

注 13.5 根据式(13.3)和式(13.4)，可将本章设计的 ILC 算法描述成如下一般形式：

$$u_k(t)=f(u_{k-1}(t),y_{k-1}(t+1),y_k^*(t+1))$$

该算法是一种非线性结构的 ILC 算法。接下来的分析中可以证明，这种复杂的非线性 ILC 算法具有较强的学习能力。

13.4 收敛性分析

在分析算法的收敛性之前，本节首先给出如下引理，该引理源自文献[15]。

引理 13.1 假设数列 $\{x_n\}$、$\{a_n\}$、$\{b_n\}$ 满足如下关系式：

$$x_{n+1}=(1-a_n)x_n+b_n,\quad n\geqslant 0$$

式中，$a_n\in(0,1)$，$\sum_{n=1}^{\infty}a_n=\infty$，$|x_0|<\infty$，则 $\lim_{n\to\infty}x_n=\lim_{n\to\infty}\frac{b_n}{a_n}$ 成立。

引理 13.2 如果存在常数 $0<M_1<M_2$ 使得 $M_1<|u_k(t)|<M_2$，那么对于所有 $t\in[0,1,2,\cdots,N-1]$，$P_k(t)$ 具有如下性质。

(1) $P_k^{-1}(t)$ 可以表示成如下迭代轴递推形式：

$$P_k^{-1}(t)=P_{k-1}^{-1}(t)+\frac{\beta_2 u_{k-1}^2(t)}{(1-\beta_2)P_{k-1}(t)u_{k-1}^2(t)+1} \tag{13.7}$$

(2) 对于任意初始值 $P_0(t)>0$，满足：

$$(P_0^{-1}(t)+\beta_2 M_2^2 k)^{-1}\leqslant P_k(t)\leqslant\left(P_0^{-1}(t)+\frac{\beta_2 M_1^2 k}{(1-\beta_2)P_0(t)M_2^2+1}\right) \tag{13.8}$$

$$0<P_k(t)<P_{k-1}(t),\quad \lim_{k\to\infty}P_k(t)=0$$

证明 由假设 13.1、参数估计算法(13.4)及控制算法(13.3)可以看出，存在常数 M_1、M_2 满足：

$$M_1<|u_k(t)|<M_2 \tag{13.9}$$

式中，$M_1=\frac{\underline{y}^*}{\bar{\theta}}$、$M_2=\frac{\bar{y}^*}{\underline{\theta}}$ 且 $0<M_1<M_2$。

由式(13.5)可知：

$$\frac{P_k(t)}{P_{k-1}(t)}=1-\frac{\beta_2 P_{k-1}(t)u_{k-1}^2(t)}{1+P_{k-1}(t)u_{k-1}^2(t)} \tag{13.10}$$

由于如下等式成立：

$$\left(1+\frac{\beta_2 P_{k-1}(t)u_{k-1}^2(t)}{1+(1-\beta_2)P_{k-1}(t)u_{k-1}^2(t)}\right)\left(1-\frac{\beta_2 P_{k-1}(t)u_{k-1}^2(t)}{1+P_{k-1}(t)u_{k-1}^2(t)}\right)$$
$$=\frac{1+P_{k-1}(t)u_{k-1}^2(t)}{1+(1-\beta_2)P_{k-1}(t)u_{k-1}^2(t)}\frac{1+(1-\beta_2)P_{k-1}(t)u_{k-1}^2(t)}{1+P_{k-1}(t)u_{k-1}^2(t)}$$
$$=1$$

因此可得

$$1+\frac{\beta_2 P_{k-1}(t)u_{k-1}^2(t)}{1+(1-\beta_2)P_{k-1}(t)u_{k-1}^2(t)}=\frac{P_{k-1}(t)}{P_k(t)}$$

上式两端同时乘以 $P_{k-1}^{-1}(t)$，可得式(13.7)成立。

对于任意初始值 $P_0(t)>0$，由于 $\beta_2\in(0,1)$，根据式(13.10)可知 $0<P_k(t)<P_{k-1}(t)$。另外，根据式(13.9)可知下式成立：

$$\frac{\beta_2 M_1^2}{1+(1-\beta_2)P_0(t)M_2^2}\leqslant\frac{\beta_2 u_{k-1}^2(t)}{1+(1-\beta_2)P_{k-1}(t)u_{k-1}^2(t)}\leqslant\beta_2 M_2^2 \tag{13.11}$$

将式(13.11)代入式(13.7)，得

$$\frac{\beta_2 M_1^2}{1+(1-\beta_2)P_0(t)M_2^2}\leqslant P_k^{-1}(t)-P_{k-1}^{-1}(t)\leqslant\beta_2 M_2^2 \tag{13.12}$$

将式(13.12)在迭代轴从 $k=k$ 到 $k=1$ 逐个展开然后求和可得式(13.8)，同时也可以得到 $\lim\limits_{k\to\infty}P_k(t)=0$。

定理 13.1 对于单参量重复系统(13.1)，当采用式(13.3)～式(13.5)所示的自适应 ILC 算法和迭代变阈值函数(13.6)时，如下结果成立：

(1) 参数估计算法是收敛的，即对于所有 $t\in[0,1,2,\cdots,N-1]$，$\lim\limits_{k\to\infty}\hat{\theta}_k(t)=\theta(t)$ 成立。

(2) 对于所有 $t\in[0,1,2,\cdots,N-1]$，当迭代次数 k 趋近于无穷大时，跟踪误差 $e_k(t+1)$ 逐渐收敛到零。

证明 该证明过程包含两部分：第一部分证明迭代学习参数估计算法的收敛性；第二部分证明跟踪误差的收敛性。

第一部分：参数估计算法的收敛性。

参数估计误差 $\tilde{\theta}_k(t)\overset{\text{def}}{=}\hat{\theta}_k(t)-\theta(t)$。由于 Θ 是一个紧凸集，因此根据 $\Pi_\Theta(x)$ 的性质可得

$$|\tilde{\theta}_k(t)|\leqslant\left|\tilde{\theta}_{k-1}(t)+\beta_1\frac{P_{k-1}(t)u_{k-1}(t)}{1+P_{k-1}(t)u_{k-1}^2(t)}q_{k-1}(t+1)\right| \tag{13.13}$$

由于 $q_{k-1}^2(t+1)=1$，根据式(13.13)可知：

$$\tilde{\theta}_k^2(t)\leqslant\tilde{\theta}_{k-1}^2(t)+\left(\beta_1\frac{P_{k-1}(t)u_{k-1}(t)}{1+P_{k-1}(t)u_{k-1}^2(t)}\right)^2$$

$$+2\beta_1 \frac{P_{k-1}(t)}{1+P_{k-1}(t)u_k^2(t)}u_{k-1}(t)\tilde{\theta}_{k-1}(t)q_{k-1}(t+1) \tag{13.14}$$

根据式(13.2)和式(13.13)，可将二值观测量 $q_{k-1}(t+1)$ 表示为

$$\begin{aligned}q_{k-1}(t+1)&=I_{[y_{k-1}(t+1)>\hat{\theta}_{k-1}(t)u_{k-1}(t)]}-I_{[y_{k-1}(t)\leqslant\hat{\theta}_{k-1}(t)u_{k-1}(t)]}\\&=I_{[0>\tilde{\theta}_{k-1}(t)u_{k-1}(t)]}-I_{[0\leqslant\tilde{\theta}_{k-1}(t)u_{k-1}(t)]}\end{aligned}$$

即

$$q_{k-1}(t+1)=\begin{cases}1, & \tilde{\theta}_{k-1}(t)u_{k-1}(t)<0\\-1, & \tilde{\theta}_{k-1}(t)u_{k-1}(t)\geqslant 0\end{cases}$$

由此可得

$$\begin{aligned}u_{k-1}(t)\tilde{\theta}_{k-1}(t)q_{k-1}(t+1)&=-|u_{k-1}(t)\tilde{\theta}_{k-1}(t)|\\&=\begin{cases}-\dfrac{u_{k-1}^2(t)\tilde{\theta}_{k-1}^2(t)}{|u_{k-1}(t)\tilde{\theta}_{k-1}(t)|}, & u_{k-1}(t)\tilde{\theta}_{k-1}(t)\neq 0\\0, & u_{k-1}(t)\tilde{\theta}_{k-1}(t)=0\end{cases}\end{aligned} \tag{13.15}$$

由假设 13.1 和式(13.4)可知：

$$|\tilde{\theta}_k(t)|\leqslant 2\bar{\theta} \tag{13.16}$$

结合式(13.9)、式(13.15)和式(13.16)可得

$$u_{k-1}(t)\tilde{\theta}_{k-1}(t)q_{k-1}(t+1)\leqslant-\frac{1}{2\bar{\theta}M_2}u_{k-1}^2(t)\tilde{\theta}_{k-1}^2(t) \tag{13.17}$$

将式(13.17)代入式(13.14)可得

$$\begin{aligned}\tilde{\theta}_k^2(t)\leqslant&\tilde{\theta}_{k-1}^2(t)+\left(\beta_1\frac{P_{k-1}(t)u_{k-1}(t)}{1+P_{k-1}(t)u_{k-1}^2(t)}\right)^2\\&-2\alpha\beta_1\frac{P_{k-1}(t)u_{k-1}^2(t)}{1+P_{k-1}(t)u_{k-1}^2(t)}\tilde{\theta}_{k-1}^2(t)\\=&\left(1-2\alpha\beta_1\frac{u_{k-1}^2(t)}{P_{k-1}^{-1}+u_{k-1}^2(t)}\right)\tilde{\theta}_{k-1}^2(t)+\frac{\beta_1^2P_{k-1}^2(t)u_{k-1}^2(t)}{(1+P_{k-1}(t)u_{k-1}^2(t))^2}\end{aligned} \tag{13.18}$$

式中，$\alpha=\dfrac{1}{2\bar{\theta}M_2}$。

另外，将式(13.9)代入式(13.18)可得

$$\begin{aligned}\tilde{\theta}_k^2(t)&\leqslant\left(1-2\alpha\beta_1\frac{u_{k-1}^2(t)}{P_{k-1}^{-1}(t)+u_{k-1}^2(t)}\right)\tilde{\theta}_{k-1}^2(t)+\frac{\beta_1^2P_{k-1}^2(t)u_{k-1}^2(t)}{(1+P_{k-1}(t)u_{k-1}^2(t))^2}\\&\leqslant\left(1-2\alpha\beta_1\frac{M_1^2}{P_{k-1}^{-1}(t)+M_2^2}\right)\tilde{\theta}_{k-1}^2(t)+\beta_1^2M_2^2\left(\frac{1}{P_{k-1}^{-1}(t)+M_1^2}\right)^2\end{aligned} \tag{13.19}$$

利用式(13.8)的性质和式(13.19)可得

$$\tilde{\theta}_k^2(t) \leqslant \left(1-2\alpha\beta_1 \frac{M_1^2}{P_0^{-1}(t)+(k-1)\beta_2 M_2^2+M_2^2}\right)\tilde{\theta}_{k-1}^2(t) + \beta_1^2 M_2^2 \left(P_0^{-1}(t)+\frac{\beta_2 M_1^2(k-1)}{(1-\beta_2)P_0(t)M_2^2+1}\right)^{-2} \tag{13.20}$$

注意到

$$\lim_{k\to\infty} \frac{\beta_1^2 M_2^2 \left(P_0^{-1}(t)+\dfrac{\beta_2 M_1^2(k-1)}{(1-\beta_2)P_0(t)M_2^2+1}\right)^{-2}}{2\alpha\beta_1 \dfrac{M_1^2}{P_0^{-1}(t)+(k-1)\beta_2 M_2^2+M_2^2}} = 0 \tag{13.21}$$

因此，根据式(13.20)、式(13.21)和引理 13.1 可得$\lim\limits_{k\to\infty}\tilde{\theta}_k^2(t)=0$，即$\lim\limits_{k\to\infty}\hat{\theta}_k(t)=\theta(t)$。

第二部分：跟踪误差的收敛性。

定义跟踪误差 $e_k(t+1)=y_k^*(t+1)-y_k(t+1)$，结合系统(13.1)和控制算法(13.3)可得

$$\begin{aligned} e_k(t+1) &= y_k^*(t+1)-\theta(t)u_k(t) \\ &= y_k^*(t+1)-\theta(t)\left[\frac{y_k^*(t+1)}{\hat{\theta}_k(t)} I_{[\underline{\theta}\leqslant|\hat{\theta}_k(t)|\leqslant\bar{\theta}]} + \frac{y_k^*(t+1)}{\underline{\theta}}\left(I_{[0<\hat{\theta}_k(t)\leqslant\underline{\theta}]} - I_{[-\underline{\theta}<\hat{\theta}_k(t)\leqslant 0]}\right)\right] \end{aligned}$$

由于$\lim\limits_{k\to\infty}\hat{\theta}_k(t)=\theta(t)$，对上式两端取极限可得

$$\lim_{k\to\infty} e_k(t+1) = \lim_{k\to\infty}\left(y_k^*(t+1)-y_k^*(t+1)\frac{\theta(t)}{\hat{\theta}_k(t)}\right)=0, \quad t\in[0,1,2,\cdots,N-1]$$

因此，当迭代次数 k 趋近于无穷大时，跟踪误差 $e_k(t+1)$ 逐渐收敛到零。

注 13.6　定理 13.1 的结果表明，对于未知的时变参数 $\theta(t)$，本章所提自适应 ILC 算法不仅可以保证在整个时间区间内参数辨识误差的零收敛，还可以保证跟踪控制误差的零收敛。这与已有二值系统的自适应控制研究结果[10,11]具有本质的不同。已有的结果中所设计的自适应控制算法仅能针对固定未知参数实现跟踪控制，且参数估计仅在时间 t 趋于∞时才能使得估计值收敛到真实值。

注 13.7　本章所考虑的期望轨迹是迭代相关的，即 $y_k^*(t+1)$ 在每次迭代过程中可以是不重复的。由定理 13.1 的理论分析结果可以看出，对于这种迭代变化的期望轨迹，系统的跟踪误差仍然可以沿迭代域收敛到零。这一结果打破了传统 ILC 算法对期望轨迹严格重复的本质限制。

注 13.8　通过定理 13.1 可以看出，虽然系统的输出仅有二值信息可以使用，但跟踪误差随着迭代次数的增加仍然可以在整个时间区间内收敛到零。这表明本章所提自适应 ILC 算法与传统 ILC 算法相比有更强的学习能力，它可以利用极少的系统信息实现学习任务。

13.5 仿真示例

本节通过一个数值仿真示例验证本章所提自适应 ILC 算法的有效性。假设系统(13.1)中的时变参数为 $\theta(t)=2+\sin\left(\frac{\pi t}{20}\right)$,其信息是未知的,但其上下界 $\theta(t)\in[1,3]$已知,即 $\underline{\theta}=1$、$\bar{\theta}=3$。本节首先考虑如下迭代不变的期望轨迹:

$$y^*(t)=1+3\sin\left(\frac{\pi t}{50}\right),\quad t\in[0,1,2,\cdots,200]$$

仿真中,对于所有的 $t\in[0,1,2,\cdots,200]$,系统初始值设置为 $\hat{\theta}_0(t)=2$、$P_0(t)=0.5$、$u_0(t)=0$,算法(13.4)和算法(13.5)中的参数选取为 $\beta_1=1$、$\beta_2=0.5$。经过 100 次迭代之后,仿真结果如图 13.1～图 13.3 所示。图 13.1 给出了第 1 次、5 次、20 次和 100 次的系统可用测量输出。可以看出,二值输出传感器测量到的系统输出仅包含 1 和−1 两种信号。图 13.2 给出了第 1 次、5 次、20 次和 100 次的系统参数估计结果,其中虚线表示参数 $\theta(t)$的实际值,实线表示参数的估计值 $\hat{\theta}_k(t)$。结果表明,由于系统输出的可用信息非常有限,初次迭代辨识的误差较大,但随着迭代次数的增加,$\hat{\theta}_k(t)$逐步逼近参数 $\theta(t)$的实际值。图 13.3 给出了第 1 次、5 次、20 次和 100 次的系统跟踪控制结果。可以看出,初次迭代过程中系统的跟踪误差较大,但随着迭代次数的增加,系统输出逐渐跟踪上了期望轨迹。图 13.4 给出了上述迭代学习过程中的最大跟踪误差,显然,最大跟踪误差沿迭代轴逐渐收敛到零,这与定理 13.1 得到的结果是一致的。为了验证本章所提算法的有效性,这里同样采用了文献[10]中的自适应控制算法对本节的示例进行仿真,其跟踪控制结果如图 13.5 所示。文献[10]的方法仅能处理定常参数问题,对于本例中的时变参数,其自适应控制输出跟踪控制效果较差,且无法实现有限时间区间内的完全跟踪控制。

接下来考虑如下迭代变化的期望轨迹:

$$y_k^*(t)=m(k)\left(1+3\sin\left(\frac{\pi t}{50}\right)\right)$$

式中,$m(k)$在区间(0,0.5]内随机取值。采用与前述相同的系统初始值和算法参数设置,仿真结果如图 13.6 所示,图中给出了此时迭代域的最大跟踪误差。与图 13.4 相比,期望轨迹是迭代变化的,因此迭代过程中产生的跟踪误差波动较大,但随着迭代次数的增加,跟踪误差仍然可以保证逐渐收敛到零。

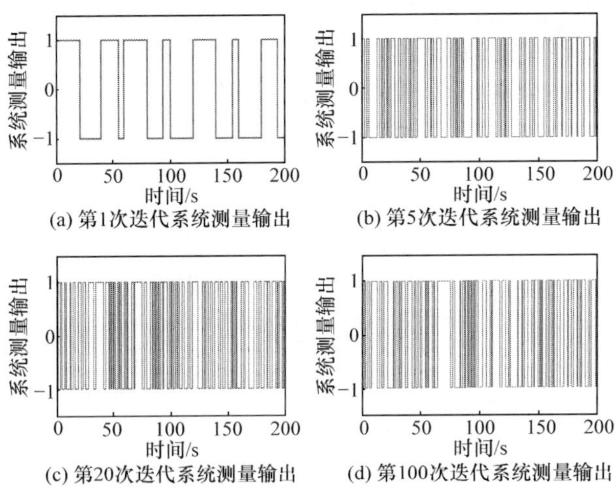

图 13.1　不同迭代过程中系统的测量输出

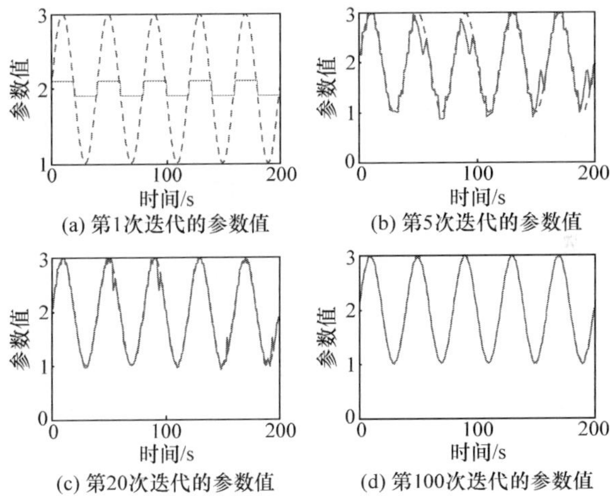

图 13.2　不同迭代过程中系统的参数估计结果

---- 参数实际值；—— 参数估计值

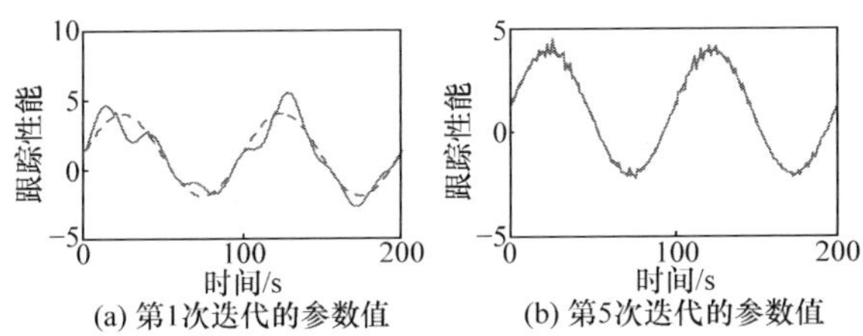

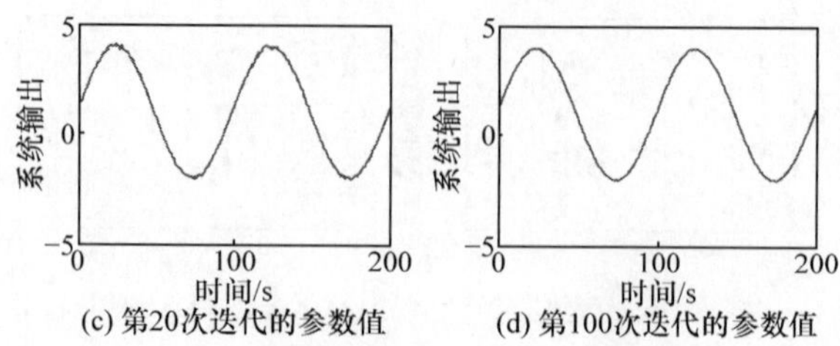

图 13.3　不同迭代过程中系统跟踪效果

---- 期望轨迹；—— 系统输出

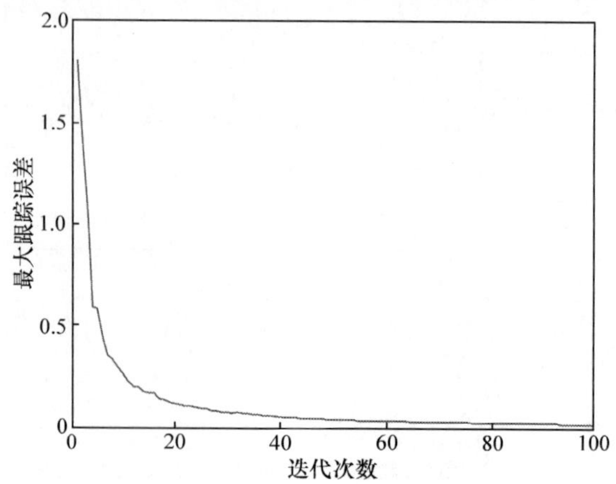

图 13.4　迭代域上的最大跟踪误差

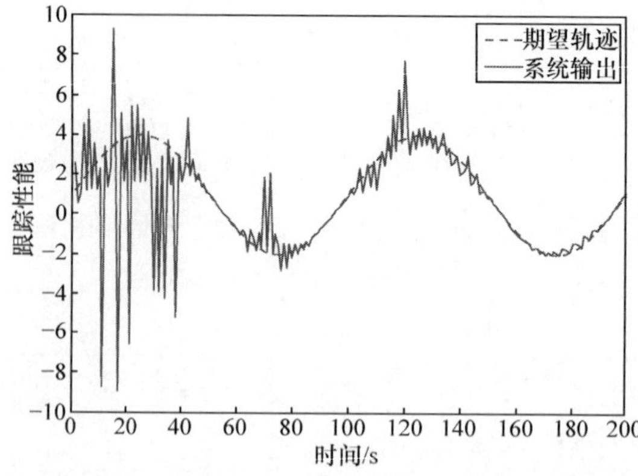

图 13.5　采用文献[10]中算法的系统跟踪效果

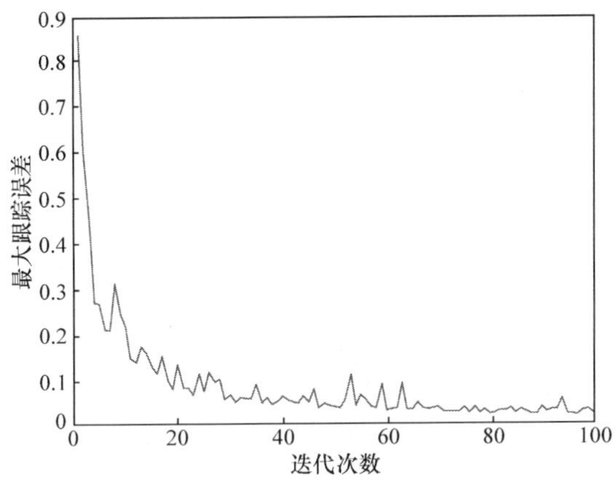

图 13.6　迭代变化期望轨迹下的最大跟踪误差

13.6　本章小结

本章针对一类具有二值输出的单参数系统，提出了一种自适应 ILC 算法。该算法首先利用系统非常有限的输出信息实现对未知参数在迭代域内的估计，然后设计控制率在期望轨迹迭代变化的情况下仍可以保证跟踪误差的零收敛。与传统 ILC 算法相比，该方法仅利用非常有限的信息就可以完成跟踪控制任务，因此所设计的学习机制具有较强的学习能力。同时，与已有二值输出系统的自适应控制相比，该设计可以处理时变参数问题并可以保证有限时间区间内的完全跟踪。该结果为二值输出系统或量化集值系统的控制提供了一种新的思路，如果系统的可用信息是有限的，那么可以利用学习来提高系统的跟踪控制精度。

参考文献

[1] Grizzle J W, Dobbins K L, Cook J A. Individual cylinder air-fuel ratio control with a single EGO sensor. IEEE Transactions on Vehicular Technology, 1991, 40(1): 280-286.

[2] Aslam J, Butler Z, Constantin F, et al. Tracking a moving object with a binary sensor network//Proceedings of the 1st International Conference on Embedded Networked Sensor Systems, Los Angeles, 2003: 150-161.

[3] Wang L Y, Kim Y W, Sun J. Prediction of oxygen storage capacity and stored NOx using HEGO sensor model for improved LNT control strategies//ASME 2002 International Mechanical Engineering Congress and Exposition, New Orleans, 2002: 777-785.

[4] You K Y, Xie L H, Sun S L, et al. Multiple-level quantized innovation Kalman filter//Proceedings of the 17th IFAC World Congress, Seoul, 2008: 6-11.

[5] Akyildiz I, Su W, Sankarasubramaniam Y, et al. Wireless sensor networks: A survey. Computer Networks, 2002, 38(4): 393-422.

[6] Wang L Y, Zhang J F, Yin G G. System identification using binary sensor's. IEEE Transactions on Automatic Control, 2003, 48(11): 1892-1907.

[7] Zhao Y L, Wang L Y, Yin G G, et al. Identification of wiener systems with binary-valued output observations. Automatica, 2007, 43(10): 1752-1765.

[8] Zhao Y L, Zhang J F, Wang L Y, et al. Identification of hammerstein systems with quantized observations. SIAM Journal on Control and Optimization, 2010, 48(7): 4352-4376.

[9] Wang L Y, Xu G H, Yin G. State reconstruction for linear time-invariant systems with binary-valued output observations. Systemsand Control Letters, 2008, 57(11): 958-963.

[10] Guo J, Zhang J, Zhao Y. Adaptive tracking control of a class of first-order systems with binary-valued observations and time-varying thresholds. IEEE Transactions on Automatic Control, 2011, 56(12): 2991-2996.

[11] Zhao Y L, Guo J, Zhang J F. Adaptive tracking control of linear systems with binary-valued observations and periodic target. IEEE Transactions on Automatic Control, 2013, 58(5): 1293-1298.

[12] Xu J X. A new periodic adaptive control approach for time-varying parameters with known periodicity. IEEE Transactions on Automatic Control, 2004, 49(4): 579-583.

[13] Chi R, Hou Z, Xu J. A discrete-time adaptive ILC for systems with iteration-varying trajectory and random initial condition. Automatica, 2008, 44(8): 2207-2213.

[14] Norrlöf M. An adaptive iterative learning control algorithm with experiments on an industrial robot. IEEE Transactions on Robotics and Automation, 2002, 18(2): 245-251.

[15] 郭雷. 时变随机系统:稳定性、估计与控制. 长春:吉林科学技术出版社,1993.